秘密战3000年

第3部

公元17世纪到现代

修订版

指文烽火工作室主编

中国长安出版社

图书在版编目（CIP）数据

秘密战3000年. 第3部 / 指文烽火工作室编. --
北京：中国长安出版社, 2015.3
ISBN 978-7-5107-0897-8

Ⅰ. ①秘… Ⅱ. ①指… Ⅲ. ①战争史－世界－17世纪
～ Ⅳ. ①E19

中国版本图书馆CIP数据核字(2015)第051820号

秘密战 3000 年

第 3 部 公元 17 世纪到现代（修订版）

指文烽火工作室 编

出版：中国长安出版社
社址：北京市东城区北池子大街 14 号（100006）
网址：http://www.ccapress.com
邮箱：capress@163.com
发行：中国长安出版社
电话：（010）85099947 85099948
印刷：重庆市大正印务有限公司
开本：787mm × 1092mm 16 开
印张：23.5
字数：300 千字
版本：2019 年 1 月第 2 版 2019 年 1 月第 1 次印刷

书号：ISBN 978-7-5107-0897-8
定价：149.80 元

秘密战 3000 年

（公元 17 世纪到现代）

身在清营心在明的潜伏间谍，红衣主教黎塞留的情报战布局，拿破仑皇帝的保密局战斗，太平天国与清朝的情报战交锋……让我们看到秘密战的胜负成败已经能够影响一个国家和王朝的兴衰荣辱。

白莲教八百年的潜伏与谋事，从天地会到洪门的发展演变，共济会的阴谋传说与幻影迷雾，骷髅会的权力交迭与影子政府……诸如此类的秘密结社和秘密领域的明争暗斗，依然围绕在我们周围，渗入了我们社会生活的各个方面。

英国皇家海军的“40 号密室”，苏维埃政权的契卡组织，“恩尼格玛”密码的破译，纳粹德国核计划的被迫终结……一件件秘密战领域的重要事件，所产生的连锁反应，甚至改变了人类社会和人类文明的走向！

CONTENTS 目录

001 身在清营心在明的潜伏
一 刘兴祚与努尔哈赤的恩怨
二 袁可立和一次失败的叛逃
三 “狸猫换太子”式的假死
021 红衣主教的情报战布局
一 从主教到宰相
二 挫败宫廷阴谋
三 赛·马尔事件
四 红衣主教之死
039 传说中的共济会阴谋
一 “共济会之母”的传说
二 “自由石匠”的前世今生
三 阴谋论背后的真真假假
059 拿破仑战争中的秘密战
一 保王派间谍
二 英国情报机关的动作
三 拿破仑的间谍
075 攻入紫禁城的白莲魅影
一 白莲教诞生史
二 光怪陆离的民间教门世界
三 白莲教八百年风云激荡
093 太平天国运动中的情报战
一 重视谍战的太平军
二 侦察与反侦察
三 湘军发动的情报战
113 南北战争中的情报交锋
一 南方的间谍们
二 北方情报工作
三 谍战技术的发展

137　无孔不入的东洋间谍

一　窃取“下濑火药”配方
二　日本情报战的肇始
三　公使原来是间谍
四　外交武官兼职间谍
五　渗透俄国的日本眼线

155　从天地会到洪门的秘密

一　天地会的诞生之谜
二　海外洪门世界
三　辛亥革命成功之谜

179　明星？女谍！玛塔·哈丽

一　凄苦与不幸
二　奢华与堕落
三　欺骗与阴谋
四　利用与抛弃
五　审判与争议

205　皇家海军的“40 号房间”

一　“40 号房间”问世
二　神秘的密码本
三　“齐默尔曼电报”
四　耻辱一页

231　苏维埃俄国的铁腕“契卡”

一　“火与剑”的反击
二　间谍莱利
三　令西方胆寒的契卡

251　刺杀“纳粹谍王”海德里希

一　海德里希其人
二　盖世太保
三　海德里希治下的捷克

四　代号“类人猿”

273　破译德军“恩尼格玛”密码

一　密码的改良

二　破译“恩尼格玛”

三　“超级机密”

295　德国纳粹核计划的落败

一　神秘的铀

二　原子弹计划

三　“燕子”行动

315　营救墨索里尼的特种战

一　墨索里尼被赶下台

二　“橡树计划”

三　艰难的营救

335　诺曼底登陆的战略欺骗

一　“卫士”计划

二　“骗子”行动

三　“霸王”行动

353　骷髅会的“影子政府”传说

一　墓穴、道具与传说

二　骷髅会与布什王朝

三　艾森豪威尔的亲密朋友和政治伙伴

四　耶鲁精神与骷髅会精神

身在清营
心在明的潜伏

作者：安迪斯晨风

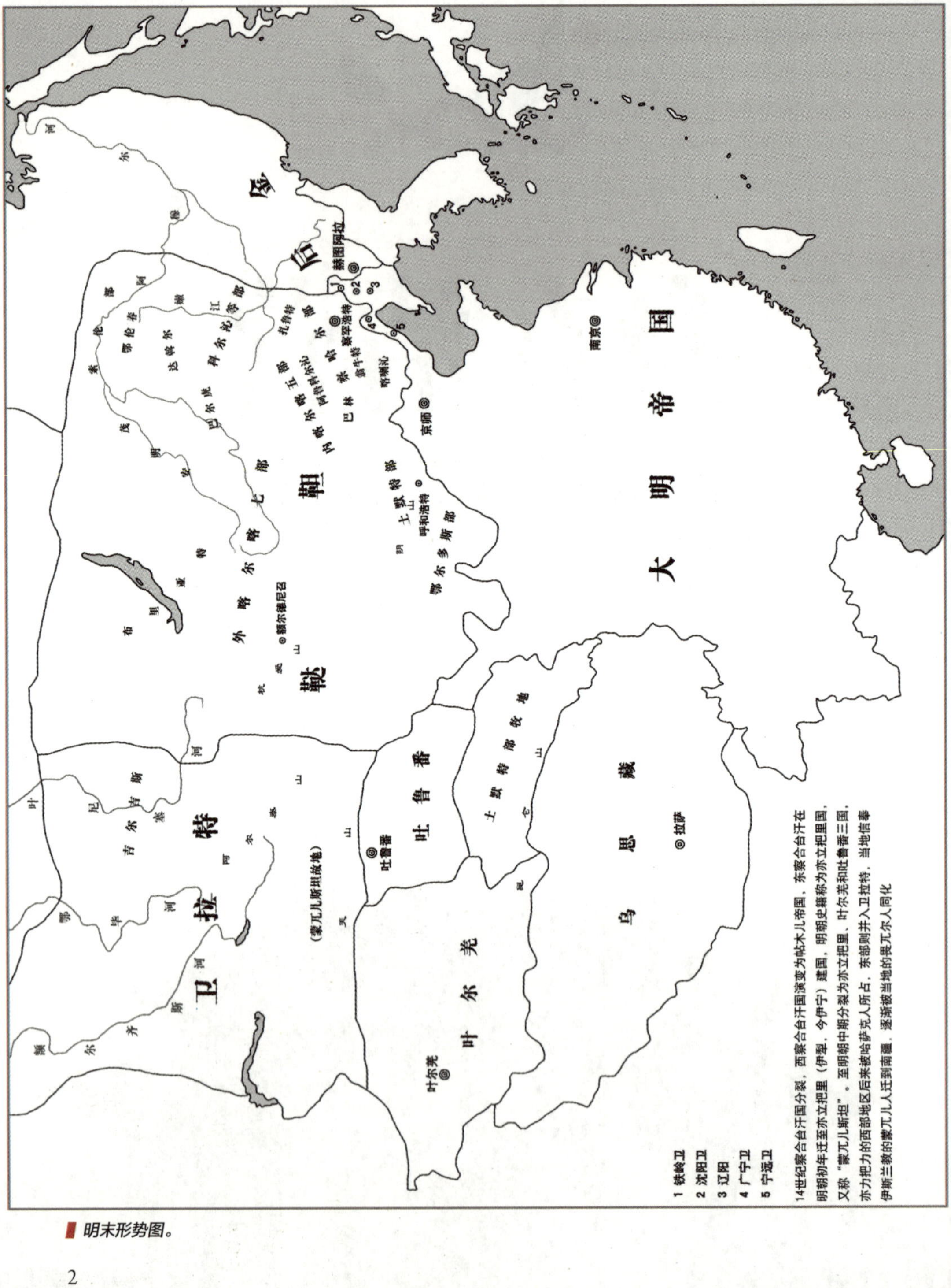
大明帝国
南京
京师
后金
赫图阿拉
察罕浩特
呼和浩特
额尔德尼召
鞑靼
卫拉特
（蒙兀儿斯坦故地）
吐鲁番
叶尔羌
乌思藏
拉萨
1 铁岭卫
2 沈阳卫
3 辽阳
4 广宁卫
5 宁远卫
14世纪察合台汗国分裂，西察合台汗国演变为帖木儿帝国，东察合台汗在明朝初年迁至亦立把里（伊犁，今伊宁）建国，明朝史籍称为亦立把里国，又称“蒙兀儿斯坦”。至明朝中期分裂为亦立把里、叶尔羌和吐鲁番三国，亦力把力的西部地区后来被哈萨克人所占，东部则并入卫拉特，当地信奉伊斯兰教的蒙兀儿人迁到南疆，逐渐被当地的畏兀尔人同化

明末形势图。

1630年（明朝崇祯三年，后金天聪四年）初春，小冰河纪笼罩下的中国华北地区依然寒风凛冽，而此时大明王朝的国运也像是寒风中飘荡的落叶一般萧瑟、零碎。去年年末，后金大汗皇太极率领八旗精锐破关入塞，直驱北京城下，京师一度严重告急。如今后金虎狼仍然在京郊盘桓肆虐，掳掠人口和物资，堂堂大明却对其毫无办法。

农历大年初三清晨，天空灰蒙蒙的一片，北风呼啸，像利刀一样刮在人的脸上，又冷又疼。一队衣衫破旧的大明官兵沿着官道蹒跚行来，靴子踩在雪地上嘎吱作响。走在最前面的是一位满脸长须、身着二品官服的将领，他神色坚毅，却难掩愁容。

突然，一阵急促的马蹄声响，前方出现了一大片骑兵，像乌云罩头一样冲杀而来。骑在马上的将领连忙喝令队伍结阵，用弓箭、火铳迎敌。双方激战只持续了十几分钟，便毫无悬念地结束了。在后金骑射无双的精锐“白甲兵”面前，明朝的这些散兵游勇毫无还手之力，顷刻间便被歼灭。那位骑马的明将箭法倒是不俗，凭借一人之力射杀了好几名金兵。然而寡不敌众，未着铁甲的他最终还是倒在了敌军一轮弓箭的齐射之下。鲜血将他身上的官服和身下的雪地染成一片暗红色①。

后金贵族爱新觉罗·多铎官服像。

这时，从围观的后金军人丛中突然跌跌撞撞跑出一匹马来，一名魁梧的满洲将领跳下马来，推开身前的士兵，走到死去明将的尸首跟前。他突然放声大哭，边哭边用满语大声呼喊着：“爱塔！”声音凄切悲愤，又带着三分惋惜，然而此时的明将“爱塔”已经不可能再回答他了……

为什么身为后金军重要将领的巴克什（满语，意指有文化的人）库尔缠会为自己亲自带队杀死的明朝将领痛哭呢？这位死掉的明将“爱塔”又是何许人也，他跟后金军又有着怎样的恩怨纠葛呢？

“爱塔”的汉名叫“刘兴祚”，又称为“刘海”“刘爱塔”，是明清鼎革之际一位重量级的传奇人物。他原本是生活在辽东地区的汉人，1605年来到了建州女真的生活区，并且得到了努尔哈赤的赏识。靠着聪明伶俐和不懈努力，刘兴祚在后金官场扶摇直上，一度担任副将、总兵，总管号称辽东最为富庶、军情也最为紧急的“南四卫”（金州卫、复州卫、盖州卫和海州卫），成了建州政权汉人官员中排在前三位的人物，仅次于施吾里额驸佟养性和抚西额驸李永

① 《边事小纪》卷四，“刘将军事实”：至两灰口，陡遇贼数千骑，以驮马逸，不及甲，箭衣力战，自卯至申，杀贼无算，无何，中流矢死。

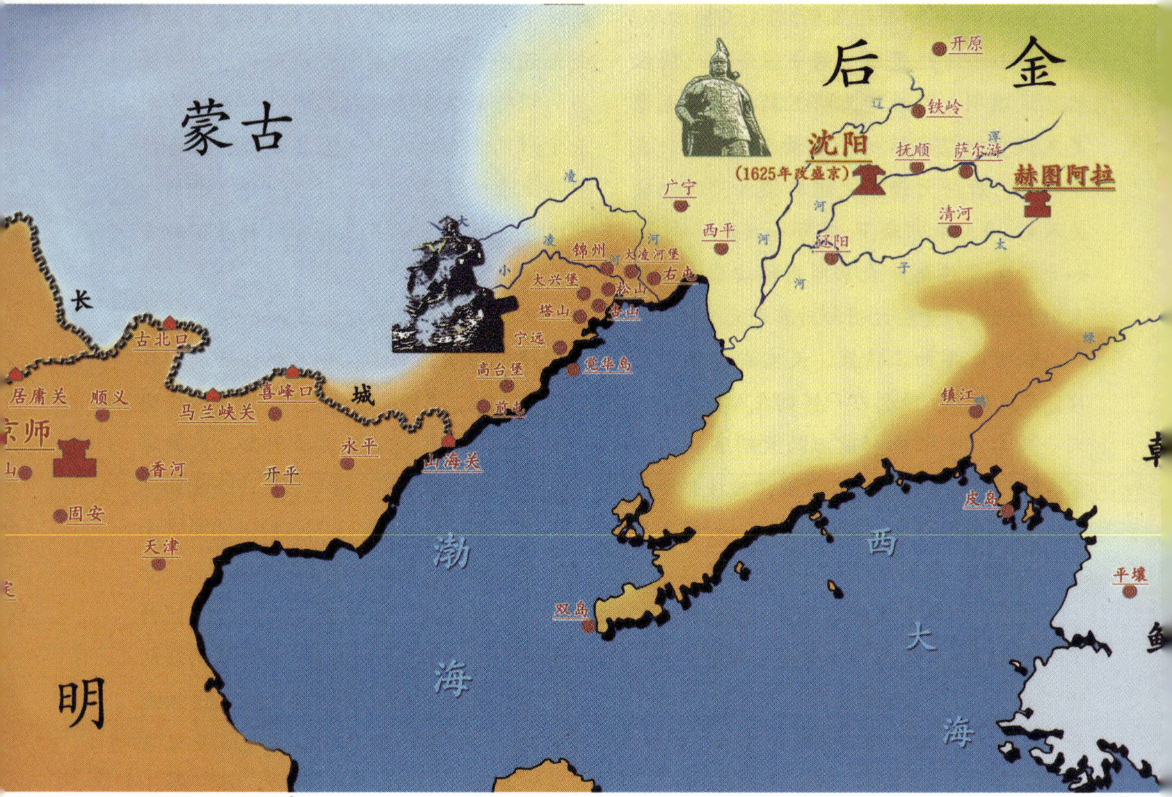

▌明末辽东形势图。

芳两名老牌汉奸。

然而随着努尔哈赤为首的女真政权对汉族人民的压迫越来越残酷，刘兴祚的民族意识开始觉醒，他时常陷入痛苦的反思之中。而此时，明朝围绕着他展开的一场秘密战争也拉开了序幕……

一 刘兴祚与努尔哈赤的恩怨

刘兴祚早年的生活我们知之甚少，但是他出生在一个大户人家，从小过着比较优裕的生活这一点还是很确凿的。原因很简单，他是一个读书人，而且文化程度并不低——在古代社会里，穷苦人家的孩子能识得几个字就已经是祖上积德了，读书从来都是少数富裕家庭孩子的专利。既然如此，他为什么来到“蛮夷”之地呢？——即便在那个饥荒频仍的年代里，像他这样的富家官宦子弟似乎不应该是“逃民”的一员。

对于这个问题，众说纷纭。一种说法是，

他年轻时候吃了官司，只好逃到了建州；而另一种说法则认为他是被“市夷”掳掠去的。无论哪种说法，这个年轻人背井离乡到达建州时的那种孤苦无依、苦闷彷徨心情，和大多数人都是差不多的。当生命安全都无法得到保障时，刘兴祚遇到了一生中最大的恩人、也是最大的仇敌——努尔哈赤。

作为大清王朝的初创者，努尔哈赤在读史者的眼里有着许多张截然不同的面孔。在清史中，他被冠以无数光环，诸如：伟大卓越的少数民族政治家、军事家，民族融合政策的积极开拓者等等。而在当时明人的记述里，这位名字汉语音译为“野猪皮”的清太祖，则是不折不扣的凶残屠夫和杀人魔王。然而不管后人看法如何，努尔哈赤都从来不是以仁慈善良、乐善好施著称的，而他对待汉人的态度更是十分恶劣的。而这样一个人，为何要提拔和重用刘兴祚，除一定的感情因素外，或许就是刘兴祚本人的能力打动了他。

努尔哈赤像。

在成千上万到建州女真讨生活的汉人中，刘兴祚无疑是幸运儿。但这与其所具有的特质是分不开的。首先，刘兴祚的家乡开原地区自古以来就是“九边最危之地，民风强悍而善斗”。如果他仅仅是一介书生，恐怕很难在尚武好战的满洲社会中崭露头角。另一方面，作为一个“文化人”，他在那个人人仰慕汉族文化的大老粗环境中，也是鹤立鸡群的。很快，一个文武双全的年少英雄形象就在建州这片土地上树立起来。更何况，刘兴祚还非常会做人。巴克什库尔缠——也就是前文中杀死刘兴祚后痛哭流涕的那位满洲贵族——和他称得上是生死之交，另一名满洲贵族巴克什达海和他的交情也非比寻常。在这些满洲亲贵

明末建州女真人的日常生活。

努尔哈赤创建的八旗的旗帜。

努尔哈赤创建八旗，图为八旗铠甲。

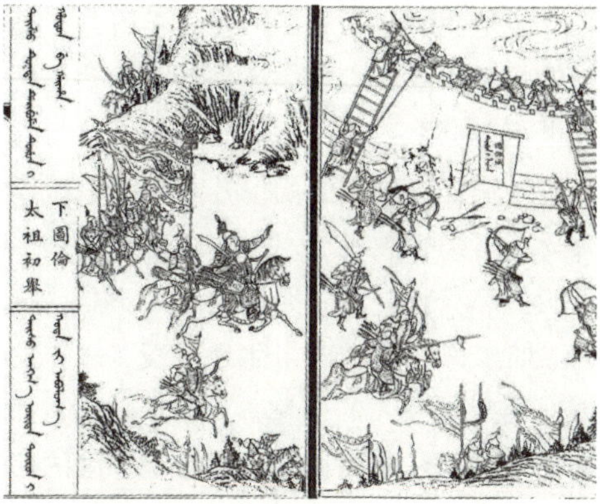

“太祖初举下图伦”图。万历十一年（1583年）五月，努尔哈赤对图伦城发起了袭击，此役为努尔哈赤人生中之首战。

的荐举之下，文武双全、慷慨豪爽的刘兴祚受到努尔哈赤的器重绝非偶然，他在后金国占据辽东以前培植的深厚根基及建立的广泛联系，对日后发达和变乱时的自保起到了决定作用。

刘兴祚对努尔哈赤的感情非常复杂。一方面，这位建州女真的卓越领导人对他有知遇之恩，是努尔哈赤把他分配到了自己的次子代善属下。在八旗初创时，他又被提拔为少有的八旗汉族甲士。努尔哈赤甚至亲自为他取了满文名字“爱塔”，并且让他娶了代善之子萨哈廉乳母的女儿为妻。可以说，刘兴祚在后金的成功上位，哪一步也离不开努尔哈赤的扶持，而努尔哈赤也是真心拿“爱塔”当作自己人乃至子侄来看待的。

一切看起来都很美好，除了刘兴祚的内心。

起初，刘兴祚和努尔哈赤的政治理想并无激烈的冲突。在起兵反明之前，努尔哈赤在建州女真部落中实行了比较宽容的民族政策。其实，辽东的残破由来已久。嘉靖后期的空前饥馑已使屯军死徙将半，隆庆以来蒙古、女真的抄掠蹂躏，更使辽左铸就无人之患。这些姑且归之于无可奈何的外患与天灾，而以辽东总兵李成梁为首的武弁们贪功生衅、克军剥商，以税监高淮为首的恶棍们明火抢劫、狼噬虎吞，则是比天灾外患更不堪忍受的人祸。刘兴祚家乡所在的开原等地一带与建州女真、海西女真为邻，当时几乎形成了流亡边外的风潮。这种情况下，以努尔哈赤为首的建州政权就成为这些汉人的“乐土”。在封建年代，人力资源是一个政权强大的根本。雄才大略的努尔哈赤抓住机遇，大肆招揽汉人民众，据说还专门修建了“蛮子城”收纳愿意投靠建州的逃人。因此，尽管努尔哈赤的建州女真政权属于“夷狄”，但还是获得了刘兴祚的认同，并自觉自愿

建国称汗后的努尔哈赤。

地融入满洲大家庭，甚至一度让他觉得这是值得自己为之奋斗的理想国。

努尔哈赤建立的建州政权早期是明朝的藩镇，甚至努尔哈赤本人都曾经数次到北京朝贡。然而随着1618年他以“七大恨”为名起兵反明，设计袭破抚顺，由此揭开了长达二十六年的对明战争的序幕。在以后的三年间，今天辽宁省的广阔土地便轻而易举地纳入了后金国版图。刘兴祚也不得不开始思考一个严峻的问题：到底是要效忠努尔哈赤还是父母之邦大明。起初，他试图从历史上找到自己效忠后金的依据：从前秦一代名相王猛到元朝太师刘秉忠、名将郭侃以及在天涯海角刻下“张弘范灭宋于此”的张弘范，中国历史上并不乏为异族政权效力之辈，而以上几位留在史书中的也不全是骂名。

后金军攻打辽阳。

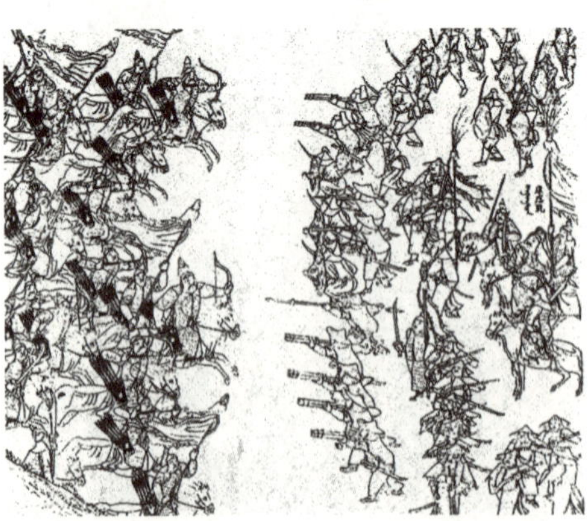

萨尔浒之战。

但是我们必须看到一点，无论是王猛辅佐的前秦皇帝苻坚，还是刘秉忠效忠的元世祖忽必烈，对汉族文明总体上是带着一种敬仰态度的，他们也并不嗜好杀戮汉人。在历代少数民族君主中，苻坚更是以英明仁慈著称。然而努尔哈赤并不是这样的。如果说在他的前半生还有着“恩养尼堪（后金对汉人的蔑称）”理想的话，那么在他攻下辽阳和沈阳，建立起稳固的后金政权之后，就逐渐走上了血腥屠戮和奴役汉人的不归路。努尔哈赤对汉人的基本政策是“拒敌者杀之，不与敌者勿妄杀”。如果之前努尔哈赤还能勉强做到“不妄杀”，而在1621年前后的一系列行动，就彻底令刘兴祚等人心寒。

《明熹宗实录》载，金军占据辽阳以后，疯狂的后金军队在大街上公然奸淫掳掠，将民间的金银财物攫取一空。从那时起，努尔哈赤开始实施了“留头不留发，留发不留头”的民族政策，凡是不愿改成满洲“金钱鼠尾”发式的汉族民众都被大肆屠杀。家里有父子五人者抽三人为兵，有三人者抽二人，造成了十室九空的惨象。

1621年七月，镇江汉民和明朝将领毛文龙部里应外合袭取了镇江城，并杀死城中的后金官兵，努尔哈赤随即派兵屠杀镇江汉民，幸存的一万二千人全部沦为奴仆。据朝鲜人目击，金军屠杀毛文龙属下士兵的手段极其凶残：“此时唐人之被掳者，虏令跪坐受箭，一箭不死，则使之拔箭来纳。唐人自拔箭拭洗跪进，贼又射之。许多唐人虽知必死，而一承指挥，至死不敢谁何，犹恐不及，如失魂之人。目见之，惨不忍言”。

袁可立画像。

另一方面，努尔哈赤又在1621年11月下令，令辽东地区的汉人与女真人合户，粮食同吃，分田耕种。这种同住、同食、同耕的政策实际上是将满族旗人分置于汉人各户之中，满人奴役汉人，汉族男丁承担了全部重体力劳动，汉族妇女则成了他们的奴婢。原本的辽东汉族自由民纷纷沦为农奴。他又下令，要各家各户上报余粮，按照女真人的人口计算，一个月给四升粮。这无疑大大加重了汉民的生活负担，所谓“恩养尼堪”的政策也成了骗人的鬼话。

从小读圣贤书长大的刘兴祚，骨子里仍然流淌着一腔汉人热血。在为努尔哈赤的后金政权效力的二十年中，刘兴祚也曾经杀过不少同胞，或许他心里一度也把自己当成满洲人。但此时看着努尔哈赤士兵对同胞的无差别屠杀，刘兴祚泯灭已久的民族意识逐渐苏醒，他开始用幼年时已在头脑中打上了烙印的儒家伦理去判断是非善恶，并为自己重新确立人生定位。尽管他曾多次因为救护汉人而顶撞努尔哈赤，也有不少汉民在他手下得到恩惠，但是相对辽东汉民的深重苦难来说，这只不过是杯水车薪。

二 袁可立和一次失败的叛逃

在努尔哈赤日渐走向疯狂的时间点上，刘兴祚也走向人生巅峰。

为实施“以汉治汉”的政策，进一步加强对汉民的统治，努尔哈赤特意把“满洲化”了的刘兴祚提拔为自己特别设立的汉人游击。1621年（明天启元年，金天命六年）四月，刘兴祚被派往辽东半岛南端，担任驻金州的游击，当年六月擢升参将，八月他又积功被提升为副将、总兵，总管号称辽东最富庶、也是军情最紧急的所谓

明末帆船想象图。

“南四卫”——金州、复州、盖州和海州。不到半年，刘兴祚就连升四级，一举成为几乎能跟佟养性、李永芳两大老牌汉奸相提并论的重要人物。在他周围也聚集起了一大批满汉两族的青壮年将领。

应该说，努尔哈赤对刘兴祚是充分信任，也是非常爱护的。1621 年冬天，当着后金诸大贝勒、八旗旗主的面，他把自己珍爱的貂皮大衣脱下来，亲自披在了回京述职的刘兴祚身上，并大笑着告诉诸将，有“爱塔”坐镇辽南，他就再也没有后顾之忧了。努尔哈赤这种解衣推食之举，让刘兴祚在受宠若惊之余，也陷入了内心激烈斗争的痛苦之中——一边是自己为之奋斗将近二十年、国势蒸蒸日上的后金国及对自己有知遇之恩的枭雄努尔哈赤，还有挚友故交、妻子儿女；另一边却是自己惨遭蹂躏的同胞，是自己的良知。他该如何抉择？

而接下来的一场大屠杀更深深刺激了刘兴祚。在“南四卫”战场上，刘兴祚截回两千余名企图逃往海岛的辽民，他们全部被努尔哈赤屠杀。目睹同胞的惨状，刘兴祚很快做出选择。据《满文老档》记载，从 1621 年底起，他开始有意无意地违抗或者搁置努尔哈赤的命令。努尔哈赤虽然有所觉察，但并未引起他足够重视，而刘兴祚也越发大胆。

在当时的社会条件下，刘兴祚要想反叛后金，就势必要投降与后金对立的大明。然而问题的关键在于，刘“爱塔”在明朝绝大多数官员眼里是一个铁杆的汉奸和无耻败类。大明朝廷曾经为他开出了“除荆州刺史，给银万两”的赏金买他的头颅。刘兴祚的纠结也在于此：如果他叛逃到了明朝，能不能有一条生路呢？

就在此时，一个决定刘兴祚未来命运的人出现了，并向他伸出橄榄枝。他就是明朝的登莱巡抚（右佥都御史巡抚登莱等处地方备兵防海赞理征东军务）袁可立。

袁可立名不见经传，跟他那同一时代的本家袁崇焕更无法相提并论，甚至在明史里都没有他的单独传记。但是在明末清初的历史舞台上，他确实是一位值得施用浓墨重彩的人物。

袁可立年纪轻轻就中了进士，在随后的几十年为官生涯中，始终清廉如水，刚正不阿。万历二十四年（1596年），他因触怒权贵而被迫辞官归籍，这一待就是二十六年，直到万历皇帝驾崩以后才有机会重新出山。到万历的孙子天启皇帝继位时，他得到重用，一举升任至通政使司左通政署司事、侍经筵、充廷试读卷官，负责为天启皇帝讲述经史，换句话说，他和后来名声赫赫的孙承宗一起，成了正牌的皇帝老师，也是天启皇帝最信任的人之一。

随着辽东形势的不断恶化，辽东经略袁应泰自杀、熊廷弼和巡抚王化贞因罪而被朝廷赐死。无人可用的天启皇帝只好把自己的两位老师孙承宗和袁可立推出去把守边关。孙承宗接过的是位置最为紧要的蓟辽督师，而袁可立则受命巡抚登莱（驻地在山东半岛上的登州），全面负责辽东前线的后勤和练兵基地，同时，深处后金腹背之地的锦州、金州、抚顺、皮岛等地，包括毛文龙的东江镇也受到他的管辖，与复州刘兴祚的辖区既隔海相望又鸡犬相闻。

袁可立不是那种死读书、读死书的迂腐读书人。早在他担任帝师之前的1621年，就曾向天启皇帝提出了出奇兵、名赏罚、慎防守等七项建议。这些建议无不条理清晰，有着很强的实用性和可操作性，充分体现了袁可立的政治才华和远见卓识，也得到了天启皇帝的认可。在刘兴祚看来，有这样一个不迂腐、有能力而又在朝廷中有着深远影响力、在天启皇帝面前一言九鼎的人物襄助，至少自己投诚之后保全生命还是有保障的。于是一个大胆的计划在刘兴祚心里成型了。

天启三年（1623年）二月的一天，为防范后金渡海袭扰山东半岛而忙得焦头烂额的登莱镇总兵、老将沈有容的大营里来了一位特殊的客人。这个人身上裹着辽东半岛特产的厚厚皮裘，头上戴着狗皮帽子，遮住了光溜溜的额头和“金钱鼠尾”辫发，一开口却是文绉绉的官话。他一见沈有容，就从贴身亵衣中掏出一封书信来。沈有容看完这封信，不由得大吃一惊，原来，送信的这个人名叫金应魁，中过秀才，如今是后金复州总兵刘“爱塔”的心腹幕僚，他带来的是刘兴祚的一封密函。我们知道，

孙承宗。

明朝的制度是文贵武贱、以文御武，武将只有战术指挥权而没有战略权，因此尽管总兵沈有容是一品武将而袁可立仅是二品文臣，但袁可立却是他的顶头上司。沈有容看完密函不敢怠慢，立刻将信交给了袁可立。

密函内容在当年七月袁可立给天启皇帝的上书中可觑知一二："今二月内，总兵沈有容执有生员金应魁赍到奴酋（努尔哈赤）伪授世袭总兵驻复州刘兴祚即刘爱塔密禀一纸，内称彼欲反正内应，以报中国，因求臣免死加衔牌。"而袁可立对此的答复在上书中也能够看到："臣念辽阳以纳降陷城，广宁以叛官诱败，兴祚之言未可凭信。又思因间用间，实兵家妙用，随手于二月二十三日写免死票一纸、加衔扎付一张，付沈总兵转给金应魁先往。"

可见明朝官方对刘兴祚的投诚是颇有疑虑的，原因也很容易理解：在那个敌中有我、我中有敌的战争时期，阴谋和欺骗丛生；从另一方面说，一个在后金地位崇高、似乎前途无量的将领，无缘无故以"人性""良知"为由反正朝廷，无论是谁都起疑。更何况，后金一向惯用反间计。袁可立还清楚地记得，就在一两年前，后金负责谍报事务的大汉奸李永芳用内应赚开了辽阳、沈阳，并且用"约为内应"的说辞骗取明朝辽东经略袁应泰、辽东巡抚王化贞的信任。甚至王化贞的中军孙得功也被策反。西平堡大战中，明军连十三营与后金对阵，刚交锋，孙得功便在阵后大呼"兵败矣"，随即率领骑兵后退，造成明军惨败。按照总兵沈有容的分析，这个刘爱塔八成也想故技重施，根本不应予以理睬。但袁可立不以为然，在他看来，刘兴祚的情况和李永芳不太相同——首先，和他接触的登莱官员身处后方，被策反的概率不大；其次，秘密战场也和正面战场一样需要相机而动，退一万步说，即使刘兴祚的反正投诚是假的，大明朝廷所付出的也不过是几张不值钱的免罪票和空头官名而已。一旦成功，收到的就是一笔极大的红利了。因此他毫不犹豫地答应了刘兴祚。

得到了袁可立的回复和赐下的免罪牌，刘兴祚心中一块大石头总算落地。按照他的计划，既然要干就干一次大的，复州城里的汉民，他都想带走。然而，计划尚未实施就遭到了失败。一个名叫王丙的汉奸通过密信把刘兴祚的逃亡计划摆上了努尔哈赤的案头。

尽管努尔哈赤对信任的刘爱塔反叛将信将疑，但还是决定以雷霆手段把危险扼杀在摇篮里。努尔哈赤先是屠戮了复州的两万名汉人民众。之后质问刘兴祚是否真的想背叛自己。刘兴祚自然矢口否认，而努尔哈赤又找不到任何过硬的证据，只好作罢，而告发者王丙却因为诬陷罪被处死。即便如此，努尔哈赤还是怀疑刘爱塔有可能卷入了叛乱阴谋，他还将直接负责操盘逃亡计划的刘兴祚弟弟刘兴仁杀害，又将刘兴祚的官职降为参将，他开辟的复州、盖州等根据地也被放弃。努尔哈赤对刘兴祚的信任降到冰点。

三 “狸猫换太子”式的假死

复州事变之后不久，曾经联络刘兴祚反正的明朝登莱巡抚袁可立被调回了京师，刘兴祚派出去联络孙承宗、毛文龙、袁崇焕等明将的信使们也杳无音信。在很长时间里，刘兴祚在后金政坛上陷入沉寂。他眼看着努尔哈赤对后金境内的“无谷之人”（没有足够粮食吃的汉人）展开血腥屠杀，又看着明朝登莱巡抚袁可立、东江镇总兵毛文龙指挥下的明军对后金发动凶猛进攻。再后来是后金军在宁锦地区的暴虐行径。又过了三年以后，在小小的宁远城下，努尔哈赤被袁崇焕的火炮击伤后不治。

1626年（明天启六年，后金天命十一年）八月，努尔哈赤去世，九月，第八子皇太极继任金国汗，他与执政诸贝勒议定，首先出兵制服朝鲜，然后以朝鲜为基地，消灭在腹背威胁后金安全的毛文龙所部明军。在这个节骨眼上，销声匿迹许久的刘兴祚终于重新站在前台，以另一种身份出现在与朝鲜的谈判桌上。

在皇太极看来，刘兴祚之前犯的错误只是“领导责任”，他这样一个文武全才，又精通汉语、满语和朝鲜语，放着不用实在可惜，所谓“用人要疑，疑人也要用”。而在刘兴祚看来，这正是他报效大明朝廷的绝佳机会。此时的刘兴祚更像明朝的卧底。他一边为朝鲜传递着后金军入侵的计划，一边又积极执行自己的劝降任务。当他与朝鲜国王单独相处时，他说：“不佞，汉人也，岂以一时之流离，失持危扶颠之心乎？今贵国民遭涂炭，少有人心，无不痛泣，况不佞素怀慈悲者乎？”又说：“以我为金国之将乎？我心不然。”但是到了正式谈判时候他又变身成了一尊怒目金刚：“兴祚乘舟抵江华岛，见李倧。李倧端坐，不出一言。兴祚怒曰：‘汝何物，作此土偶状耶？’李倧色赧，无以答”。

平心而论，朝鲜方面对他这样一个身份不停变化的诡异“谈判首席代表”兼“大明高级王派间谍”角色显然无法信任。他们不可能在亡国危机迫近的时候，把事关

清太宗皇太极像。

国家安全的重大问题交到他这样一个诡诈的变色龙手中。他们甚至一直不知道这位后金使者就是给自己传递消息的后金将领刘爱塔，而一直以“刘海”称之。更何况，皇太极对刘兴祚的信任也有限，刘兴祚想要跟朝鲜方面进行完全的密议也不现实。在岳托、阿敏两大领军贝勒的监视下，刘兴祚的回旋余地也实在不大。就这样，在一个极度缺乏互信的环境下，悲剧最终还是酿成了，朝鲜方面最终放弃了刘兴祚给他们的建议，迫于后金压力，与其结为所谓“兄弟之盟”。

这次刘兴祚是真正品尝到了身在敌营，有苦难言的酸楚味道。为了取得敌国信任，他有时不得不为虎作伥、伤残同类；为了掩盖真实身份，他又必须随机应变、逢场作戏。他每日每时都生活在莫测的危险之中，经受着良心的谴责和矛盾的精神折磨。这些都使他感到孤独和恐惧。刘兴祚在赠给朝鲜王弟原昌君李玖的一首题为《馆燕》的诗中，有“含泥成穴谁家栋，犹恐弯弓羽翼伤”之语，把自己比作“馆燕”，同时在另纸上写道：“俺虽在奴，心原在南朝，天日在头上矣”。

不过，此时的辽东战场局势却开始有利于大明。1627年，皇太极率八旗精兵出征宁锦，却再次在弹丸之地宁远城下撞得头破血流，关宁铁骑和红夷大炮成为了皇太极心中挥之不去的梦魇。另一方面，明朝的“木匠皇帝”天启因为体弱多病，年纪轻轻就去见朱元璋了，继位的崇祯皇帝一上任就用快刀斩乱麻之势斩除了阉党魏忠贤势力，朝堂之上的风气顿时为之一清。在边事方面，他重新启用了在宁远城下两次击败后金大军的袁崇焕，令其担任兵部尚书兼任右副都御史，督师蓟辽、兼督登莱、天津军务，赐尚方宝剑。袁崇焕就此成为了大明对后金战争前线上说一不二的人物。

刘兴祚在派出信使和袁崇焕进行了数次直接沟通之后，不但再次确认了自己叛逃之后的生命安全问题，而且他认定这是一个值得自己为之效命的上司。于是，如何摆脱后金方面的桎梏逃出生天，就成为刘兴祚需要考虑的首要问题。幸好此时的后金大汗已经不再是喜怒无常、动辄疯狂杀人的努尔哈赤，而是换成了对汉族官员宽容以待、对刘兴祚本人又十分喜爱的皇太极。经过周密的计划，一个绝妙的脱逃计划在刘兴祚脑海中成型了。

1628年九月，正值后金军队攻打察哈尔蒙古的前夜，皇太极从他的亲密侍从巴克什达海那里得到了一个惊人的消息，刘爱塔竟然在家中自焚身亡了。在送给巴克什达海的遗书中，爱塔交代了自杀的原因：“吾屡被人劾奏，幸皇上不听谗言，仍加爱养，日夜不安，实切忧惧。昔曾子之母方织，有二人告曰：尔子杀人。曾母曰：吾子非杀人者。不听。至三次告曰：尔子杀人。曾母投杼而走。予虽以善自处，能如曾子乎？皇上虽爱吾，能如曾母爱其子乎？人日以谗至，岂有不信之理？所以为此拙计也。”

应该说，刘兴祚这个因为“忧惧”自杀的说法非常符合他当时的处境和心理状态，皇太极在深感震惊之下半信半疑，立刻派出了自己信任的两名满洲亲贵，也是刘兴祚的两位好友巴克什达海、库尔缠到他家中验看，结果只看到了一具烧成焦黑的尸体，最后还是凭着从灰中拾得的金戒指，确信自己的好友爱塔真的死去。两人一边痛哭一边派人将这一消息禀报给皇太极。急于出兵的皇太极来不及做太多调查，就匆匆接受了这一结论，他令刘兴祚之子刘五十袭爵，并将“刘兴祚”的尸首厚葬。

令皇太极万万没有想到的是，等他回师沈阳的时候，刘兴祚的弟弟刘兴治等人借葬兄之机已远走高飞，一去不返。更令他恼羞成怒的是，那场大火中死去的也并不是刘兴祚本人，而是他找来的一个替身，所有的一切，不管是自焚还是所谓遗书，都不过是骗人的伎俩。至于他本人，早已经逃到了毛文龙治下的皮岛了。

我们可以想象一向以有德明之君自居的皇太极得知这一消息时候极度暴怒的心情：刘爱塔啊刘爱塔，你不但侮辱了朕的人格，你还侮辱了朕的智商！有朝一日让你落到了朕的手中，一定把你千刀万剐！

刘兴祚奇迹一般的假死逃生，让后金政权倍感屈辱，这也一直是满洲人无法愈合的历史硬伤。与此相反，刘兴祚的出逃大大鼓舞了后金境内千千万万被压迫被奴役的汉族人民，让他们也看到了生的希望。

然而，对刘兴祚来说，这次逃生仅仅是更大的痛苦和黑暗迫近前的一丝亮光。他曾经天真地以为，顺利逃归大明以后就是自己大展拳脚的开始，生他养他的祖国必定能给他机会，让他亲手终结后金这个邪恶的政权。然而，已经腐朽到根子里的大明朝廷让他彻底失望了。从逃归皮岛见到毛文龙那一刻起，刘兴祚就隐隐约约地感到了一种难言的怅惘。

毛文龙原本也算得上是一位英雄人物。1621 年辽东陷落之后，他从海上逃回，乘守备空虚杀死后金镇江的守将，又独自领军在后金腹地的皮岛发展出一片敌后根据地，到后来发展成为辖有数个大小岛屿以及金州、复州等港口城市的重要军事据点东江镇，他自任总兵官挂左都督印，威风一时。东江镇不时出奇兵深入金国腹地骚扰，又常常派出间谍对沦陷地的官绅进行策反，毛文龙一度成为后金的心腹之患。

然而，随着时间推移，毛文龙意志大为消沉。他名义上是大明的一方将帅，实际上早已堕落成悬师海外、拥兵自重的军

广为人知的大清国圣母皇太后孝庄文皇后。

关宁铁骑。

阀。他开始打着“复辽”“抗金”的幌子毫无限度的向朝廷索取钱粮，而自己却耽于享乐。

不仅如此。毛文龙还像看待异类一样看待刘兴祚，他怎么也不明白，“爱塔”这样一个后金的红人为什么孤身犯险逃归大明，只能将其行为理解为阴谋。更加令刘兴祚愤慨的是，他甚至不为刘兴祚向朝廷告白，而只是说刘兴祚是“临阵叛逃”，将“招降”之功劳归于自己，以求朝廷封赏。直到半年以后，崇祯皇帝还要派遣袁崇焕等人探查刘兴祚的归降是否属实。

作为辽东前线最高指挥官的蓟辽督师袁崇焕，却对刘兴祚始终十分欣赏。之前他做宁前道时，就和刘兴祚有过私人交流，这次对他的忠诚更无怀疑。在给崇祯皇帝的奏折中，袁崇焕饱含深情地写道：“刘爱塔者，原名兴祚，辽人也。举家为大清

摄政王多尔衮像。

兵所得，爱其才，待如子。但爱塔则心在明朝，寝食不忘。臣崇焕为宁前道时，屡通书崇焕，欲自拔西来，崇焕固止之，欲留间于大清，使大清之一举一动，得以窥伺。大清两次入关，塔俱遣人先报，得以为备。天启七年秋，崇焕去任，镇将差人通之，事泄，塔几不测，以计得免。崇祯元年九月，遣其胞弟刘弘基从船上来宁，遂云塔已措置一人代死，身穿塔衣服，焚腐其尸，令人不得认识，以此脱身往东江。崇焕未信，一月有南来者云：‘塔死矣！’又一月得东江消息云：‘塔至矣。’今弘基见在宁远……”

宁远之战。

在已经立下“五年平辽”军令状的袁崇焕看来，刘兴祚是自己今后布局十分重要的棋子。而刘兴祚也对其投桃报李，1629年二月，刘兴祚在跟随毛文龙面见崇祯皇帝密议时，将东江镇的真实情形直言相告，为袁崇焕在四个月后以迅雷不及掩耳之势斩杀毛文龙埋下了伏笔。

关于袁崇焕和毛文龙的是非恩怨本文无须赘述，总而言之，毛文龙死了，在整个过程中起到了关键作用的刘兴祚得到袁崇焕重用，他被一纸圣旨升为副将，和自己的弟弟们共同督率岛上精兵。然而好景不长，随着己巳之变后金军队逼近北京城下，回援的袁崇焕被崇祯皇帝逮捕下狱，关宁军的中坚人物祖大寿帅兵退回辽东，刘兴祚在明朝曾经得到过的一点点信任再

清乾隆皇帝画像。

袁崇焕彩像（清人绘）。

次灰飞烟灭了。当时的舆论沸沸扬扬，说“辽兵辽将都是奸细”，至于刘兴祚这个本身就带着“奸细”标签的人更是受到人们的白眼和嘲讽。当他在山海关下冒着寒风押送金兵首级往永平城验看时，身边只剩下几百名老弱残兵了。

当皇太极得知刘兴祚在永平城下时，高兴得几乎发疯，他立即部署数千精兵对他来了个“斩首行动”，甚至亲口对众将说：“宁可不得永平，也要生擒刘爱塔。”于是便发生了本文开头的那一幕。

刘兴祚悲剧性的一生至此画上句号，而他的身后事并未结束。他的满洲好友巴克什库尔缠为保护他的遗体，触怒了皇太极，也在半年后被杀害。而明朝朝廷在刘兴祚死后也迟迟不予抚恤，众说纷纭，有人甚至怀疑他是再次假死叛逃。在忧虑和愤怒中，他的弟弟刘兴治等人再次竖起反旗，迁怒代署皮岛诸务的陈继盛有意不奏报，其后借祭祀刘兴祚之机设计将陈继盛及钦差通判刘应鹤等百余人杀死。日后刘兴治向明廷还归皮岛，升副总，暗中却与皇太极勾结，欲再投后金，直到 1631 年登莱总兵黄龙平皮岛之乱，沈世魁将刘兴治杀死。刘兴祚的努力最终还是付诸东流了。

刘兴祚在传奇人物辈出的明末算不上特别引人注目，但是他那种心向故国、爱惜百姓、明知不可为而为之的精神却令人钦佩。而其在敌国忍辱潜伏，及至后来身死敌手，为明廷所不理解之事，更令人唏嘘惋叹。

红衣主教的情报战布局

作者：郭廷春

相比刘兴祚的悲剧和不幸，法国红衣主教黎塞留则算是一位秘密战领域的伟大胜利者。对于一些文学爱好者来说，黎塞留的名字也不陌生。在法国作家大仲马的小说《三剑客》中，黎塞留被描绘成奸雄。虽然人们对这个滑头的主教褒贬不一，但他的谍报天赋却不能不令他的同行们跷起大拇指。因此在法国和西欧历史上，说起打情报战，不得不提起那位靠狡黠当上红衣主教的黎塞留。

一 从主教到宰相

教皇保罗五世。

1606年的一天，年老的保罗五世教皇（1552—1621年）接见法国留索斯克教区的主教候选人阿尔曼·波利西。盯着这张稚嫩的脸庞，教皇疑惑：面前这个自称30岁的年轻人到底有没有在说谎？他不由得问道：“你达到教会规章所规定的任职年龄了吗？”“已经到了，教皇。”年轻人按照教规一边往地上跪一边回答。“您难道没有看到我的出生证？”

保罗五世不再言语，他按部就班地为波利西完成了就职庆典仪式。突然，这位新主教突然跪倒在地，向保罗五世高呼：“教皇陛下，请宽恕我犯了大罪，我还没到任职年龄！”

一脸忧郁的教皇再次盯着这张苍白而瘦削的脸，厉声问道：“那你的出生证明是怎么回事？”“当然是我伪造的！”年轻人嗫嚅道。

木已成舟。教皇显然无法处置这个仅有21岁的“滑头”，因为他任主教是国王亨利四世首肯的，当然国王并没有意料到这个家伙居然这么小，胆敢伪造出生证明。本来，按教规只有教皇才有权授予他人主教神职，可保罗五世显然无法反驳国王的任命，他只得宽恕这位新主教，并隐约感到，这个家伙与众不同，即使他有再大的过错也应该宽恕，因为只有他才能限制教会的爱子——西班牙和奥地利哈布斯堡人的影响，他们的过分强大已经令神圣的教皇感到大受威胁。

保罗五世的判断最后得到证实。这个叫波利西的年轻人就是日后的法兰西首相兼红衣大主教黎塞留公爵。更值得大书的是，他与他的情报战不但改变了法国，还

亨利四世遇刺。

改变了世界。

黎塞留对间谍工作的创造性与极致性的发挥秉承了家族传统。他的父亲佛朗索瓦·德·黎塞留是国王亨利四世的宠臣，在波旁王朝王宫的一些旧文件里，尚可看到许多拨给黎塞留父亲的、标明“国王指示可不注明用处的”大笔专用款。

1585年9月，黎塞留生于巴黎的一个次等贵族家庭，五个孩子中他排行老四。黎塞留的父亲在法国大教务长手下任职，母亲是法学家的女儿。黎塞留五岁时父亲死于宗教战争，留下一大笔债务。但皇家的拨款帮助黎塞留家族渡过难关，九岁的黎塞留得以进入纳瓦拉学院学习哲学。黎

亨利四世。

塞留在宫廷倾轧的环境里长大，很早就任宫廷信使，出色地掌握了侦察敌情和掩护自己完成各项任务的技能。

黎塞留所处的年代正是法国波旁王朝统治时期。波旁家族成员是卡佩王朝后裔，因被封于法国中部的波旁公国而得名。波旁家族是一个跨国家族，在欧洲历史上曾断断续续地统治过纳瓦拉、法国、西班牙、那不勒斯与西西里、卢森堡等国和意大利若干公国。

1589年，法国南部纳瓦拉国王亨利四世在长达31年的法国宗教战争中获胜，结束了新教和天主教之间连续8次的全国混战，由此开创了波旁王朝。虽然亨利出身于新教家族，可他确定天主教为国教，又执行宽容的宗教政策，令新旧教徒和平相处。1610年，亨利四世在巴黎打铜街被刺客弗朗索瓦·拉瓦莱克暗杀身亡，仅有9岁的路易十三继位，由他的母亲玛丽·米基齐摄政。米基齐是个肥胖、愚蠢且极其任性的佛罗伦萨女人，她虽为摄政王，但实际权力操控在她的妹妹卡琳卡和妹夫郭齐尼手里。郭齐尼原是意大利的一名冒险分子，现在巴黎不仅发了大财，还成了阿卡尔侯爵和元帅。

1637年所绘红衣主教黎塞留肖像。

1613年底，黎塞留来到巴黎寻求发展。因为难以忍受黎塞留的阴沉目光，戴着面纱、患有癫痫病的卡琳卡恶狠狠地将他赶了出去。然而不久黎塞留的命运便有了转机——摄政女王米基齐和郭齐尼与大封建豪绅巨富们爆发了内战，米基齐被迫同意于1614年召开国会会议。黎塞留主教作为宗教界代表出席了会议，并首次显示其善于玩弄政治权术的才能。之后，黎塞留受到郭齐尼的赏识，被任命为御前会议成员。这位红衣主教左右逢源，在用花言巧语将摄政王姐妹哄得团团转的同时，还十分关注变幻莫测的政治局势。

在摄政王姐妹自鸣得意的时候，谁也没有注意到15岁的小国王路易十三已对她们充满仇恨。在宠臣路伊尼的唆使下，小路易认定一直鄙视自己的姨父姨母就是谋害父亲亨利四世的凶手。

黎塞留很快通过自己初步营建的情报网得知这一切，他立即派亲戚与路伊尼秘密接触，同时继续骗取郭齐尼的信任。他趁着反对达官贵人的战争重新爆发之机招兵买马。1617年4月23日夜，黎塞留收到间谍送来的密信，得知宫廷政变就要开始。红衣主教将信放在枕下，安静地睡着了……就在第二天，当郭齐尼走在露福尔宫的吊桥上时，国王的宠臣、近卫军上尉魏特里男爵向他宣布："我奉陛下诏令逮捕你！"郭齐尼先是一愣，企图拔剑，几声枪响过后，郭齐尼倒在血泊之中。随后，郭齐尼的老婆、皇帝的姨妈卡琳卡被控行巫术（用动物内脏占卦，用魔法治病），参与谋杀亨利四世，被判犯有巫婆罪，处以死刑。郭齐尼夫妇全部财产归路伊尼所有，不久又被封为伯爵。

听到郭齐尼被杀的消息时，黎塞留正在巴黎大学的一位朋友家里。他立即赶到国王身边表示忠心，并哭诉自己如何受尽郭齐尼等人的欺凌。可路易十三似乎不怎么买他的账，想撵走这个两面派。但路伊尼感到自己的地位还很不巩固，还需要黎塞留这样的人辅助。国王听从了宠臣的劝阻，只是剥夺了黎塞留的大臣职务，继续保留其参加御前会议的权利。

5月5日，路易十三终于答应了母亲玛丽·米基齐的百般请求，两人有了一次短暂的会面，之后这个前摄政女王被押往波卢阿软禁起来，路伊尼让黎塞留监视她。其实，在米基齐当权时，黎塞留就已经充当了路伊尼间谍的角色。可不久后，黎塞留同米基齐竟勾搭起来，两人成了形影不离的情人。对于成为阶下囚的米基齐来说，为了东山再起，她也需要黎塞留这样在宫中有一定影响的人，而黎塞留同样另有打算。

米基齐被软禁的地方波卢阿常年四门紧闭。二十五年前，奉亨利三世诏令，科

路易十三。

兹公爵在这里被处死。可就是这样一个阴森可怕的地方，却成了米基齐的小朝廷，而黎塞留也摇身一变，成了流放女王御前会议的头目。黎塞留一边当着女主人的情夫，品尝着被流放的滋味，一边将米基齐的私密情报暗中送往巴黎的路伊尼。

在米基齐的宫廷宠臣之中，有不少贪图功名富贵的人。他们觊觎着因黎塞留被放逐而空下的留索斯克教区主教的位置，即使难以实现也想成为路伊尼手下的一名间谍。留克西拉伊神父就是其中之一。这个人曾经是郭齐尼的亲信，差一点就当上大臣。他不停地往来于前女王和路伊尼之间，想方设法离间三人的关系。留克西拉伊的活动没有白费，米基齐开始对这个小情人有所怀疑，黎塞留也嗅出了别样的味道，他利用三寸不烂之舌极力为自己辩解，虽然蒙混过关，但黎塞留觉得自己最好还

是暂时收敛锋芒。

1617年6月，黎塞留听说路易十三有意将自己召回巴黎，重新当留索斯克教区的主教，便以此为借口，急忙离开波卢阿这个是非之地。米基齐气得咬牙切齿，为了将黎塞留召回自己身边，米基齐多次给他写信，还派自己的马车去接他。可黎塞留回信说，王命难违，希望将来有机会再到波卢阿伺候太后。

黎塞留回到巴黎后继续当他的主教，期间又与修道士、都灵的卡普勒僧因分部的头目约瑟夫·特列莫勃利恢复了旧交。约瑟夫神父具有非凡的外交才能，也是出色的谍报人员。此时，米基齐和留克西拉伊正打得火热，失去黎塞留的米基齐对他言听计从。而路伊尼却对黎塞留也心生不满，他甚至怀疑黎塞留参与了历次阴谋暗杀活动。1618年4月，黎塞留离开法国前往罗马教皇管辖的维尼翁传教，路伊尼马上派出很多间谍监视他的一举一动。

亨利与玛丽以及孩子在一起。

正在这时，法国形势再度激化。地主豪绅们与路伊尼的敌对情绪逐渐公开化，而天主教徒和基督教徒的战争在中欧地区也爆发了，这就是“三十年战争”（1618—1648年）。这场战争由内战演变而成，是欧洲各国争夺利益、树立霸权以及宗教纠纷剧化的产物，战争以波希米亚人民反抗奥国哈布斯堡皇室统治为肇始，以哈布斯堡皇室战败并签订《威斯特伐利亚和约》结束，蔓延整个欧洲大陆。日耳曼各邦国因这次战争失去了60%的人口，波美拉尼亚65%的人丧生，而西里西亚也有25%的人死亡，其中男性将近一半死亡，战争之惨烈，史无前例。而黎塞留就是战争的实际推动者和幕后策划人之一。

留克西拉伊与路伊尼分道扬镳后，与暴乱的地主豪绅们共同商定，要和前女王米基齐一起，将路伊尼赶下台。1619年2月21日午夜，米基齐抱着装满珠宝的盒子，拖着肥胖的身躯沿着靠窗的梯子爬出囚室，被前来接应的兵士护送到被地主豪绅军队占领的领土。

闻听米基齐逃跑，路易十三非常吃惊。经过与约瑟夫神父商量，路易决定派黎塞留与母亲谈判。1619年3月初，黎塞留见到米基齐，表明国王的诚意，双方缔结和约，国王、太后、豪绅各得其所，安茹的职位让位给玛丽·米基齐，叛乱的地主豪绅们得到许多权力。

黎塞留因为有功被任命为红衣主教，可路伊尼暗中勾结罗马，他们不想将此荣誉赐予黎塞留。1620年，在米基齐的支持下，国王与地主豪绅们的武装冲突再次爆发了。黎塞留随机应变，他甚至赢得西班牙外交部门的支持。面对压力，路易十三再次让步，最后只好请求教皇满足黎塞留任教会大公的渴望。1622 年 9 月 5 日，黎塞留荣任红衣主教，获得了更加独立的地位，此后又重新被封为御前会议成员。

1621 年 12 月，路伊尼神秘暴死，3 年后的 1624 年 8 月，擅长策划暗杀阴谋的红衣主教黎塞留成为路易十三的宰相，成了执掌法国长达 20 年（1624—1642 年）的真正统治者。

二 挫败宫廷阴谋

面对来之不易的一人之上、万人之下的权力，身为宰辅的黎塞留置身于风口浪尖。在无数双充满欲望的眼睛注视下，黎塞留小心翼翼地过着每一天。

路易十三是个反复无常、易受外人影响的君主，而他的这一弱点，恰巧被黎塞留很好地利用起来。连年不断的宫廷倾轧，黎塞留不仅要与国王的母亲、妻子和兄弟们过招，还要和一些亲王及有权势的地主豪绅较量。

在对内政策上，黎塞留主张加强法国的中央集权，而这正是他的劲敌们最头痛的地方。他们反对加强君主专制制度，不愿受皇帝的摆控。黎塞留便依靠多数贵族和资产阶级的支持，坚决予以回击。黎塞留知道，只有巩固专制政权，方能镇压诸如 1637 年的“乡巴佬”起义、1639 年的“赤足汉”农民起义。

为了与政敌针锋相对地斗争，黎塞留发挥了谍报人员的重大作用。借助国家力量，黎塞留编织了庞大的间谍网。他继承亨利四世的政策，挖空心思与西班牙和奥地利哈布斯堡皇室争夺欧洲的霸主地位。他的间谍积极策动信仰基督教的瑞典国王古斯诺夫·阿多利发和信仰基督教的德国大公们共同反对神圣罗马皇帝，而法国内部和宫廷中的敌人们也同样难逃黎塞留间谍们的眼睛。

黎塞留采取极具创意的“以税养谍”政策，强制征收赌场、妓院、当铺等高利润行当的税费以保证谍报网络的正常运转。与众不同的是，黎塞留还经常自掏腰包额外奖励他的间谍，但我们不必夸赞黎塞留慷慨大方，更不用担心首相会因此破产，其实，他所付的酬金会很快因为那些失去作用的谍报人员的被处死而得到补偿。黎塞留从不放心自己的间谍，他几乎谁都不相信，对所有的情报工作人员都保持极强的警惕性，比如，在秘书们抄写机密文件时他都要在场，防止文件被秘密复制。当然，这并不意味着黎塞留一个亲信都没有，约瑟夫神父（敌人讽刺地称他为“不学无术

画家亨利·莫特对红衣主教黎塞留在拉罗歇尔之围的美化图像。

的红衣主教”）就是他为数不多的可信赖人中的一个。

黎塞留执政之初的几年里，西班牙和奥地利皇室积极策动了以路易十三的弟弟卡斯多诺·奥洛列安斯为首的政变阴谋。他们妄图劫持路易十三，干掉黎塞留。而约瑟夫手下一个最优秀的间谍洛什富尔（大仲马小说《三个火枪手》的主人公）对揭露这个阴谋起到关键作用。

接到约瑟夫神父的密令后，洛什富尔乔装成天主教修道士前往布鲁塞尔。为了迷惑敌方的情报人员，洛什富尔说一口很

重的具有瓦龙音的法语。他很快博得女阴谋家德·什夫列兹公爵夫人及其情夫列克尤侯爵的信任。不久，列克尤把几封密信交给他，请他带回巴黎。洛什富尔一口应承，转而交给约瑟夫的信使，立即将信件送往巴黎。这封密码情报很快被破译出来，约瑟夫神父将复制的信件交给黎塞留。

由于密信上有杀死路易十三的内容，黎塞留打算把它交给路易十三。但约瑟夫神父认为应该放长线钓大鱼，便阻止了黎塞留。

被拆阅的密信复原后重新交给洛什富尔，他按照嘱咐将信交给了一个名叫拉波耶尔的律师。黎塞留的间谍通过监视拉波耶尔发现，路易十三的宠臣沙列伯爵才是真正的收信人。为抓获更多的同谋，在黎塞留间谍的密切监视下，沙列伯爵与西班牙王室之间的密信再度被截获，一长串阴谋叛乱分子全被揭发出来：路易的妻子安娜·阿英斯特利斯卡、旁系兄弟瓦顿亲王、奥尔诺元帅以及国王的宠臣沙列伯爵都参与了这起阴谋的策划。国王的兄弟卡斯顿·奥尔列昂斯基是个软骨头，他无耻地出卖了同伙，沙列等人被推上断头台。

暗杀黎塞留的阴谋破灭，并不意味着反黎塞留的斗争停止。接下来，路易十三的母亲玛丽·米基齐——黎塞留曾经的情人再次登场。本来，米基齐并不反对她这个“滑头”的宠臣，而黎塞留也对胖王后的青睐感激有加。可此刻他们恩断义绝，彻底撕破了脸。因爱生恨，难以容忍的老王后主持成立了刺杀黎塞留的阴谋团伙。

为了慰问正在萨窝伊地区作战的将士，路易十三拖着病体，执意要去前线。不知是心疼儿子还是别的原因，米基齐及其同党安娜·阿芙斯特利斯卡泪眼婆娑，苦苦哀求国王以龙体为重，不要一意孤行，而且添油加醋地数落起首相的种种不是，她们强烈要求路易踢开这个曾经的红衣主教。

国王被母亲的老泪感动了，点头答应了她的请求。太后自以为得计，暗暗高兴。

1630年11月10日本是个普通的日子，但对于老王后米基齐及其同党，还有那些善于在宫中察言观色的“墙头草”们来说，这是个悲哀的日子，以至于法国历史将这一天称之为“受骗日”。

这源于太后的一个象征性举动。在自我确认皇帝已经抛弃黎塞留的前提下，米基齐粗暴地将前来求见她的黎塞留赶出宫去。看到这一幕，宫内一大群谄媚者认为是时候离开首相转而效忠太后了。正当他们得意时，痊愈的路易十三不再想遵守自己的承诺，他急忙将红衣主教召至身边，黎塞留重新成为首相。这下轮到那些王族贵胄们傻眼了。

包括王后在内的这些“受骗者”已经感到末日临近，她们知道难逃黎塞留的“黑手”。与她们想象的一样，很多见风使舵的人被迫离开宫廷，而米基齐跑到距离西班牙不远的卡波林城堡掀起阴谋暴动，失败后被驱逐出境。

为了与西班牙争霸，黎塞留毫不顾忌法国王室与西班牙王室有着密切的亲戚关系，他决心已定。而此时，一个名叫奥尔列昂斯基的人在洛达利根领导了一场暴动，并与西班牙缔结了秘密条约。为震慑叛乱者，黎塞留处死他们的同伙马利列雅克元帅。路易十三下令军队开进洛达利根，击溃了义军，领导人之一蒙蒙拉西公爵被处死。被俘的奥尔列昂斯基向黎塞留忏悔，苦苦哀求黎塞留饶他不死。可被释放后不久，这个家伙再次搞起了反对黎塞留的阴谋活动。而王后米基齐也来到布鲁塞尔，她故态复萌，继续策划谋杀黎塞留，为此建立了自己的阴谋活动中心。

随时处于死亡威胁之中的黎塞留变得更加警惕。就连路易十三也总是警告他，即使是奉自己命令送给他的水果和野味，不经化验都不要去碰它。其实这种提醒对间谍头子黎塞留来说并不需要，不说别的，为防止遇刺，黎塞留很少出门，即使锻炼，也只是在自己的办公桌之间跳来跳去。

黎塞留身边的谍报人员也不是那么靠谱。比如，担任国家印章保管员沙特聂伏侯爵原本是黎塞留的忠实亲信，可自从被一个叫什福列兹的女人迷住后，就成了黎塞留的敌人，因为他的这个情妇是个与黎塞留作对的阴谋家。

黎塞留对任何背叛他的人绝不手软。1635年，沙特聂伏被捕入狱，从他那里搜出很多文件，其中包括很多与什福列兹的来往书信。沙特聂伏坐了十年牢，直到黎塞留死后才被释放。

黎塞留的心腹约瑟夫神父通过谍报系统侦知，英国王后亨利·玛丽雅也参与了针对黎塞留的阴谋，她大力支持黎塞留的反对者。什福列兹公爵夫人被流放到土伦，这个女阴谋家贼心不死，她与马德里宫廷及玛丽雅都有秘密书信来往。

什福列兹公爵夫人是反黎塞留阴谋活动的积极参加者，她也是前不久被黎塞留处死的沙列伯爵的情人。秘密阴谋活动失败后，什福列兹夫人迁居洛林，与统治洛林的查理四世相恋，因此得以将其阴谋网覆盖到英国。她的行动没有逃过黎塞留遍布在当地的间谍的眼睛。她的另一个情人蒙特果公爵在洛林境内被捕，随身携带的文件暴露了阴谋活动的所有计划。

一天，黎塞留的间谍抓获了王后米基齐的一个男仆拉·波尔特，从他身上搜出一封密信。当时波尔特正领导着一个秘密间谍组织，而出卖他的就是他的一名谍报员。拉·波尔特被关进巴士底狱，黎塞留先派人审问他，然后又亲自审问。然而，拉·波尔特的同党安娜·阿芙斯特利斯卡收买了狱吏，暗中捎信给波尔特，要他守口如瓶，不得供出王后。当第二天波尔特再次受审的时候，他佯装害怕，供出全部“实情”。黎塞留见没有什么大的收获，更找不到王后再次参与阴谋活动的证据，只好不了了之。

在黎塞留的高压态势下，什福列兹公爵夫人女扮男装逃往西班牙，然后去伦敦。这个曾经与黎塞留也有过暧昧关系的女人，始终与黎塞留保持着通信联系，而黎塞留也向他承诺，只要她悬崖勒马，回到法国，不再搅和于阴谋之中，他完全可以宽恕她。但以后的事实证明，黎塞留的苦劝只是徒劳，她还是不知疲倦地从事阴谋活动。她的这种执着始终折磨着路易十三，甚至在临终时还对她念念不忘，咬牙切齿地不断地重复着一句话：“这个魔鬼！这个魔鬼！”

1635年，法国和西班牙不宣而战。黎塞留的处境一点儿也没有得到改观，他遭到多次未遂的暗杀。西班牙军队入侵比卡尔基地区，并占领了克尔宾要塞。路易十三和黎塞留派兵包围了克尔宾。为了解围，西班牙决计暗杀黎塞留。他们收买了内奸卡斯顿·奥尔列昂斯基和苏阿素斯基伯爵，私下达成协议，如果暗杀成功，将各得其利。

然而，不知道是因为黎塞留命不该绝还是西班牙的人选太废物，在黎塞留的反间谍机关并没有获悉暗杀计划的情况下，他们竟然也没能成功。原因很简单，暗杀进行时，奥尔列昂斯基突然胆怯起来，以至于没向凶手发出事先约定的暗杀信号。黎塞留很快得到了此次阴谋事件的全部情报，奥尔列昂斯基和苏阿素斯基见计划暴露，匆忙逃到国外。

黎塞留的侦查机关时刻没有忘记监视王后的一举一动，与王后并肩作战的安娜·阿芙斯特利斯卡也不例外。这个女人反对黎塞留的对外政策，希望法国与西班牙和奥地利保持友好关系。克尔宾要塞被围后，黎塞留的间谍弄到了安娜·阿芙斯特利斯卡亲笔写的一堆信件，这是写给她的闺蜜——什福列兹公爵夫人的。而什福列兹公爵夫人依然固执地参与反对黎塞留的阴谋活动。因为互有关联，路易十三的母亲也受到严厉审问，但这个老女人发誓说她早已不再与黎塞留为敌，更不可能与法国的敌人通信。

1637年，在西班牙国王和德意志皇帝的支持下，苏阿索斯基伯爵和巴当要塞司令布利奥斯基公爵掀起一场暴动。法国7000多名士兵加入了暴动者行列。路易十三出动军队前去镇压，却在马尔非战役中失败。这些暴动者原以为这样能迫使路易十三从此以后不再任用黎塞留，但路易十三优柔寡断，不明所以。1641年，暴动

1628年拉罗歇尔之围胜利后路易十三加冕图。

的首领之一——苏阿索斯基伯爵莫名其妙地死亡，凶手难觅踪迹，后来有人说他是自杀。其实，谁都明白这与红衣主教黎塞留有关。苏阿索斯基伯爵死后，布利奥斯基公爵成了孤家寡人，只好向黎塞留妥协，而其余的暴动参与者纷纷逃到国外避难。

三 赛·马尔事件

为了使路易十三更加听命于自己，黎塞留决定把皇帝原来的心腹奥特斯菲尔小姐换掉，将自己的眼线安插在宫中，便将自己的忠实跟随者的儿子推荐给路易十三，这个年轻的美男子叫赛·马尔。

不久，受到老练而又善于沽名钓誉的宫廷卖俏女人玛丽公爵夫人的引诱，赛·马尔准备与其结婚。但这个女人要求赛·马尔，除非他得到伯爵或法国元帅的封号，否则难成伉俪。赛·马尔刚刚进宫不久且寸功未立，要得到这些封号简直是痴人说梦。可看着这个妖艳的女人，赛·马尔把心一横，向首相黎塞留求助。

原以为黎塞留会再提携自己一把，但黎塞留却给他泼了一盆冷水。他用冰冷的声调告诉这个年轻人："你只是一个普通的贵族，是国王的恩典才提高了地位，但是我不明白，你怎么有胆量和她结婚。如果玛丽公爵夫人真想做你的妻子，那她比你还要丧失理智。"

受到黎塞留一番冷嘲热讽后，赛·马尔一言不发地告辞了。回到家里冲天发誓，一定要黎塞留为他的话付出代价。赛·马尔先是向国王说明情况，路易十三对这个新宠臣的坚决要求作了让步。他以赛·马尔应熟悉政府事务为由，任命赛·马尔为国务会议（法国当时的最高执行机构）成员。然后，路易十三又在赛·马尔的陪同下出席了一次国务会议。

黎塞留对皇帝的安排不置可否，他照常安排会议，讨论一些无关紧要的事务。当与路易十三单独留下来的时候，黎塞留提醒皇帝，如果这样下去，国务会议有被宠臣垄断的危险，这些言而无信、信口雌黄的宠臣会轻而易举地泄露国家机密。在权衡利弊之后，路易十三采纳了黎塞留的意见，赛·马尔从此以后也就再没能出席国务会议。

黎塞留彻底惹翻了赛·马尔。狂怒之下，他决心不惜任何代价推翻这个可恶的红衣主教。赛·马尔的表现引起两位老练的阴谋者——卡斯顿·奥尔列昂斯基和布利昂斯基伯爵的注意，他们火上浇油地鼓动赛·马尔向黎塞留发起进攻。三人共同拟定计划，先是秘密争取西班牙国王的支持，由奥尔列昂斯基和布利昂斯基口述，赛·马尔执笔，与西班牙缔约草案。根据条约，西班牙提供1200名步兵和15000名骑兵，供给他们巨额的活动经费，这些钱多半要用在谍报方面。他们甚至描绘出阴谋成功后的各自分工：卡斯顿·奥尔列昂斯基，也就是前文中暗杀黎塞留未遂的那个笨蛋，

法国凡尔赛宫。

凡尔赛宫内部。

竟然设想在阴谋成功后取代路易十三，而赛·马尔要顶替黎塞留成为宰相。而西班牙人则可以得到他们与法国作战时就梦寐以求的东西。

赛·马尔有一个驼背的朋友德·冯特拉伊侯爵，他因为仇恨黎塞留也参加了这次阴谋事件。他与黎塞留结怨并不复杂：有一次，奉黎塞留命令，宫中上演一出戏，冯特拉伊与几位年轻的贵族看过后觉得这出戏很无聊，便品头论足了一番，大家冷嘲热讽，偏偏被黎塞留听到。几天以后，黎塞留在办公大厅会见来访的外国使节，冯特拉伊不知怎的也在现场。黎塞留想起几天前的事儿，就对他大声说："冯特拉伊先生，这与你不相干。大使到法国来不是来看你这丑东西的！"受到讥骂的冯特拉伊怒火燃胸，恨透了黎塞留。受赛·马尔等人派遣，冯特拉伊换上修道士的服装前往马德里会见西班牙首相奥利瓦利斯，决定里应外合。

但是，这些阴谋者显然低估了黎塞留的情报网，他们可能认为黎塞留的间谍是吃白饭的。其实他们的一举一动早已就传到黎塞留的耳朵里，只是佯作不知。

当路易十三在黎塞留的建议下前往某个军队视察时，赛·马尔竭力劝阻，但无济于事。感觉不能再等，赛·马尔和同党开始了谋杀行动。恰在此时，黎塞留的谍报人员寄来了这些阴谋活动者们与西班牙签署的条约副本。事不宜迟，黎塞留当即下令收网。

黎塞留的间谍是怎样得到赛·马尔与

西班牙签订条约的文本的？这一直是个谜。有观点认为，是“西班牙的黎塞留”奥利瓦利斯为换取黎塞留的某些补偿，亲自将阴谋者们出卖了。还有一种可能，出卖者是安娜·阿芙斯特利斯卡，因为她的密友和情夫是红衣主教杜利欧·马扎然，他是黎塞留最可靠的顾问和法国首席大臣的继承人。

冯特拉伊嗅出了不妙，而赛·马尔对自己所处的险境浑然不觉，以至于冯特拉伊不得不对他说：“在你的头落地时你才会感到形势严重。”说完就化装成修道士逃之夭夭了。

黎塞留的陵墓。

直到他被红衣主教的间谍团团围住，赛·马尔才相信冯特拉伊的话是对的。因城门紧闭不能逃脱，他正藏在城郊一幢简陋的小房子里。赛·马尔被捕后，他的未婚妻郭查克才订婚。

赛·马尔的另外两个合作者——卡斯顿·奥尔列昂斯基和布列昂斯基伯爵也未能逃掉，双双被捕。他们很快招供，还说出了一大堆同党的名字。作为交换条件，他们俩被赦免。1642 年 9 月 12 日，年仅 22 岁的赛·马尔被送上断头台。

关于这个小伙子还有很多故事。据说，赛·马尔秘密地与宫内一名交际花结了婚，她就是雨果浪漫主义戏剧《玛丽奥·杰洛利莫》的主人公。追求杰洛利莫的人中有许多达官贵人，其中竟有路易十三和黎塞留。无疑，她也是黎塞留的间谍。1680 年，杰洛利莫猝死，也有人说她是诈死，逃到了英国。

四 红衣主教之死

黎塞留（1585—1642 年）任首相期间，在法国政务决策中具有主导性影响力，他通过外交努力为法国赢得相当大的利益，巩固了法国专制制度，为路易十四时代的兴盛打下了基础。

值得一提的是，1635 年，黎塞留创立了法兰西学院。这座著名的文化殿堂一直只保留 40 把椅子，即 40 位终身院士，只有院士辞世空出名额方能投票补选，而这些人被称为“不朽者”。拉辛、拉封丹、孟德斯鸠、夏多布里昂、雨果、拉马丁、梅里美、小仲马等许多文学艺术大师先后在这里登堂入室，成为“不朽者”。

晚年的黎塞留疾病缠身，最严重的是眼疾与头痛。他感到不久于人世，便移交了权力。1642年，黎塞留撒手人寰，享年57岁。他去世后的第二年，路易十三（1601—1643年在位）也因骑马落水引起肺炎而去世。

黎塞留临终前，神父问他：“要不要宽恕你的敌人？”他答道：“除了公敌之外，我没有敌人。”

传说中的共济会阴谋

作者：明月吹箫

共济会音乐家莫扎特。

无论是大清王朝，还是波旁王朝，在专制制度的高压之下，秘密结社等相关活动自然会此起彼伏。不过，对于许多人来说，当让他们给“秘密结社”下定义的时候，第一个浮于脑际的还是共济会。然而，一个团体的各种集会地都众所周知，其比较有声望的成员也全部公开，该团体还有何私密性？

在所有的神秘组织中，共济会无疑是名气最大的，也是最令人真假难辨的。在众多的阴谋论著作、畅销书、影视作品中，共济会被形容成一个规模庞大、历史久远的神秘组织。伏尔泰、孟德斯鸠、歌德、海顿、萨德侯爵、莫扎特、腓特烈大帝、华盛顿、富兰克林、马克·吐温、柯南道尔、加里波第等等都是共济会员。甚至有人说文艺复兴是共济会发起的，美元霸权是共济会的阴谋，两次大战都是共济会制造的，美国也是由共济会建立的。总之，所有的光荣和伟大归于共济会，所有的黑暗和阴谋也归于共济会，在某种程度上甚至可以说人类文明的历史便是共济会的发展史。最极端的说法是亚当就是第一个共济会员，《圣经》就是共济会的开创史。也许继续推导，还可以得出上帝本身就是共济会创始者的结论。

听到如此众多的神秘而恐怖的传说，致使人们不得不在两种信念之间选择：要么我们之前的一切历史都是共济会虚构的神话，要么共济会的传说便是共济会自己有意制造的最大神话。

一 “共济会之母”的传说

关于共济会，可以确定的第一点是它确实存在，而不是仅仅存在于畅销小说家的杜撰与阴谋论者的臆测之中。更不是出版商为了制造噱头进行的虚构。

可以确定的第二点是它名字的意思便是“自由石匠公社”。关于共济会的来源，最荒诞不经的说法是根据其公社文献《共济会宪章》（传说 1701 年写成，于 1723 年正式初版）第一部《历史篇》的解释，共济会起源于公元前 4000 年，这一年被共济会称为光明之年。他们自称该隐的后人，通晓天文地理以及宇宙的奥秘。有人说共济会起源于参加建造古巴比伦巴别塔的石工职业团体；但另一个说法是，共济会起源于建造所罗门的耶路撒冷神殿的石匠们。孤证不证，目前为止，并没有足够的考古实物与文献记载能证明这一点，何况即便四千年前真的存在一个由石匠组成的组织，历经六千年的风雨沧桑，无数次的战乱、饥荒、瘟疫，多少个帝国和王朝的分崩离析，甚至像罗马那样的千年帝国都已灰飞烟灭，而共济会组织却连绵 6000 年存在下来。但是这 6000 年的谱系传承、世袭转移乃至内部变革却湮没无闻，直到 18 世纪时才突然出现，这种类似于魔幻小说的情节架构，无疑荒诞无比。

其实，解开共济会起源之谜的钥匙就攥在它的敌人手中。共济会最大的敌人不是共莫扎特的舞剧《魔笛》中的夜之女王。

据说《魔笛》与共济会有关。

产主义者，不是民主斗士，更不是各国行政当局，而是基督教世界最强大的力量——教会。早在1738年(近代共济会成立19年后)，教皇克莱门特十二世就谴责过共济会,他说:“我们要求忠实的信徒们弃绝与那些团体的交往……为了避免被开除教籍，这将是对那些违反这个命令的人的惩罚。”几年以后，克莱门特的继任者本尼迪克特十四世继位，他提出了共济会给天主教造成的六个威胁：第一，共济会成员的不同信条主义（或者不同宗教信仰）；第二，他们保守秘密；第三，他们的誓言；第四，他们对教会和国家的反对态度；第五，好几个国家的元首都宣布禁止这个团体的传播；第六，他们的邪恶行为。天主教和共济会之间不仅仅是学术或神学观点上的差异，300年以来，天主教会事实上是把共济会与魔鬼撒旦相提并论。19世纪末期，教皇利奥十三世对共济会极尽侮辱，甚至用词下流：“那些密谋团体挖掘的痛苦的无底深渊，这里有异端邪说和不同教派，可以这样说，就像在一个厕所里，他们把胃内所容的悖理逆天和亵渎上帝的污浊全部呕吐出来。”

基督教对共济会的仇视延续到了今天，而且不限于天主教会，2002年11月，属于信教派系——英国国教的坎特伯雷大主教娄恩·威廉姆斯谴责共济会与基督教水火不相容，就是由于其隐秘性，以及“可

共济会的标识。

能来自撒旦激励的”信仰。美国南部新教团体浸信会则指控共济会基于神秘性举行异教仪式，带领一千六百万强大的大会成员把共济会定位为“亵渎神圣”。

教会对共济会的刻骨仇恨，为我们解开共济会的神秘渊源提供了有力的线索，那就是寻找那些历史上曾与天主教会严重敌对过的团体。

第一个被怀疑的团体是诺斯替教。这个教派的名字来源于希腊语 gnosis，意思是知识，但其深层次含义是顿悟、启示或是洞察。诺斯替教认为，我们真正的精神本性只有通过内省才能找到，我们的身体和我们所处的这个物质世界都是邪恶的，因为我们是由《旧约》中充满恶意的上帝创造的。相比之下，我们纯洁的精神，却是更高尚、更抽象的上帝的产物，即耶稣基督的创造物。因此，诺斯替教的目标可以这样描述，把我们纯洁的精神从我们邪恶身体的桎梏下解脱出来。关于诺斯替教的起源众说纷纭，但是最广泛认同的说法便是它是出于对基督教正统教条的反抗。诺斯替教认为世界是邪恶的，生活充满痛苦，地球上的所有生命都依靠吞噬其他生命而存在，而人类尤其邪恶，为了满足自己的贪欲而制造了无数的痛苦与灾难。根据诺斯替教的教义，人类的精神是纯洁的，只是存在于其周围的物质世界，包括它所占据的身体本身也是邪恶的。这样一来，生命就是荒谬的，只有通过逃离这个不完美的世界，精神才能最终获得真正的满足。

而这正与基督教教义冲突，根据《旧约》的说法，上帝所创造的世界本身是完美的，只是由于亚当和夏娃经不起诱惑而犯下原罪，所以邪恶的是人的精神。诺斯替教的教义导致其内部产生了两个极端的派别，一支主张通过苦修，来使自己远离物质贪欲，而让灵魂得到净化，为此他们甚至禁止性爱和生育（摩尼教创始者摩尼早年就曾是这一支派的信徒）。而另一支则认为，人的灵魂不必为邪恶的世界和肉体负责，所以他们崇拜蛇（因为圣经中说正是蛇引诱亚当和夏娃犯下原罪），成员必须亲吻蛇的嘴（很温顺或是被麻醉的蛇），然后双膝跪在地上，像敬神一样对这个动物顶礼膜拜。其中的极端分子甚至纵容酗酒、淫乱与同性恋乃至更为血腥与残暴的做法。

诺斯替教的创始者或者代表人物西蒙·马格斯，是一位接受了希腊教育的犹太人，并且擅长巫术与魔术，谣传他有隐身、飞行与变形的特异功能。早年他曾追随基督教圣徒圣约翰，并企图花钱购买耶稣的两位门徒约翰和彼得的圣职，遭到严厉拒绝，西蒙恼羞成怒后创立了诺斯替教。西蒙主义相信真正的上帝是女性，有时名叫索菲亚，而这位“女性上帝”的灵魂据说被西蒙在一位名叫海伦的女子（也许是妓女）身上找到了。西蒙因得到罗马皇帝尼禄的赏识而成为宫廷魔术师。最后根据基督教徒的传说，西蒙在一次魔术表演中死去（表演复活时被活埋或是表演飞行术时摔死），西蒙主义者认为人类的灵魂被肉体所桎梏，必须得到神性的元素才能超脱，由此他们中的知识精英开始研究气体力学、心理学和质素学。

当基督教在4世纪获得国教地位后便开始镇压异教势力，曾经在罗马帝国极盛一时的密特拉教就是因此而消亡的。比密特拉教远为弱小的诺斯替教更是在劫难逃。一千三四百年后才出现的共济会基本上不可能与诺斯替教有组织渊源，但是诺斯替教却在精神上成为共济会的先驱：反对“原罪论”，追求精神境界的净化与提升，对科学的探索精神、自然神论等。

而在共济会的内部传说中，圣殿骑士团是其直接祖先（关于圣殿骑士团，请参阅本书其他章节）。虽然圣殿骑士们在十字军远征中的宗教狂热和在积累财富中所表现出来的不择手段，看起来与共济会精神格格不入。然而，随着时间的流逝，在后人的眼中，圣殿骑士团逐渐被塑造成为了一个喜欢盗窃的国王和背信弃义的教皇而甘愿牺牲生命的贵族骑士，而且他们的精神被奇妙的赋予了反教权和反王权的自由主义色彩。于是苏格兰共济会会员声称，在圣殿骑士团末代总团长德·莫莱被处死后不久，他最衷心的几个追随者就从法国逃出来，逃到了苏格兰。还有些人更是越说越没谱，他们坚持说德·莫莱本人也逃脱一死，他也来到了苏格兰，在这里，他同罗伯特·布鲁斯于1332年进行了达普林之战，1346年进行了达拉谟之战。

共济会的历史档案把圣殿骑士团与共济会的联系追溯到了一个演讲上，这是1737年一个叫作“谢瓦利埃·拉姆齐”的共济会成员在法兰西共济会总支部发表的演讲。拉姆齐宣称共济会可以追溯到十字军远征时期“与耶路撒冷圣约翰的骑士们的紧密联系”，以及那个“格兰的旧支部”保留着英国人废弃的真正的共济会。从这个相当值得推敲的历史联系引发了“苏格兰仪式”（共济会中的一种庆祝仪式），或者如同共济会章程所确定的说法，叫作“古代可接受苏格兰仪式”。如果共济会是具有殉教精神的圣殿骑士团的嫡系后裔，那么无疑会给共济会蒙上一层神秘和庄严的色彩。这也许不过是共济会为了自抬身价而编造的华丽故事。但另一方面，共济会与圣殿骑士团之间也确实存在某些组织渊源。

1304年，当教廷“取缔圣殿骑士团”的命令到来时，处于内战中的苏格兰根本无力执行这一训令，而且对英格兰人的战争也需要圣殿骑士的帮助。于是，苏格兰成了圣殿骑士避难的乐园。大批大陆的圣殿骑士来到这里，他们的组织得以完整地保留下来。直到近四百年后，人们还在苏格兰一次反对伦敦政府的叛乱中，发现阵亡的叛军首领身上带着硕大的红十字架（圣殿骑士的标志）。同样，在西班牙和葡萄牙，圣殿骑士团在经过应付公事的审判之后改头换面，但继续存在，并以广泛参与航海活动，哥伦布远航新大陆的船只上便有红十字的标志。

即便是在英格兰和欧洲大陆其他国家，圣殿骑士也被大量保存下来。这些经过教廷和法王残酷镇压的圣殿骑士原本便是中世纪欧洲的上层精英分子，在行政、商业、文化领域颇有地位。虽然随着时光的流逝，他们的后裔已经不复当年的狂热，但是对先祖惨遭教廷恩将仇报的刻骨仇恨，必定在少数人中世代流传下去。当中世纪晚期教权衰落后，他们被宣称是圣殿骑士团后裔的共济会组织所吸引，而加入其中。一个自我吹嘘的虚构故事最终成为现实，石匠组织变成了上层精英的协会，这种解释也许能够成立。另一个佐证是以圣殿骑士团末代总团长“德·莫莱”名字命名的国际组织，这是一个年龄在13到21岁之间的年轻人兄弟组织。实际上，它是共济会招纳的预备人选。

圣殿骑士团末代总团长德·莫莱。

离共济会时间最近、性质最相似，渊源也最可证的秘密组织便是德国的光明会。光明会被某些阴谋论者称为“幕后的幕后”“秘密组织背后的秘密组织”。光明会成员被形容成拉线木偶的操纵者的操纵者，他们躲藏在暗处的暗处。据说光明会就盘旋在共济会和其他团体的后台，这些团体包括郇山隐修会、卡巴拉教、蔷薇十字会，或者走上神学极端的锡安长老会。

真实可证的光明会（“思想启蒙”）由亚当·维索兹在1776年创办，他是巴伐利亚耶稣会的学者。光明会是一个秘密组织，只有当会员的意识和思维力达到一定的程度以后，这个秘密团体的真正目标才能揭示给他。那些设法通过了维索兹的挑选的人最终会认识到，人类只是宇宙这一设计严密的机器的齿轮和螺丝，要受到理性的操纵。然而，到达这个“乌托邦”可不是一件轻而易举的事情。光明会成员必须认真观察与之有社会关系的每个人，搜集每个人身上的信息，并把经过密封的报告呈送给上司。通过这种方式，光明会就可以控制和掌握公众舆论，限制统治者的权力，使那些颠覆者和反对者保持沉默或者彻底消灭他们，同时令敌人闻风丧胆，内心充满恐惧。

早期光明会的批评者这样写道：“在最黑暗的深渊的内部，一个秘密团体成立了，一个具有新生命的团体，尽管互相之间从未谋面，他们却彼此了解；尽管没有任何解释，他们却相互理解；他们为对方服务，却没有任何友情的成分。这个秘密

共济会和光明会的各种符号。

团体采纳了耶稣会原则中的盲目服从，借用了共济会的审讯和仪式，照搬了圣殿骑士团的地下神秘和鲁莽勇猛。”

维索兹主张和共济会联盟，因此组织发展迅速，但是却引起了世俗统治者的猜忌，1787 年 8 月，巴伐利亚宣布招募光明会成员就是犯死罪，这样做的结果使得这个团体更加转入到了地下，但同时也向维索兹阐明他的观点是严重错误的。维索兹先是背弃了自己的团体，然后又写了几篇忏悔的文章，才求得了教会的原谅，光明会这一组织其实已经不复存在。

然而，初生的共济会已经从光明会身上学到了很多：通过吸纳上层精英、操纵社会舆论来达到自己的意图；上帝是宇宙设计师的理念，以及由此激发的对社会进步和思想启蒙的信仰。在严格意义上来说，光明会虽死，其灵魂却已经被共济会所吞噬吸收了。

二 “自由石匠”的前世今生

按照广泛流传的说法，共济会的第一个总会所于 1717 年 6 月 24 日成立于英国伦敦，此前只有一些贵族和高级神职人员不定期在一些小酒馆里的非正式集会。在这一天，会员们投票选举安松·塞亚为第一代总导师，因此这一天普遍被视为近代共济会运动的开端。然而，同时人们也认为这远非共济会的最初形态，它的最初形态便和其名称一样简单——“自由石匠组织”。

在中世纪的欧洲，手工业者行会是十分常见的，而在那个缺乏知识产权保护制度和公开出版体系的时代里，技术秘密只能通过小团体方式内部流传。目的是把他们这个行业的专门技术知识隐藏起来，不被外人知晓，以防他们从中获利。手工业者互助组织宣布，他们这样做是为了在行业中确立质量标准；通过限制有资格的人入会，来确保会员的较高收入，但对这一目的却秘而不宣。

古代世界里最有地位的手工艺者就是石匠，他们拥有建造坚固而优美的建筑物的工具和技能。要想找到证明他们才能的证据并不难，在近年发生的希腊－土耳其连环地震中，一些建造只有十几年甚至几年的现代混凝土建筑轰然倒塌，而建造于几千年前的古希腊建筑却依旧屹然耸立。

英国伦敦共济会会堂

在那个对军事防御建筑、宫廷和教堂建筑需求巨大的时代里，石匠能获得较高的收入与社会地位。石匠的技术是根据三个层次分级的：“学徒”“工艺技工”“资深石匠”。每个层次的技术水平都把石匠提升到一个具有较高认可的位置，并确保他有资格得到更高的工资。保守秘密成为石匠之间至关重要的事情，他们在选择伙伴的时候非常谨慎，并让新入会者宣誓，对于他们经过了几个世纪而逐渐完善起来的技术要保持缄默。为了实行对会员的控制，并确保秘密不浮出水面，石匠们以社区为基础组成非常小的支部，每个小团体都选举自己的领导者。

当初英格兰总会成立的“鹅和烤架”大楼（GooseandGridiron）。

17 世纪初叶，共济会完成了革命性变革，由一个手工业者的秘密小团体开始转变为社会精英分子的秘密协会。而完成这一变革的大背景则是 16—17 世纪欧洲兴起波澜壮阔的宗教改革运动，英国、德意志等地出现了许多新教团体，与天主教会决裂。为对抗这一改革，天主教会也相应发动了一场“反宗教改革运动”，其中最著名的是组织严密的耶稣会，成为教会最顽强的斗士。

世俗和教会权力的双重镇压，反而激发了主张理性的知识精英的反弹。共济会便应运而生，这些知识精英主张用理性力量来改造人类心灵，进行思想启蒙，并进而改变世间秩序。在欧洲的思想界里长期存在这样一种追求：一个有秩序的、和谐的连贯的世界。这种对“有序世界”的追求古已有之，古希腊的毕达哥拉斯学派就用严密的数学规律来解释世界的有序性，他们认为数就是“人类思想的向导和主人，没有它的力量，万物就都处于昏暗混乱之中”，强调只有在这样的秩序中，我们才发现了一个可理解的宇宙。这个学派实际上就是古典时代的共济会，严格规定所有教徒必须对教外严格保守秘密，不得泄露有关教派的一切规条、教训、学说、状况；在教内不立文字、不做记录，所有教导、指示都只凭师徒、上下级之间的口耳相传。

手工艺者的秘密组织形态和知识精英阶层对理性世界的追求相结合，产生了共济会，其间具体的过程已经很难追索，但之所以选择“自由石匠”组织为结合点，也许来自下面一种理念：随着欧洲文明的发展，到中世纪中叶，上帝越来越经常地被描述为机械术语里的工程师或者建筑师。

18世纪入会仪式。

19世纪发给获得3° 会员的证书。

14世纪的一位法国主教便将上帝描述为以人启动钟表的方式启动了这个世界——上好发条，然后让它自行运转。在这里可以看到共济会的思想源泉其实是自然神论，这种神学观点期望建立一个天国式的和谐世界，其手段则是按照一个工程师一般的上帝形象，依靠严密的组织，来秘密而有计划地推进人间秩序的改造。而“石匠”最形象化体现了建构宇宙的角色，所以这些知识精英自名为“自由的精神石匠”，在共济会中用“精神石匠”取代了原初意义上的真正的石匠。

早期共济会是秘密结社，他们大多是通过秘密的人际网络发展，成员大多来自上层社会，有很强的排他性。例如16世纪80年代初的法国共济会成员虽然彼此互称“兄弟”，但禁止下层民众加入，更坚决排斥女性（这一点一直保持到了今天）。这也是不同秘密组织的共同特征：严格会员资格、入会仪式的强调能在成员内部创造出一种认同感和使命感，并有助于形成一种内部团结及兄弟情义。

1722年沃顿公爵成为新一代总导师，据说曾一度说服英国国王乔治二世的王储加入共济会，只是因为王储英年早逝而功亏一篑。1751年7月，一部分分支机构由于不满英国总会所的现代化倾向，公开宣布另立门户，从此这个“古典派”与余下的“现代派”之间为争夺最高领导权长期纷争，直到1813年11月才达成和解，成立英国联合总会所。

共济会的理念传播到了法国和欧洲的其他国家，法国东方公所于1728年成立，同时共济会也传播到了俄国。同期共济会也在迅速地向英属领地扩展，爱尔兰及苏格兰总会所分别于1725年和1736年成立。所有共济会的内部派别都扩张至英国在北美的殖民地。在这个过程中，它扩大了招募网络，网罗了范围更广大的成员。共济会给他们提供了一个兄弟般友爱的组织，在那里，他们可以交流各自的观点，追求共同利益，并进行重要的商业和职业上的接触。

保守秘密的誓言依然得以保留，同时这个团体还增加了一个神秘的入会仪式，其经过是这样的："首先初入会者要穿着一种特别样式的衣服，然后被蒙住双眼，带到一扇锁着的门前，他敲敲门，进入到门里，象征着他与外部世界的隔离，进入到了共济会的内部密室。在就有关遵循共济会原则的能力问题做出回答，并保证永远不把这个组织的秘密泄露出去之后，初入会者要经历指南针尖压向胸口的过程，然后有人问：'你渴望什么？'接着是仪式般的回答'更多的光明'，然后眼罩被拿开，入会申请者才能第一次看到他的会员朋友们，这也是非常具有象征意义的。"

在发展过程中，石匠原始的3个等级开始扩展为7个等级，后来到了25个等级，最后发展为今天的33个等级。那些选择高于基本的3个等级继续向前的石匠就会加入"苏格兰仪式"。而在其上还存在一个圣地兄弟会会员非共济会，只吸收圣骑士团团员和第三十三级的共济会会员为其成员。1745年，荷兰出版的一本匿名书籍暴露了共济会的许多内部礼仪和活动规

雍仁会馆。

中国美生总会的会馆。

则，这反倒成为共济会活动公开化的一个契机，会员资格开始向中产阶级开放。现代共济会大部分活动均已公开。现在全球约有600万共济会成员，其中约160万在美国，80万在英国。1849年，共济会传入中国。

三 阴谋论背后的真真假假

关于共济会，最知名的莫过于围绕在它身边的重重阴谋或阴谋论，其中比较典型的便有：

一是，一元美钞背面的金字塔、眼睛等图案均为共济会的秘密符号。放在该徽记旁的拉丁文"OVUSORDOSECLORUM"也是共济会用语，指"新纪元的秩序"，指美国脱离英国独立后建立的新秩序，也隐含"新世界秩序"之意，即共济会试图操纵建立的世界秩序。

二是，历任美国总统中只有林肯和肯尼迪不是共济会成员，而他们都死于暗杀。

三是，曾操纵世界金融秩序多年的罗斯柴尔德家族是共济会员。

四是，近代欧美杰出人物伏尔泰、孟德斯鸠、歌德、海顿、萨德侯爵、莫扎特、腓特烈大帝、华盛顿、富兰克林、马克·吐温、柯南道尔、加里波第等都是共济会员。

五是，反恐战争、金融危机都是共济会操纵世界的一种手段，甚至“9·11”事件也是由共济会所制造。

六是，共济会创建了纽约证券交易所和美联储。

七是，美国的独立由共济会所策划，北美独立运动的先驱者几乎全部都是共济会会员，在《独立宣言》上签字的 56 人中有 53 人是共济会会员。

八是，共济会策划了文艺复兴和法国大革命。

九是，宝洁标志是魔鬼标志，隐含着撒旦数字 666，是敌基督化身，据称宝洁还将公司利润的 10% 奉献给一个信奉撒旦的教派。

众多真假难辨的阴谋论观点给公众造成了一个恐怖的印象：一小群神秘人物幕后操纵了所有事件，几个世纪以来的人类历史都是由一个神秘组织所操纵。这些耸人听闻的论调之所以广为流传，其中一个重要原因是共济会的故意为之。它对于仪式和隐秘性的强调导致人们对它的真实动机的种种猜疑，这个组织所附加的隐秘性越强，人们就越认为这是权力阶层秘密参与活动的组织。共济会决定非但不去冲淡这种看法，反而竭尽所能地使其愈演愈烈。

20世纪初一个位于英国萨福克郡会所的内景。

美国国父。

比如，苏格兰仪式共济会最高理事会的地址选在了南卡罗来纳州的查尔斯顿，因为这座城市位于北纬 33 度，折射出共济会成员的 33 个等级。这种有意识地营造一种不可思议性的做法或者证明，其实目的在于制造一种共济会确实操纵整个世界的假想，这不但可以增加成员人数和资金来源，而且可以真的吸引权贵阶层加入，而这又会反过来促进阴谋论的传播。

而更重要的原因则在于一切阴谋论并非空穴来风，政界、商界、思想界本就被少数精英分子掌控，通过某种秘密组织来更好地的沟通、合作，共同应对敌对者，加强对资源的垄断，以谋取更大的利益，这是根本不需要任何阴谋论便可以想象的事情。共济会之类组织的存在只是为这种精英俱乐部增加了几分传奇和神秘色彩，而更有利于他们便宜从事而已。

以与共济会纠缠最深的美国独立运动为例，共济会确实在里面扮演了很重要的角色。1733 年，英国殖民者在马萨诸塞州的波士顿建立了一个共济会支部，到了独立战争时期，已经建立了一百多个支部。圣安德鲁共济会支部的成员有效地引发了一场革命，他们发动了波士顿茶叶事件，他们穿着印第安莫霍克族服饰，把英国茶叶倾倒在港口中，目的是抗议英国的印花税政策。与英国一样，美国的共济会汇集了知识、政治和商业精英，所以绝大多数《美国独立宣言》的人都宣称自己是共济会会员。北美独立运动领导者中大多数都是共济会员，所以把美国独立称作是由北美共济会所策划也不过分。这些人包括乔治·华盛顿、本杰明·富兰克林、约翰·亚当斯、帕特里克·亨利、约翰·汉考克、保罗·里维尔、约翰·保罗·琼斯、伊桑·艾伦、亚历山大·汉密尔顿，几乎囊括了所有的美国国父级人物。

但这并不能推导出美国独立运动便是由共济会操纵的。首先，北美和英国的共济会实际上处于对立状态，不可能共同图谋。美国共济会与英国切断了一切联系，于1777年创建了具有美国特色的共济会美国总支部。其二，北美共济会高层会员虽然绝大多数都支持美国独立，但也存在本尼迪克特·阿诺德这样的叛徒，甚至富兰克林的儿子也忠于宗主国，与父亲决裂。更重要的是，除了从英国独立这一共同目标之外，北美的共济会成员是四分五裂、内讧不断，甚至自相残杀的。这种争斗早在美国独立战争过程中便存在，英国这一共同敌人被驱逐之后，美国共济会员的团结便被瓦解，并开始了长达数十年的党争，直到南北战争才暂时告一段落。

共济会在1917年的俄罗斯也曾起到了很大的作用，只是最终功败垂成。共济会创立不久便传入俄国，后来屡经沉浮，在20世纪初整合建立了一个名为“俄国人民大东方”的共济会秘密组织。这一组织俄国共济会中起决定性作用的是它的领导机构最高委员会。它成立于1910年，其议事机构（成员会议）一直存在到1917年10月临时政府垮台。其主要成员有：乌鲁索夫、加利别林、格格奇科里、戈洛温、克伦斯基、科柳巴金、科诺瓦洛夫、马斯洛夫斯基、涅克拉索夫、奥博连斯基、索科洛夫、斯捷潘诺夫、齐赫泽等，荟萃了除布尔什维克之外的大部分党派领导人。虽然政见不同，但是在反对沙皇专制统治这一点上他们的立场是相似的，由于其成员位高权重，且保持了高度的组织隐秘性，因此成为一个势力庞大的超党派组织。这些政治精英虽分属不同党派，但是彼此保持着很强的联系：“那种兄弟般相互关照的气氛，在所有的事情上都尽力给兄弟们以帮助，没有敌对和争斗，所有这些都感人地发挥着作用”。

1917年2月23日，在尼古拉二世动身到大本营后不久，彼得堡突然发生了骚

美元上的共济会符号。

西蒙·马格斯之死。

动。由于怀疑杜马的一些成员参与了这次骚动，尼古拉二世下令解散国家杜马。左派反对派的一些代表（均为共济会员）涅克拉索夫、齐赫泽、叶夫列莫夫和克伦斯基向各党派领袖会议建议立即举行国家杜马的正式会议，而对沙皇的禁令不加理睬。尽管这一建议未被采纳，但在随后举行的各党派领袖会议非正式会议上，还是做出了成立国家杜马临时委员会的决定。一些共济会员，如涅克拉索夫、克伦斯基、齐赫泽、科诺瓦洛夫、卡劳洛夫等，在国家杜马临时委员会中担任了要职。

几乎同时，在彼得堡塔夫里达宫，一些孟什维克杜马议员、几个布尔什维克党员和左派社会革命党人代表紧急组成了彼得堡工兵代表委员会临时执行委员会。共济会员、"俄国人民大东方"最高委员会成员、孟什维克代表齐赫泽顺利当选为临时执行委员会主席，一些临时执行委员会委员和临时执行委员会副主席的职位也由共济会员担当，如劳动派党人克伦斯基和孟什维克斯科别列夫当选为副主席，其他一些共济会员，如索科洛夫、苏哈诺夫等也担任了重要职位。

在俄国出现了临时政府和苏维埃两个政权同时并立的局面，但实际上两者的控制权都在俄国共济会最高委员会手中，从某种意义上说，俄国已经由共济会统治了。然而，俄国各党派领袖中唯一的非共济会成员列宁从德国返回俄国后，提出了《四月提纲》，逐渐获得工人和士兵的支持，苏维埃和临时政府之间的关系走向恶化，直至兵戎相见。为此，共济会最高委员会指派涅克拉索夫与苏维埃保持联络，通过苏维埃领导层中的共济会员尤其是克伦斯基和齐赫泽，向各左派政党施加压力，要求他们交出权力，参加联合政府。为此，尽管苏维埃中的高层成员明明知道这是将权力交给"阶级敌人"，却为了恪守自己对共济会的义务而恭顺听命。俄国共济会几乎已经成功地将俄罗斯的统治权收入囊中，按自己的政治意图改造俄罗斯的伟大梦想，只是这种统治阶层内部的联合体虽然做到极致，最终还是被布尔什维克所推翻。由此也证明了共济会之类组织的能力局限所在。

而最能显现出共济会阴谋论真相的莫过于并不太知名但要确实得多的斯塔维斯基事件。法籍俄裔犹太人亚历山大·斯塔维斯基屡犯诈骗罪，但却始终逍遥法外，

乔治·华盛顿共济会国家纪念堂。

他生活奢侈，在政界人脉众多，甚至是巴黎警察局长希亚普的朋友。1933年12月，他东窗事发，携带二千万法郎巨款潜逃。1934年1月9日，警察追捕到他所藏匿的瑞士山区别墅里，却发现他已经被一颗子弹打穿了脑袋。警方声称他是自杀，警方的这一说法遭到大多数人的怀疑，他们怀疑警方处决了斯塔维斯基。曾经与此案有关涉的殖民部长宣布辞职，政府竭力把事件控制在司法领域内。但是右派分子认为斯塔维斯基不但是犹太金融集团的代表，且与政府中的腐败分子有关系。而当时的检察总长普莱夏尔与总理肖当不但是表兄弟，而且同属共济会成员。于是他们断言是肖当下令枪杀了斯塔维斯基，而普莱夏尔则阻止追捕诈骗犯。不久调查此案的检察院推事普莱斯的尸体随在一条铁路被发现，更被怀疑为共济会所为。

虽然案件的真相至今无从得知，但是右派组织趁机煽动民众示威游行，与议会内的反对派遥相呼应，迫使肖当总理辞职。总统授权达拉第组阁，达拉第上台后撤销了希亚普的职务，调任摩洛哥总督。希亚普拒绝辞职，右派分子趁机发动了“二六事件”，数万名右翼分子包围了波旁宫（议会所在地），与警察和左翼分子发生暴力冲突，死者17人，伤者2329人，虽然事件被镇压下去，但是达拉第内阁也不得不于次日中午辞职，法兰西第三共和国陷入风雨飘摇之中。

这一事件虽然不敢确定为共济会的阴谋，但是右翼分子却是利用了这一阴谋论，制造了险些推翻政府、颠覆共和体制的阴谋。

由此，我们不难看出共济会阴谋论的参与各方：共济会本身、反共济会者、阴谋论者、大众传媒虽然不一定真的相信这一阴谋的存在，但是为了达到各自的目的却达成了默契（共济会本身可以得到更多的声望、收入和会员，并扩展自己在权力阶层的影响力；反共济会者可以以反共济会阴谋为名达到自己的政治和社会目的；阴谋论者和大众传媒则可以依靠畅销书和影视作品获得高额利润），乐此不疲的炒作这一阴谋论，让公众相信真的存在一小撮密谋分子操纵世界历史进程的神话。也许这就是一个成员多达数百万的组织，一个阴谋活动被媒体和畅销书作家广泛曝光的组织，一个以秘密活动为原则却闻名全世界的组织，有着如此多阴谋和神话的原因所在吧！

拿破仑战争中的秘密战

作者：虎符

翻越阿尔卑斯山的拿破仑。

三级会议在凡尔赛宫开幕。

历史上，有很多统治者被认为是共济会成员。这其中就有法兰西第一帝国皇帝——拿破仑·波拿巴。

关于拿破仑·波拿巴是否为共济会成员的争论一直没有停歇。但可以确认的是，在埃及战役期间，拿破仑带领的探险队成员将共济会带到了尼罗河边，克勒贝尔将军还在开罗创建了伊西斯会所（拿破仑可能同为创始人）；而拿破仑智囊团中的加斯帕·蒙日弟兄（“完美联合”军事会所——梅济耶尔的会员之一）和多明尼克·维万·德农弟兄（位于巴黎的“完美聚会”会所——苏菲申的会员）曾在拿破仑远征埃及期间，将其受到挫败的战略、军事格局扭转为成功，使回到法国时的年轻的波拿巴将军能够利用这个成功。在这种背景下，拿破仑也是秘密战领域的行家里手。

路易十六。

1789年7月14日，攻占巴士底监狱。

不过，关于他的秘密战故事，要从一个公开组织说起。从1302年开始，法国三级会议作为一种政治协商体制首次登上历史舞台，参与者包含第一等级的教士、第二等级的贵族、第三等级的市民代表，主要职能为审计研究是否批准国王增加税收。在此后的487年间，每当法王需要时，三级会议都会不定期召开。1789年，为了摆脱财政困境，法王路易十六再次召集三级会议，这也是法国历史上最后一次三级会议。

由于资产阶级实力的发展和路易十六一意孤行再次加税，导致第三等级代表和民众自行组织国民议会与当局对抗，最终引爆了法国大革命，波旁王朝灭亡。1792年，法兰西第一共和国宣告成立，次年末代法王路易十六被处决，欧洲君主们情不自禁地觉得自己脖子跟着一凉，当时感觉就不好了。

在英国积极策动下，英国、普鲁士、奥地利、荷兰、西班牙、撒丁王国组成第一次反法同盟干涉法国革命，在战争中，来自科西嘉的拿破仑脱颖而出，倍受督政府重用，他带领法军翻越阿尔卑斯山，在今天的意大利境内六天连败奥军六阵，接着将撒丁王国军踩在脚下，占领米兰，紧接着杀进奥地利本土，1793年迫使奥地利与法国签订佛米奥合约，实际上瓦解了第一次反法同盟。

雾月政变后，拿破仑取缔督政府重组执政府，成为法兰西共和国第一执政，开始实行军事独裁，大规模征兵，与反法同盟展开全面战斗，史称“拿破仑战争”。

当后来的法国皇帝指挥着他麾下身着蓝白两色漂亮军装的法国军队在欧陆纵横驰骋、所向无敌之时，双方在隐蔽战线上的较量早已展开。

一 保王派间谍

战争爆发之初，反法同盟在拿破仑的司令部埋下了他们的钉子。在当年3月一个名叫德列依克的英国人寄出的书信中，出现了“我的人与法军‘军政总干事’联系密切”的内容，说明在1796年，法国意大利军团先后更迭的三任军政总干事中，起码有一位已经被策反。根据后来的档案，反法同盟除策反法军军官外，还在拿破仑的司令部里直接派遣了主要由法国保王派人士所组成的间谍人员。保王党人和反法同盟间谍们在意大利军团司令部的活动自然引起了法军有关部门的注意，他们迅速锁定了保王党头目阿特莱克，在1797年由宪兵将其逮捕，在他随身携带的皮包里发现了许多秘密文件。

依照大革命以来留下的传统，革命法庭对于保王党向来是心狠手辣的。为了活命，阿特莱克不得不卖力讨好拿破仑，将隐蔽在暗处的保王党组织情况卖了个一干二净，使得这一局，法国执政府当局小胜。

在第一局失利后，反法势力很快再次卷土重来，伦敦和旺代省几千名保王党紧

1792年8月10日，法国大革命期间强攻杜伊勒里宫。

处死路易十六。

密联系，建立了一个“新闻通讯社”，由恩·佛·普里查领导，而且这个组织里不但有法国人，还有英国军官在里面充任头目。后来的英国海军上将菲利普·多维尔尼耶就是当时“新闻通讯社”的领导人之一。

“新闻通讯社”活动范围广大，从沿海到巴黎再到各省省会乃至乡村，都有他们建立的名为“新闻通讯社之家”的情报据点，开辟了所谓的“新闻通讯线路”。这些人不仅策划叛乱，还充当带路党，大肆宣传旺代、布列塔尼和法国北部广大地区应该归属于英国，是一个不折不扣的“法奸”组织。

早期40法郎金币。

除进行传统的情报收集外，“新闻通讯社”还有一个颠覆共和国的手段值得一提，那就是印刷假币。他们的理论是“法兰西第一共和国政权是非法的，他们将旧贵族们的财产无情掠夺，假币是夺回自己财物的最好工具”。在伦敦，他们用逼真的里弗尔钞版拼命印刷假币，将其成捆成捆的运回法国，用来剪普通法国民众的羊毛，顺带还能造成法国国内通货膨胀，堪称一举两得。到1794年底，这些人制造假币的作坊共有工人七十多人，一天差不多有过百万里弗尔金额的假币被生产出来，要知道法郎和里弗尔的兑换比率可是一比一。

印刷假里弗尔的不只是伦敦，同期的

23岁的拿破仑是科西嘉雅各宾派志愿军团中校。

荷兰、意大利、瑞士以及法国保王党占据的部分地区都在大量制造。1795年秋天，法国流亡军在法国北部的基别洛被法兰西共和军消灭，在缴获的战利品中发现了总数达到十亿里弗尔的假钞。这些大量存在的伪币使得通货快速膨胀，国内资产外流，人民对于纸币失去信任，造成了极其严重的政治与经济后果，使得法兰西第一共和国不得不在1795年废除里弗尔，将法郎作为本位货币单位。

可见“新闻通讯社”的活动是富有成效的。在拿破仑战争爆发的最初几年，这个组织仍在继续活动，为英国收集法军准备攻打英伦三岛的情报。

在保王派组织所招募的情报人员中，孔德·德·蒙加耶尔伯爵不论在能力上还是厚颜无耻方面都是佼佼者，堪称“王牌大间谍”。

1794年，流亡在外的第八任孔代亲王路易·约瑟夫·德·波旁任命保王党人孔德·德·蒙加耶尔伯爵为侨民流亡军情报负责人。这位法国历史上著名的间谍出身于没落贵族家庭，在大革命爆发后，德·蒙加耶尔参加了保王党，在雅各宾派执政期间，他作为旧贵族居然奇迹般的既没有上绞刑架也没有躺断头台，相反还活的非常滋润，显然是因为这个两面三刀的家伙先一步投靠了督政府的情报机关。同年，德·蒙加耶尔秘密会见了英国首相小威廉皮特，在其建议下加入了英国情报机关，从英国

雾月政变。

1794年6月法国革命军击败奥地利、荷兰和英国的联合军队。

英国首相小威廉皮特。

受训结束返回欧陆后，他做的第一件事就是准备策反共和军将领皮舍格留。为了和将军取得联系，他利诱一位名叫路易·福德什博列尔的书商为其牵线搭桥，许诺波旁王朝复辟之后，任命他为法国国家图书馆馆长并且授予奖章。1795年7月，书商福德什博列尔终于见到了皮舍格留，不过此时他已经引起了法国驻瑞士情报机关的注意，于12月21日在斯特拉斯堡将其逮捕。

令人震惊的是，帮助法国情报机关找福德什博列尔踪迹的就是德·蒙加耶尔，原因是这个无节操无下限的人渣想私吞用来贿赂皮舍格留的钱款，而那个福德什博列尔则认为这笔钱装进自己腰包更好，于是遭到了德·蒙加耶尔的嫉恨。

在情报收集过程中，德·蒙加耶尔始终注意把钱花在最急需的地方，而最急需的地方一般就是他的个人需求，英国人很晚才意识到他们支付的钱财不一定能够颠覆法兰西政府，但一定会让德·蒙加耶尔伯爵发财致富。

此后，德·蒙加耶尔不再受到英国情报机关信任，他也不想再回到孔代亲王的军队中过流亡生活，于是，伯爵阁下给亲王写了一封“诚挚”的书信，表示自己以后准备和政治断绝关系，安分守己的在法国度过余生。但在此之前有一个小问题让他很为难——和亲王的密信不知道该怎么处理。他在信中还很无耻地问道：“难道不应该将这些信交给执政内阁吗？”孔代亲王一边气得的直哆嗦，一边当即给他寄来一张两万法郎的支票作为封口费。而德·蒙加耶尔在收到钱后转手就把那些文件交给了法国政府。

在这之后，德·蒙加耶尔又投入到拿破仑阵营，领着一万四千法郎的年薪为拿破仑工作，当波旁王朝复辟后，他又四处解释自己是人在曹营心在汉，是曲线救国，不过这次再也没有人相信他了。

二 英国情报机关的动作

英国在历史上一直是法国宿敌，两国从中世纪开始便厮杀不断。美国独立战争时，法国全力帮助美国，在新大陆狠狠捅了英国一刀。而每当法国强大时，英国也总是要想方设法的分化削弱它，这次也不例外。作为反法同盟的组织者，英国在对法情报工作方面的投入也是不遗余力的。

在1806年拿破仑实施大陆封锁政策后，英国对法的间谍活动与走私者的足迹紧密交织，他们将情报藏在礁石洞内、船桨里、船底下；密写方式日益完善，可以伪装成乐谱、论文、笔记、甚至是菜单。虽然不断有间谍被捕，但是照样不断有人为了英国人开出的丰厚报酬铤而走险。不少事例可以证明英国人在收买情报时的慷慨。

在当时，法国有一个叫作拉杰利的神父，他和一个名叫朱丽叶·斯彼尔的失足妇女一直在为英国人收集情报。每月除个人薪金外，还能从英国人手里得到30万法郎的报酬，用来分发给手下谍报人员。他们对收买对象动辄砸出数百上千法郎，发展了一大批精明强干的法国本地间谍，令其为组织收集传递情报。

除了金钱收买，英国人也积极利用别的一切手段对法国进行渗透和破坏。他们手里有一大批隐藏在共和国政府中的保王党成员名单，同时非常注意拉拢雅各宾派执政时期反对恐怖统治的法国军民人士为其效劳，这些人通过一些驻国外的情报据点进行秘密活动。令人发指的是，英国间谍准备将美洲殖民战争期间的细菌战手段应用到法国沿岸——美洲殖民战争期间，

1798年金字塔七月战役。

英国间谍曾在印第安部落散布天花病菌，使印第安人大批病死。1804年，拿破仑的军事部长彼尔基耶曾警告部下，英国人准备向法国沿岸投掷数千包带有鼠疫病菌的病兽皮毛。

1798年年轻的拿破仑逐渐展露峥嵘，杀得反法同盟军节节败退。那时英国间谍头目约翰·巴尔纳曾提出刺杀拿破仑以扭转战局的计划，他们选定的执行者是拿破仑身边一名名叫“富列”的法国军官。其原因在今天看来有些难于启齿：这名军官有一位年轻美貌的妻子，不知是何原因，她女扮男装混进法军运输队，随着法国东方远征军一起来到了埃及。运输队驻扎远征军司令部期间，这位乔装的美人没能逃过拿破仑犀利的眼睛。在拿破仑的刻意接近下，终于成了将军的情妇。对于可怜的富列来说，这真是一个悲伤的故事。

不久，富列便接到了一项任务——冲破英国皇家海军的封锁将法军在埃及的战况送回巴黎。等他乘坐的轮船离岸以后富列才发现情况不对，这艘轮船已经被英国人控制，意味着他被英国人俘虏了。在这时，约翰·巴尔纳先生及时出现，将富列太太和拿破仑将军的私情委婉地告知了富列，并报以最诚挚的同情。头上绿油油的富列怒发冲冠，决定回去干掉拿破仑洗刷耻辱，热心的英国人一路绿灯全力配合他返回埃及并潜入远征军驻地。但是在最后一刻，富列最终放弃了刺杀行动，他的军人荣誉感和理智不允许他成为英国人的间谍工具，于是他从军队中辞职，自己辗转回到了法国，这起针对拿破仑的刺杀阴谋宣告失败。

两年后的1800年，英国人联络法国保王派，准备在巴黎至拿破仑妻子约瑟芬住处的路上下手袭击执政官车队，并劫走拿破仑。

据记载，1800年，保王党派系中朱安党党魁乔治·卡图达尔将自己的两个助手秘密派遣到巴黎，准备谋杀法国第一执政拿破仑。恰巧当时巴黎警方披露了一种新发现的爆炸装置，于是两个朱安党人仿效那种装置，制造了一个炸弹马车，在12月24日借助首都保王党势力的各种关系，成功将这辆装载定时炸弹的马车停放在了圣尼克斯大街上，只等拿破仑路过。

当天，法兰西第一共和国执政官拿破仑携第一夫人约瑟芬前往巴黎歌剧院观看海顿的歌剧《创世纪》公演，在车驾行驶到圣尼克斯街上时，炸弹马车被引爆了，炸点附近46栋房屋全毁，约瑟芬的座车被震得粉碎，整条街上布满伤员和尸体，拿破仑的马车因为爆炸装置比预定时间晚触发了十几秒，幸运逃过一劫，但向来勇敢无畏的执政官当时脸色也被吓得惨白，在故作镇定听完歌剧演出后就急匆匆离开了剧院。

拿破仑很清楚这次刺杀的策划源头，当奉行对法友好政策的俄国沙皇保罗一世被他的近卫军军官谋杀后，拿破仑就曾感叹“英国人在巴黎对我的暗杀落空，在圣彼得堡他们却成功了。”

三 拿破仑的间谍

在反法同盟间谍猖獗之时，法国也没闲着，拿破仑本人就非常重视情报工作，经常亲身参与其中指导情报人员。

在率领法国军团进军意大利前，拿破仑就组建了自己的情报网，除了查探敌情，还监视自己手下的将军们。他重视战俘的审讯工作，并从中策反人员充当法国间谍，只要战俘们能够回去策反比自己军衔更高的军官，那他也不吝惜支付更多的报酬。他的情报来源非常广泛，法国随军画家皮埃里奇曾经描述到：“这位法军总司令每天都要接待一大批谁也不认识的人，其中有穿着雅致的太太、牧师及各阶层的人，支付给他们许多钱，于是拿破仑就什么都知道了。”

同时在司令部里，法军还有专人将驻外间谍机关送来的情报加以分类汇总。拿破仑经常说的一句话就是：“每一个将军，只要不是在沙漠里，而是在有人地方的话，就该充分了解自己的敌人，如果不这样做，那就代表他不精通自己的业务。”许多法军将领深受其影响，甚至亲自赤膊上阵收集情报。内伊元帅就曾乔装成农民潜入曼海姆城，核实突袭这座城市的可能性，然后凭着自己亲自收集到的、百分之百可靠的情报顺利得手。

1796年5月，拿破仑在他的军团里建立了保密局，任命骑兵团长让·朗达列为局长。这个机构将原属法军大本营和法军各指挥部的谍报组织统合了起来，共下辖两个部门：政治部和公共部。在机构组建完成后，朗达列局长将自己的探子广撒到

1805年奥斯特里茨会战。

了意大利、罗马、都灵、佛罗伦萨、那不勒斯、威尼斯以及奥地利军队中，甚至还派到了奥地利首都维也纳，很快就取得了丰硕的成果。保密局每天都要向拿破仑呈上数份保密级别甚高的分析报告，除总司令外，只有法军参谋长别尔奇耶有权审阅。

保密局在拿破仑的重视下，经费充足，有时支付给情报人员的报酬达到数万法郎之多。他们利用金元开路，大量收买反法同盟内部人员做双面间谍，一面为自己提供情报，一面又将法方杜撰出来的假情报提供给敌人。这个组织还针对反法同盟成员众多的特点，到处收集各国黑材料然后转交给另一方，制造联盟成员之间的裂痕。要不然就深入敌国群众中，煽动起义、甚至主动挑唆当地民众迫害法国人，而后又将消息带回国内，以激起法国人的同仇敌忾之心。

在拿破仑麾下，公共部的主要职能是对外收集情报，但是政治部的主要职能则是对内监视、镇压动乱、并且从事内部反间谍工作。法国情报机关不但有政治部秘密警察，还有专门监视这些秘密警察的警察。邮务总长领导下的“秘密检查部”，其职能就类似中国明代锦衣卫的南镇抚司，专盯自己人。

新上任的政治部部长加齐耳尔干劲十足，招募了一大批间谍，有修士、刑事犯、工程师、交际花、贵族等，人员结构非常齐全。1811年，根据拿破仑的命令，在其统治区的各大城市建立里“秘密检查室”。这个反间谍部门事实上开始成为第二警务

拿破仑在狮身人面像前。

部，在部长拉瓦列托的协助下，拿破仑组织了一个12人的小组，专门为她提供法国各阶层的情绪报告。

随着这些新部门的成立，拿破仑的情报组织越来越完善，一大批相关人士脱颖而出。

卡尔·舒尔梅伊斯特尔，匈牙利裔，生于1770年，起初是一名钢铁商人，巨额收入使得他能够随时出入上流聚会。1799年，他结识了法军上校萨瓦里，此人就是萨瓦里，安娜·让·马里罗维戈公爵，后来官至法国警务大臣。虽然不具备前任警务大臣富歇那种个人能力，但是在识人方面眼光非常精准，从和伊斯特尔刚刚接触的时候他就估计到此人在未来定会成长为一名优秀的间谍。

经过萨瓦里的数次考察，伊斯特尔正式被法国情报机关吸收，1805年，他被派到维也纳，任务是弄清奥军总司令马克·西米利安将军的个性，如果可能的话，最好能弄清楚马克的作战计划。但令大家没想到的是，伊斯特尔取得的成果大大超出了所有人的预期。

凭着匈牙利裔的身份，伊斯特尔到了维也纳谎称自己是被法国驱逐出境的匈牙利贵族，知晓许多关于法军的重要情报。他很快被维也纳贵族圈子接纳了进去，并把他介绍给了奥军总司令马克将军。在此期间，伊斯特尔故意泄露了一些法军的真实情况，使他获取了奥军司令部军官们的信任，把他当成了一个消息灵通又能干的自己人。不久后，伊斯特尔被任命为奥地利对法情报工作负责人，这个任命对他的意义就像是把一只老鼠扔进了米缸，所有奥地利情报任他予取予求。他将所有马克司令官的重要计划全都寄给了拿破仑，拿破仑根据这些情报里马克对于法军的种种顾虑，命令所有法国报纸出版专刊，专门杜撰各种“负能量”，使马克做出了法国处于动乱前夜、莱茵军团肯定会被调离前线平乱的错误判断。于是命令奥军挥师追击，一头撞进马尔蒙、苏尔特和缪拉三个法国军团的合围圈中。在乌尔姆，这位做梦都在向巴黎进军的奥地利总司令无奈率麾下三万多军队向法军投降，成了俘虏。使得反法同盟军中的奥地利主力军团全军覆没，所有军事压力都落到了俄军头上。

事情还没完，伊斯特尔做戏做全套，和马克将军一起当了法军的“俘虏”，然后又从俘虏营里带着一封致奥皇的伪造信件“逃”了出来。四天后他来到耶拿奥军残部驻地，幸运的碰到了一位名叫弗朗茨·罗茨基的中尉。两人算是老相识了，在意大利时就经常凑在一起喝酒。在交流中，罗茨基中尉将库图佐夫率领的俄国军队的情况全告诉了伊斯特尔，当罗茨基得知伊斯特尔是从法国俘虏营中“逃出来”的时候，中尉非常高兴，决定将他引荐给奥军现任司令梅尔维尔脱将军。于是伊斯特尔再次使用了以情报套情报的老把戏，将法军一些部署精确的提供给了梅尔维尔脱。经过核对后，将军确定这些部署是真实的，伊斯特尔再次取得了奥地利人的信任。于是，奥皇法朗西斯·约瑟夫在对信件内容深信不疑的情况下，不断催促沙皇命令俄军尽速进兵，而拿破仑也配合这封信的内容演了一出精彩的好戏，在假意和俄方代表谈判时，假装刻意隐瞒法国国内暴动的消息，做出生怕俄方代表知道的样子。俄国代表托尔克鲁科夫不知不觉陷入了早已布置好的陷阱，甚至狂傲的对拿破仑本人说道:“你是一个将被流放到西伯利亚去的贵族。”

伊斯特尔和拿破仑的联袂演出使得亚历山大一世沙皇不顾前线将领库图佐夫的反对，坚持要与拿破仑决战，导致俄奥联军在奥斯特里茨会战中惨败，奥地利单独与法国媾和。

卡尔·舒尔梅伊斯特尔的卧底行动是如此的成功，甚至间接左右了三皇会战的胜负，这一成绩足以令其在世界间谍史上留下重重的一笔。

接下来上场的是另一位法国间谍。严格说起来他不算间谍，但是其人在法国情报史上有着举足轻重的地位，他就是法兰西第一帝国警务大臣约瑟夫·富歇。

约瑟夫·富歇，1759 年生于一个海员之家，从小体弱多病，所以并没有继承父辈职业，而是被送到神学院接受教育后在附属学校当了老师，教授逻辑、数学和物理等课程。1792 年，他当选南特国民公会议员，正式投身政治。不管是敌人还是自己人，对此公的评价都惊人的一致：“反复无常、鲜廉寡耻、职业叛徒。”但不可否认的是，他个人能力极强，工作极为勤勉，晚上一般只睡三四个小时。除了用餐，从来不肯在任何工作外的事情上浪费一分钟，是法国近代秘密警察和间谍体系的创建者。

在他执掌法国警务工作后，迅速建立

了一个庞大的间谍网络，他们监视每一个阶层，眼线遍布大小沙龙、政府机关、军队内部，成员构成无所不包，甚至据说连拿破仑的妻子约瑟芬皇后都被吸纳了进来。在富歇领导下，法国秘密警察的权威无与伦比，在没有警察代表到场时，任何形式的聚会都是不被允许的。对于很多拿破仑政府的官员来说，富歇比皇帝本人更具威慑力，因为他知道权贵们的一切生活内幕和弱点。

此人全局观很强，他知道不管是反法同盟还是法国内部，渴望和平、恢复贸易交流已经成为普遍思潮，于是他主动向拿破仑提请恢复中断已久的对英秘密谈判，以放弃部分法占领土的代价换取和平。

如果富歇其人的事迹只有这几条的话，他的历史评价一定会比现在正面的多，不过，事情总是具有两面性的，有些人的能力和野心成正比，富歇恰好就是这种。

富歇时刻提防拿破仑，拿破仑也从来没有完全信任过他。因为第一帝国皇帝非常清楚，他这位部下从来不知节操为何物，只要在认为于己有利的情况下，富歇随时可以出卖任何人，所以皇帝的私人密探一直监视着这位警务大臣，当然警务大臣阁下也一直在绞尽脑汁的提防谁是皇帝派出的监视者。

富歇的反侦察手段十分高超。虽然拿破仑本人也是一个情报战的行家，但是遇上富歇之后他的密探总是得不到他需要的情报，所有信息像个麻团一样绕来缠去。当拿破仑因为对荷谈判泄密之后，他终于

拿破仑的警务大臣富歇。

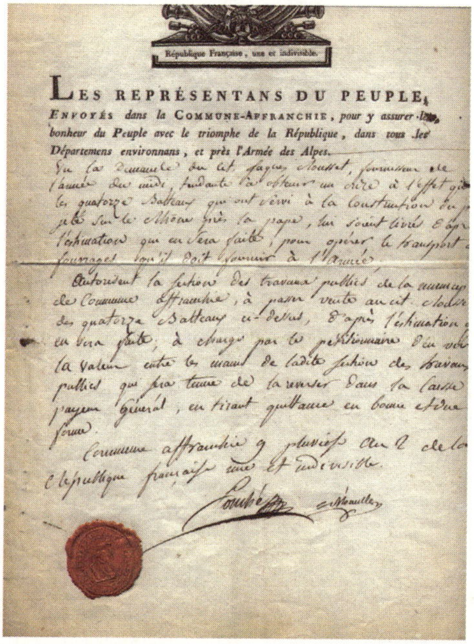

République Française, une et indivisible.

LES REPRÉSENTANS DU PEUPLE,
ENVOYÉS dans la COMMUNE-AFFRANCHIE, pour y assurer le bonheur du Peuple avec le triomphe de la République, dans tous les Départemens environnans, et près l'Armée des Alpes.

警务大臣富歇的信函。

对手下这位警务大臣失去了耐心，重新任命了罗维戈公爵为警务大臣，接手富歇的工作。富歇表面上客气的接待了继任者，双方看似一团和气的进行了工作交接，但是几天后，罗维戈公爵就气急败坏的发现，富歇销毁和藏匿了绝大部分以前的情资档案，同时带走了自己整个的情报团队，在富歇时期完备的间谍网络落到罗维戈公爵手里就成了许多彼此不相连的碎片。拿破仑一次次要求富歇归还那些机密，但是他轻描淡写地回答说：“陛下所要的文件早已被烧毁，这样做全是为了保持皇帝一家人的荣誉。”暗示自己手里掌握着大量可使皇帝颜面扫地的内幕，可惜他忘记了自己面对的是谁，盛怒的拿破仑皇帝给了他两条路——要么交出文件，要么跟着宪兵去蹲监狱。

这种决裂使得富歇恐惧万分，他急忙跑到意大利，在各个城市躲避追捕。当拿破仑滑铁卢战败后，他又急急忙忙跑来投奔复辟的波旁王朝。为了巩固地位避免追究，他将以前的搭档们全部拟定到了一张处死和流放名单中。可惜，由于在大革命期间富歇先生用力过猛，作为公认的“弑君者”，他被判决驱逐出境，永不叙用，最终病死于现意大利境内的的里雅斯特，结束了他令人难以评价的一生。

由此可见，拿破仑战争不但在世界战争史上占有重要位置，在情报史上也是值得大书特书。

攻入紫禁城的白莲魅影

作者：吴越飞歌

相对共济会走上层社会的结社路线，活跃于中国的白莲教，则是因为注重发展下层民众而焕发了恒久的生命力。

在八百年间，白莲教与其分支和变种曾广泛活跃于中土大地上，自宋代以来它便成为历朝的心腹大患，它曾摧毁了元朝，缔造了明朝，并在明清两朝的历史上起过重大的作用，其影响甚至延续到民国时代。当明教在明清近于消亡，弥勒信仰被消融于各个民间秘密教派时，白莲教成为下层民众和非政府精英用来反抗朝廷的主要工具，在民众的信仰中其实已经成为和道教、佛教并驾齐驱的第三大宗教。“白莲花开”，这一传说中的魅影历尽千年依旧令人心悸，其中道尽了多少的凄苦、梦幻与诡秘。

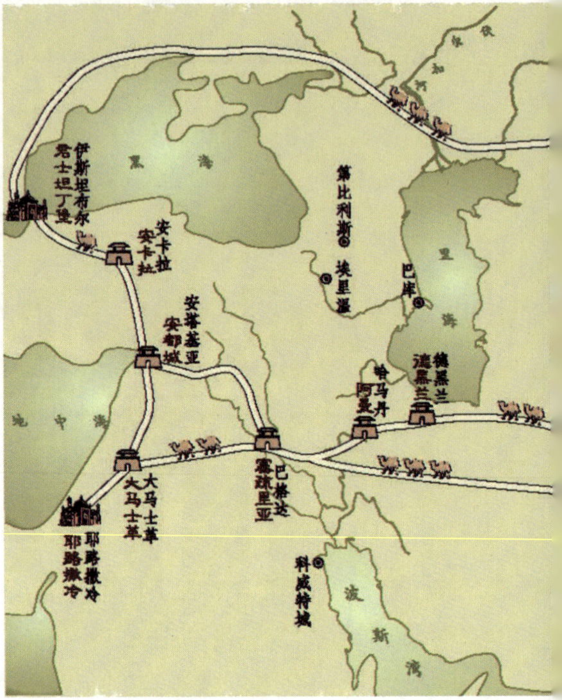

白莲教诞生史

白莲教渊源于佛教异端白莲宗，白莲宗由南宋茅子元创立，其根源可上溯至慧远发端的弥陀净土信仰。东晋太元六年，慧远率弟子至庐山立精舍修行，建寺东林，“同修净业，念佛为宗，十八贤为上首。乃种白莲花，以显佛性清净无染故，缔盟立誓，期生净邦，因名白莲社焉”。慧远提倡的是“弥陀净土法门”，以“思专想寂”四字为念佛秘要玄观，宣称人死后可往生西方净土，故慧远被后世净土宗尊为初祖。

弥陀经典虚构了一个美妙无比的西方极乐世界，还绘制了一个理想的现实社会图景。这一极乐世界比起弥勒净土更加完美，而且不需要经过五十六亿七千万年的漫长等待，也不需要通过“苦修”“禁欲”“摄心”等法来成就佛果。唐代善导最终确立了口称念佛之法，又叫“持名念佛”，即念“阿弥陀佛”一口，灭八十亿劫生死之罪，得八十亿微妙功德。这种“快速成佛法”被称作“下手易而成功高，用功少而得效速”，缺少文化、金钱和空闲时间礼佛的下层民众深受其影响，许多地方出现“家家阿弥陀”“户户观世音”的景象，并在后世中国社会一直盛行不衰。

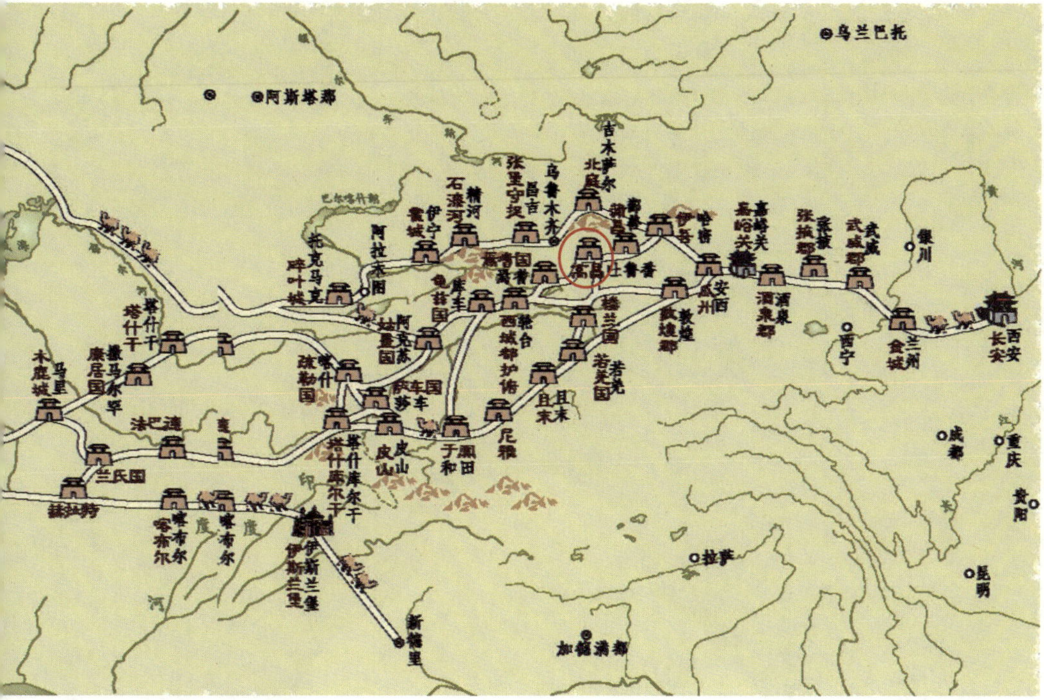

丝绸之路之上的高昌古国。

两宋之时，佛教依旧十分盛行，佛堂念会极为普遍，佛教结社也极为盛行，如南宋杭州昭庆寺释省常立净行社，东山承天寺释本如立白莲社，霅川（今湖州）宝藏寺释齐玉立净土念佛会，松江超果寺释灵照立净土会等。但是这些佛会都是上层人士参与的念佛会甚至诗会，念佛往生极乐世界也是众多百姓的终极目的，但他们不可能插足上层净业团社。正是在这种状况下，白云宗、白莲宗应世而出，它满足了下层民众信仰上的要求。北宋末，孔清觉创立佛教异端组织白云宗。据载：“白云宗者，徽宗大观间，西京宝应寺僧孔清觉居杭之白云庵，立四果、十地，造论数篇，

高昌古城出土的摩尼教旗幡。

元朝末年已经完成摩尼教、弥勒教、白莲教“三教合一”。

10世纪中国高昌摩尼教女修道士。

教于流俗，亦曰十地宗。”白云宗创立后曾遭到当局禁断，但未能禁绝。

正是在这样的氛围下，南宋初年，江南出了一位上承佛门正统、下开佛门异端的著名人物，即吴郡沙门子元（俗姓茅，一般作茅子元），他适应下层群众的信仰需要，创立了净业团体白莲忏堂，在下层民众中收徒结社，徒众半僧半俗，男女可共同修持。

茅子元在淀山湖创立的白莲忏堂，被人称作白莲宗，他自称“白莲导师”，其传教对象主要是下层民众。白莲宗的教义实际上是糅合了净土宗、禅宗适合民众口味的成分，“念念弥陀出世，处处极乐现前”，弥陀即为众生本性，净土即在众生之心，只要“信愿念佛”，即使“不断烦恼，不舍家缘，不修禅定”，死后皆可往生净土。这些在家修行、甚至包括“男女同修净业”的内容，因教徒谨葱乳，不杀不饮酒，故又名白莲菜。白莲教的创立，遭到了佛门正统的攻击，如《佛祖统纪》的作者志磐直接指称为“邪教”，他说“（白莲宗）受其邪教者谓之传道，与之通淫者，谓之佛法。相见傲僧慢人，无所不至。愚夫愚妇，转相诳诱，聚落田里，皆乐其妄”。释宗鉴更是认为，白莲宗与摩尼教、白云宗三者“皆假名佛教以诳愚俗……愚民无知，皆乐趋之，故其党不劝而自盛。甚至第宅姬妾，为魔女所诱，入其众中，以修忏念佛为名，而实通奸秽，有识士夫，宜加禁止”。

佛教各宗派之间互相攻击，哪怕是时所公认的禅宗也曾发生过激烈的衣钵争夺战，六祖慧能险些被同门杀害，上述对白莲教异端行为的攻讦是否属实真假难辨，但茅子元创立白莲宗，肯定不是为了传习邪教，甚至造反，但白莲宗的教义及组织形式，却为白莲宗向白莲教发展埋下了伏笔：其教义崇尚“弥陀净土信仰”，为生活于苦难中的下层民众描绘了一幅理想的未来世界图景；其“快速成佛法”简单易行，能在下层民众中广泛传播；其组织形式以“忏堂”为主，所在成聚，“传于流俗”，平日里是烧香念佛的去处，在特定的历史

丝绸之路高昌古城遗迹。

宋人所作《白莲社图》。

条件下，就被有政治野心的首领作为起事的工具。

白莲宗教徒被人称为“白莲菜”“白莲菜人”，与屡遭禁断的明教（吃菜事魔）扯上关系，时时引起朝廷的疑忌，从其创始人茅子元起，便沉浮无定，最终成为明清邪教、异端的根脉，这是连身为“导师”的茅子元本人也始料未及的。

白莲教经书之一。

在元代，白莲宗几经沉浮，但由于元朝宗教政策相对宽松，仍然发展迅速，白莲忏堂大量出现，信徒众多：“南北混一，盛益加焉，历都过邑无不有所谓白莲堂者，聚徒多至上千，少不下百人，更少犹数十。栋宇宏丽，像设严整，乃至与梵宫道殿匹敌，盖诚盛矣。”正所谓物极必反，由于元朝宗教宽容政策的鼓励，白莲宗才出现“南北混一，盛益加矣”的现象，才会演变出以后的白莲教。联系到历朝历代都被严禁的明教和弥勒教却在蒙元统治者的宗教宽容政策下得以死灰复燃、发展壮大，最后合力将元朝廷推翻，无疑是一个历史的黑色幽默。

元代白莲宗势力虽然有很大发展，但并没有形成统一的宗教组织。而且由于不同地域、阶层、思想倾向的人都加入其中，白莲宗产生了严重分裂，呈现出截然相反的两种发展趋势。其上层教首随着社会地位与经济地位的提高，开始勾通官府，跻身于社会上流。武宗时期，曾全面查禁白莲教，建宁路白莲教信徒萧觉贵走元朝最高宗教管理机构宣政院长官舍利坚八哈失

耶舍里班的门路，有皇族沈阳王益知礼不花向皇帝说情，居然令白莲教会毫发无损。平江白莲宗妙静寺主持张普贤，是浙江省参知政事的母亲。这些教内上层分子仍然以白莲宗正宗流裔自居，恪守茅子元时期的教义，政治上亦采取与元当局合作态度。

另外有很大一部分人由于经济地位低下，身受民族与阶级的双重压迫，遂走上了反抗元政权的道路。这种转化最明显地体现在其所奉教义的转变，他们开始背离弥陀净土信仰，吸收利用弥勒救世信仰和摩尼教信仰。茅子元倡立的白莲宗，是从阿弥陀佛净土宗和天台宗融合并分化出来的，在教义上不同于弥勒净土一派，没有弥勒救世信仰。因此，白莲宗的上层，便对这种引进了弥勒救世信仰的白莲宗（会）大加训斥，视为是对白莲宗传统的公然背叛。元末，弥勒教、摩尼教和白莲教各自体系内的异端思想结合在一起，并最终在白莲教中实现了另一种意义上的“三教合一”。

白莲教吸收了摩尼教（明教）的基本教义“二宗三际说”和弥勒教中关于“弥勒降世”“龙华三会”的信仰，并加以改造。

白莲教教义认为：世界上存在黑暗两种势力，彼此斗争。弥勒佛降世后，光明就将最终战胜黑暗。这就是所谓“青阳”“红阳”“白阳”的“三际”。教徒们侍奉“无生老母”，信奉“真空家乡，无生老母”的八字真言。无生老母是上天无生无灭的古佛，她要度化尘世的儿女返归天界，免遭劫难，这个天界便是真空家乡。无生老母先后派燃灯佛、释迦牟尼佛、弥勒佛下去。他们分别在每一时期统治着人类世界。

青阳时期是由燃灯佛统治着的初际阶段：“过去系燃灯佛掌教，每年六个月，每日六个时”，那时还没有天地，但已有了明暗。明系聪明智慧，暗系呆痴愚蠢。

红阳时期是由释迦牟尼佛统治着的中际阶段：“现在是释迦佛掌教，每年十二个月，每日十二个时”。那时黑暗势力占上风，压制了光明的势力，形成“大患”，这就是所谓“恐怖大劫”的来临，这时弥勒佛就要降生了，经过双方的决斗，最后光明驱走了黑暗。

白阳时期是由弥勒佛统治着的后际阶段："将来系未来佛掌教，未来佛即弥勒佛，每年十八个月，每日十八个时"。明暗各复本位，明归大明，暗归极暗。

教首们宣传，人们如果信奉白莲教，就可以在弥勒佛的庇佑下，在大劫之年化险为夷进入云城，免遭劫难，建立新的千年福的境界。《古佛天真考证龙华宝经》的《末劫众生品》说道："弓长祖，到家乡，听母吩咐。说下元，甲子年，末劫来临。辛巳年，又不收，黎民饿死。癸未年，犯三辛，瘟疫流行"。《地水火风品》说道："四大天王不管世，天神放了四风轮。地、水、火、风一起放，折磨大地苦众生"。

这种"三教合一"的倾向在元朝末年已经完成，"白莲花开""弥勒下生""明王出世"并列为红巾军的三大口号。而三大教派也一起成为新王朝严禁的对象，《大明律·礼律》"禁止师巫邪术"条规定："……妄称弥勒佛、白莲社、明尊教、白云宗等会，一应左道乱正之术。或隐藏图像，烧香惑众，夜聚晓散，佯修善事，煽惑人民。为首者绞，为从者各杖一百，流三千里。"

最后在明清时代，摩尼教几乎绝迹，独立的弥勒教会也已不多见，三大"异端"在白莲教中实现了融和。

二 光怪陆离的民间教门世界

自中古以来，中国的宗教信仰便有儒释道三教并立的说法，虽然先后曾有拜火教、摩尼教、基督教、伊斯兰教等外来宗教在中土传播（佛教在隋唐后已彻底中国化），有些还一度造成很大影响，但近代以前都无法撼动儒释道三教的至尊地位。然而，在民间确实另一幅景象，自古以来便流传的鬼神巫术始终未能禁绝，而在元朝之后，民间秘密教门则走向全面开花、一片繁荣，连绵数百年，虽经历代朝廷严禁镇压，甚至处以极刑，但是却屡禁不绝。在官方所崇奉的儒释道三教之外，民间秘密教门有着更加广泛的信众。而在其间，白莲教起到了一个很大的中枢作用。

白莲教创教始祖茅子元最先创立了"师徒一宗门"的严密组织关系，在此之前佛教的结社之风虽然很盛，但是参加者之间只是出于信仰一致的"会友"关系，并无组织联系和教阶制度。茅子元自称导师，规定了以"普""觉""妙""道"四字为信徒"定名之宗"，由此确立了分散于各地的信徒之间的宗支门派，并确立了他作为白莲教门祖师的地位。这也是后来南宋朝廷以妖妄惑众罪，将茅子元流放江州，取缔白莲宗的真正原因所在。

进入元代之后，借助高级僧侣和皇室贵族之间的个人关系，曾一度获得朝廷的宽容，开始广泛传播。白莲会最初的活动范围并不很广。先是在福建的西北地区（元代的建宁路）盖寺聚众，后来传布至江西和浙江。江西的鄱阳湖沿岸和浙江的西南部，成为白莲会活动的中心。后来广泛传

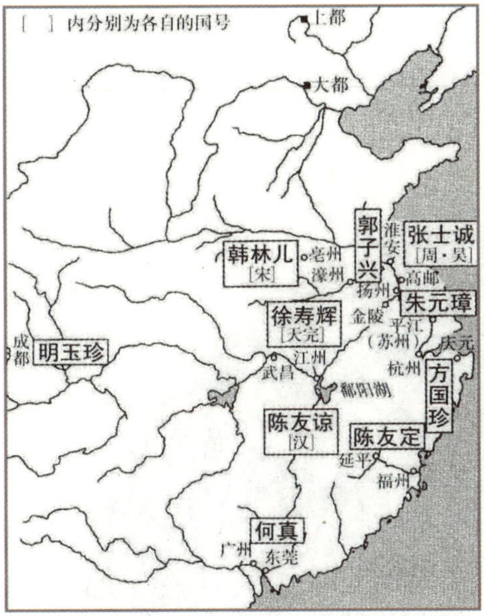

明末起义形势图。

播于大江南北，但是都以东林寺为宗主。当时东林寺主持一度是祖闫、普度等人，都被赐予“白莲宗主”的称号。元末红巾军南北两支均是凭借白莲教组织发展而来，带有浓厚的神秘色彩。北方的韩山童继承其祖父韩学究“以白莲会烧香惑众”的宗教仪式，提出“天下当大乱，弥勒佛下生，明王出世”的宗教预言，自称明王。南方的天完政权中，不仅设有“莲台省”，而且尊奉彭莹玉为祖师，确立了他在宗教中至尊的宗主地位。天完政权中共有十八位以普字命名的将领，更证明了他们和彭莹玉之间的师徒关系。

明清时期，由于朝廷的查禁，白莲教不但转入地下，而且出现了很多分支和变种。仅在官方文书中被发现的就有数百种至多，形成一个庞大复杂的民间秘密教门世界其重，要者如：涅槃教、红封教、老子教、罗祖教、南无教、净空教、悟明教、大成无为教、红阳教、净空教、无为教、西大乘教、黄天教、龙天教、南阳教、悟明教、金山教、顿悟教、金禅教、还源教、大乘教、圆顿教、收圆教等名目。正如官方所指出的这些教派其实都是白莲教的衍生品：“皆讳言白莲之名，实演白莲之教”，它们的教旨、组织、群众基础、活动方式等方面，和白莲教大致相同，而且愈到后来，各个教派之间愈加融合，各自的特点多相混淆。教派的名达百余种，而且差别甚小，如清代白莲教、八卦教、天理教、混元教、圆教、清茶门教、弘阳教等，彼此大同小异，我中有你，你中有我，或者纯属名称不同罢了，很难找出它们之间的明显区别。

以白莲教为代表的明清秘密教门世界虽然纷繁复杂，但是却有很多共同点，除了前面提到的三际说和末劫说，还有一个关于无生老母的传说为各教门所共同信奉。《古佛天真考证龙华宝经》称颂她：“古佛出现安天地，无生老母立先天”“无生母，产阴阳，婴儿姹女。起乳名，叫伏羲，女娲其身”。她不仅创造了宇宙和人类，同时她又是救世主，她要拯救沉沦于苦海的人类。在民间秘密宗教的经卷中，她有时化为观音或吕祖，差遣天真佛、弥勒佛、大意佛、太上老君等神佛，下凡临世，目的都是为了把现今迷恋在红尘的九十二亿无生老母的皇胎儿女（或称佛原子、原人、贤良等），收回真空家乡（天宫）。她有救世的热忱，处处流露慈母的爱心。她悲天悯人，常用眼泪和哭泣来诉说她对尘世儿

明代景泰蓝莲花盘。

女们的思念和眷恋。她有着崇高的地位和极大的权威，同时又具有丰富的人性。在有关她的传说中，她又是出身贫苦、遭遇极其坎坷的普通妇女，这更增加了社会下层信徒们对她的尊敬和亲切感。无生本是佛教语言，和涅槃的含义相近，即认为一切现象本质都是无生无灭绝对静止的。在重视实际的民间秘密宗教中，这一抽象的名词和母亲相结合，变成了一个具体的最高的神佛，征服了社会下层众多失去慈爱温暖的苦难人们。

在朝廷的禁绝镇压下，为了能生存，白莲教全面转入地下。虽然不断有分支和变种衍生出来，但都以形成严密的教团组织为共同点。《龙华经》中叙述了教团组织中各级首领的名称和等级，最高的是头行、续行、领袖、总会，接着是开示、经主、会主、领众、走道和坛主，又等而下之，为基层首脑。史书上常见的有“传头”“会主”“老官”“卦主”“老当家”等称谓。各教的总头目，统领各地所属教派。如王森父子即总管河南、山东、河北等地白莲教，自称有徒众二百余万人。各地“传头”每年向王森输送钱银，称为“朝贡”。又有飞筹竹签，传递消息，一日数百里，可见已有系统的财政管理机构、财政制度和系统的通讯联络网，俨然是一独立的宗教王国。其次，浙江处州姚氏，每年一度定期至福建收取钱银并招收教徒，详情虽不可考，但福建的一部分地区罗教教派属姚氏统领，当属无疑。天理教首李文成，在河南收取钱银后，亦派人陆续送交总卦主林清收领。

在明清各秘密教门中规模最庞大的莫过于白莲教中一支带有浓厚弥勒信仰色彩的闻香教。教内等级森严，总教首世代由王森家族所把持，下设“总传头”“总掌三乘”“宗掌经”“掌支干”“传头”“会首”等名号，其中每会二三十人为基层组织。这些教会领袖掌握着直、晋、豫、鄂、苏、皖、闽、粤等地二百多万教徒，此后闻香教还曾演化出大乘教、东大乘教、大乘弘通教、弘封教、大成教，善友会、弘阳教、无为教、清净门（俗名清茶门）、白阳教、白羊教、归一教、金幢教等，其别派又有圆顿教、大乘圆顿教、收元教等分支。

吸收教徒入教，一般都要有介绍人，要举行仪式。介绍人一二人不等，仪式中有受戒、传诀、唱授愿文、上表挂号、对合同等内容。

授戒：一般是戒杀、戒酒、戒淫、戒妄语、戒盗等，与白莲教的母体佛教戒律大致相同。

传诀：各教派有所不同，以“真空家乡、无生老母”最流行，有的教派如罗教有比较高层次而长篇幅的口诀，即《罗祖诀》，但是由于入教者大多不识字，文化水平低而不流行。山东如意教的口诀是“是道由心学，心向家传。香焚玉炉，心存帝前。仙佩临轩，灵陈官告，直达九天”，“真空家乡，无生父母，现在如来，我祖速至”。陕西悄悄会，入教时黑夜灭灯，教首大师、二师父两人上坐，传授三字合同，众人跪听。三字合同：握手为手合同，卷舌为口合同，指心为心合同。

清朝嘉庆二十四年（1819年），河北河间，山东商河等地，出现了一个圣贤教，它入教时叫教徒朝上烧一炷香，磕一个头，教首用永乐时期站立弥勒佛像。

滑石在桌上画一人形，说这是人的本性，教徒们闭目、卷舌、咬牙，久久默视先天老爷，本性可以升天。另有“上成下成开发令，号书尾巴有归齐，都在龙华会上见”之语。乾隆五十年的震卦教，入教时卦传教授八卦教理条，其中有“八卦六爻人人有，迷信不省东西走。有人参透内八卦，好过青松九个九”等语。震卦教首王子重传授的八卦教理条原文如下：“一劝你，善男女，回头行善。生死路，自己走，休等旁人。有亲朋，合邻佑，替你破解。把主意，拿住了，休听邪言；二劝你，善男女，低头下拜。拜自身，古灵光，本性应然。昔日里，有个沈光祖，背跪九载，为生死，求下落，成佛一尊；三劝你，善男女，普发宏愿宏誓，原作盟证，不可亏人。初进道，你不可，搀前退后。正正的，不当紧，自坏其身。一自东方他为尊，阴阳二气他为分。八卦分开天地理，真性才得出昆仑。”嘉庆时，在黑龙江因白莲教教案发遣监禁的人犯中，有刘荣先、王元钊等又拜师习教。他们入教时传有口诀咒语：“八大金刚将，哪吒偈谛神，着安心到此，魍魉化灰尘”；“清清凉凉栋梁材，翻三舞四己五年。大家都赴龙华会，后次佛法保周全。”道光二年（1822年）新蔡朱麻子白莲教内的口诀有“安天立地总收缘，替佛完结利后世，真金子母保团圆”等语。道光十五年（1835年）山西赵城先天教的咒语如下：“观音老母造法船，在婆娑海岸边。船板船底沉香木，鲁班带去做桅杆。若问法船有多大，听我从头说根源。东至东洋东大海，南至普陀落伽山。西至古佛雷音寺，北至老龙游马滩。王母娘娘位上坐，十六罗汉列两旁。金童玉女分左右，二十八宿来护船。有朝一日船开了，想上法船难上难。”

唱誓愿文即宣誓，有的上香发誓，有的甚至还歃血盟誓，表示入教决心。明崇祯初年山东金乡王伦益白莲教，入教有以下誓言：“西络西天之体，留下四十八领。众生无愿不成，无愿不尽，愿愿相随。若不识直法服，将此身化为脓血。若有毁道，双眼落地。”

上表挂号，对合同：即书写入教者姓名，烧纸向所奉的最高神祇——无生老母或无极圣祖等等报告。有的发给合同纸片（或称纸折），即日后升天的许可证。一式两份，本人留存一份。《普度新声救苦宝卷》说：“有记策，合同号，径生天界。无生母，来接引，同赴云门。”《十五经》有：“黄村吕祖立，至今得兴隆。天下众善人，挂号对合同”。

在长期的流传中，形成了许多宗教世

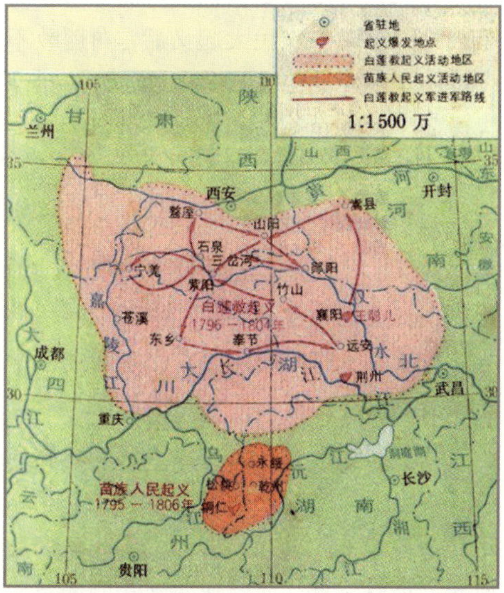

川楚白莲教起义地图。

家，著名的有清茶门的王氏家族，八卦教的刘氏家族，龙门教的米姓家族，老官斋教的姚姓家族，黄天教的李氏家族，红阳教的韩氏家族，白莲教的李福达家族，这些家族都延续了很长时间。

如兴起于明末的黄天教由李氏家族把持，创教祖师是李宾，号“普明”；第二位教主是他的妻子“普光”；第三位教主是他的大女儿“普净”；第四位教主是他的二女儿“普照”；第五位教主是普照的女儿“普贤”；第六位教主是李蔚；第八位教主是李贲；第九位教主是李昌年；第十位教主是李遐年；此时已是乾隆年间，离黄天教创立已经二百年之久。

正是依靠着这些严密的教团组织和宗教世家，白莲教与其分支和变种在明清两代历经多次屠戮，依旧幸存下来。但由于流派繁杂，会员众多，可谓鱼目混珠、泥沙俱下，很多教会领袖正邪混杂，使明清的民间教门世界呈现出光怪陆离的场景。

三 白莲教八百年风云激荡

白莲教是推翻元朝、建立明朝的主力军，因此明朝开国皇帝朱元璋深深懂得白莲教威力的可怕，一上台便严厉禁绝。然而，白莲教活动并未因朝廷的禁断而消迹。有的活动已爆发为武装的对抗，朝廷虽然严加镇压，仍是此起彼伏，未能平息。这是因为经过元末农民大起义后，白莲教不仅经历了战斗的锻炼，而且更加普及和深入民间。它已在全国的许多城镇和村落，有了自己大大小小的据点，时隐时现，各个据点可以联结成线，然后扩大为面，失败时又可化面为点，可进可退，可整可零，可以在一个地方生根结果，也可以转移他方插柳成荫。整个明清时期白莲教的活动整体情况就是如此。

这对朝廷来说当然是极大的隐患和威胁，实际上明亡的序幕和清衰微的转折，正是由规模浩大的徐鸿儒起义和川楚白莲教起义所触发的。而造成明廷悲剧最有影响的人，恰恰是明朝的创建者朱元璋。他借助于奉弥勒的红巾队伍取得了天下，同时他也造就和丰富了红巾队伍中的宗教分子，使他们有了更多的斗争和推翻现有统治的经验、退却和隐匿的经验以及联络群众使自己生存壮大的经验。当朱元璋决心禁绝他们的时候，他们已经比以前大为丰满和成熟了。朱元璋建立了一个强大的封建专制帝国，而他们却为自己的徒孙们留

唐赛儿雕塑。

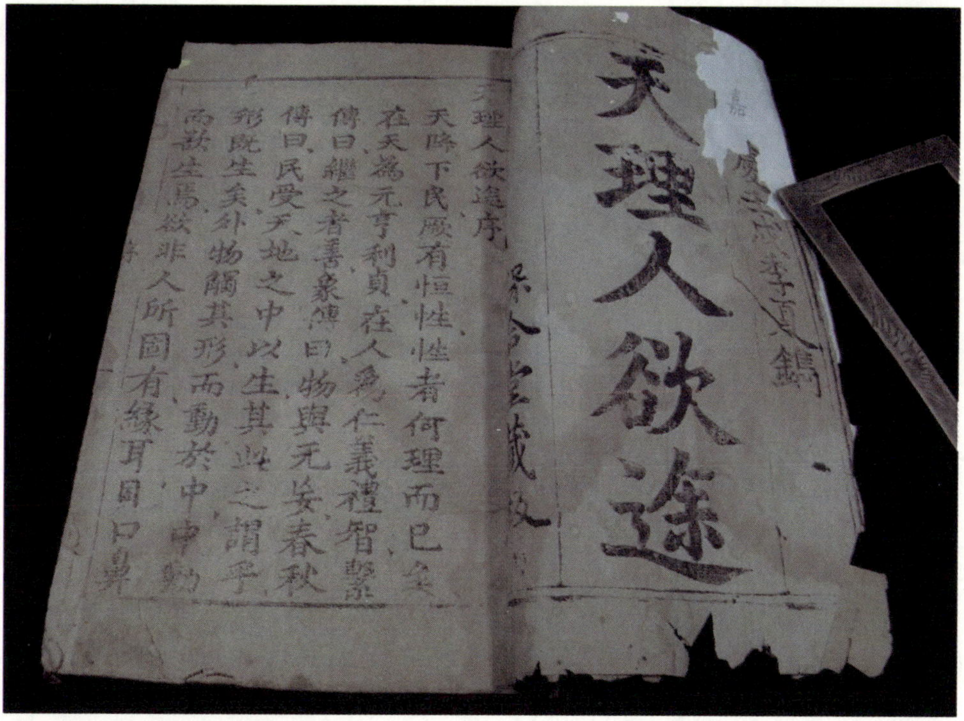

清代禁书：天理教古籍《天理人欲途》。

下了一条在专制帝国中生存发展、捣乱反叛的道路。

明清两代与白莲教有关系的大大小小的武装暴动仅见诸官方文书中的便有数百起之多，几乎年年都有，范围之广，遍及整个中原，深入西南少数民族地区和漠北边境的蒙古族地区。正德十年（1515 年），云南乌蒙芒部普法恶，“通汉语，晓符箓，妄言弥勒出世，自称蛮王，煽诸夷作乱，流民谢元礼、谢元义应之”。漠北的白莲教徒大都是流民，从山西前往。他们为了求生和逃避朝廷的搜捕、镇压，在蒙、汉两族混居的边境聚集，开垦土地，建立了村落和城镇。隆庆初，这些村落、城镇的居民已达五万人以上，“其间白莲教约一万人”。

明初最大规模的白莲教起义是著名的唐赛儿起义。唐赛儿是山东蒲台县人，林三之妻。林死后据说唐偶得一石匣，内有宝剑兵书，唐研习后通晓法术兵法，以传白莲教为名，集合民众数千，于永乐十八年二月（1420 年）起事，兵力达到数万人。永乐帝调动大军，才镇压下去，但在数万大军围剿之下，唐赛儿居然逃脱，令朱棣大为震怒。因为谣传唐赛儿出家为尼，躲入寺院，明朝廷在北京、山东等地的寺院里搜捕尼姑数万人之多，最后也没能擒获唐赛儿，白莲教在民间的潜势力之强大可见一斑。

嘉靖年间，轰动朝野的“李福达案”便是白莲教势力所一手策划。李福达，又名李午、张寅，祖辈是世代传教的白莲教世家。他宣扬“弥勒佛空降，当主世界”，在正德初年曾因参加王良、李越的白莲教，戍山丹卫和山海卫。后逃还，改名为“午”（一作伍），为清军御史查获，再戍山丹卫。复又逃居洛川，利用弥勒教聚众数千人，欲图起事。因事暴露，其首领邵进禄等人被杀，李福达因先回家得免，更名张寅。以黄白之术得信于武定候郭勋，输粟捐官为太原卫指挥。山西巡按御史马录以张寅即是弘治时逃脱的李福达奏报朝廷，并弹劾郭勋庇奸乱法。都察院查实，诏郭勋对状，言官也交章上疏劾郭勋，三法司及文武大臣拟定其罪。郭勋因在议礼中支持张璁、桂萼，张、桂遂上疏说郭勋因议礼而犯众怒。世宗大怒，遂命张璁掌都察院，桂萼掌刑部，主持三法司会审，张、桂一反前狱，定张寅不是李福达，并诬马录等因恨郭勋而构成冤狱，并上书列开诸臣罪名。嘉靖六年八月，遂罢谪刑部尚书颜颐寿等四十六人，张寅还职。世宗以张、桂平反有功，赐二品服俸，给三代诰命，并编《钦明大狱录》，颁示天下。嘉靖时，四川白莲教首蔡伯贯起义，蔡伯贯的师父名李同，是李福达的孙子，李大礼之子。李氏家族的宗教活动，自成化年间李福达的祖父开始，至此已延续五代，近百年之久。

到了天启二年（1622年），一次规模巨大的白莲教起义爆发了，即山东徐鸿儒领导的大起义，这是明末农民大起义的序幕。徐鸿儒是河北蓟州闻香教主王森的徒弟。王森于滦州石佛口传教，自称得妖狐异香，故倡闻香教。万历二十三年（1595年），曾因传播“邪教”罪被捕，用贿得释，入京师。在北京他广交外戚宦官，继续行教。只因他的徒弟李国用用符咒召鬼，另立教派，和王森一派发生矛盾争执，终于事发。四十二年（1614年）王森再次被捕，五年后死于狱中。王森死后，他的儿子王好贤和徒弟徐鸿儒、于弘志继续传教，信徒益多。天启二年（1622年），王好贤与徐鸿儒相约是年中秋共同起兵，因计划泄露，徐鸿儒只好将计划提前，于五月起兵，自号“中兴福烈帝”，称“大乘兴胜元年”，以红巾为识。从五月至六月，相继攻陷郓城、邹县、滕县、巨野、峄县等地，十一月失败。于弘志于六月据武邑白家屯，将取景州，接应徐鸿儒，但举事七日即失败。徐鸿儒等人在山东经营二十年，徒众不下二百万人，起义规模巨大，朝廷为之震动，称此为“二百六十年来未有之大变”。

白莲教在明清两代屡禁不绝，屡败屡战，势力不断积聚壮大，终于在嘉庆元年爆发了历史上最大规模的一次白莲教起义。历时九年多的战斗中，占据或攻破州县达二百零四个，抗击了清政府从十六个省征调来的十余万军队和数十万乡勇，歼灭了大量清军，击毙副将以下将弁四百余名，提督、总兵等一、二品大员二十余名，清政府耗费军费二亿两，相当于四年的财政收入。由此成为清朝由盛转衰的转折点。

接下来的两件事情，则令清廷感到了白莲教所带来的恐怖。

清嘉庆八年（1803年）闰二月二十日，

嘉庆帝从圆明园启銮返回紫禁城皇宫。按照惯例，嘉庆帝带领朝中重臣、御前侍卫自圆明园上马车驾，入神武门后换乘御轿进宫。因近日清军镇压白莲教的战争取得了胜利，平定教乱，嘉庆帝一连数日带领群臣在圆明园欢歌宴饮，吟诗作赋，几天前还亲往东陵谒拜乾隆父皇。此时嘉庆帝在返回皇宫的路上还满心欢喜，陶醉在连日的喜庆之中。就在嘉庆帝换轿欲进入神武门内的顺贞门时，忽从神武门内西厢房南墙后冲出一条大汉（名叫“成德”），手持短刀直奔御轿而来。在场的众多护军、侍卫一时被突如其来的举动吓懵，一个个呆若木鸡，不知所措。轿旁的御前大臣定亲王绵恩还算清醒，意识到情况不妙，忙迎上前去阻挡大汉，固伦额附拉旺多尔济、乾清门侍卫丹巴多尔济等几人也随即冲上前去与大汉搏斗。嘉庆帝被这突发事件吓得魂飞魄散，慌忙逃入了顺贞门内，先前的喜庆之情霎时间烟消云散。大汉见嘉庆帝逃走，手挥短刀左扎右刺，一心追杀皇上。经过一番激烈搏斗，几人将大汉团团围住，终将大汉擒住，侍卫丹巴多尔济被刺伤三处，定亲王绵恩的袍袖也在拼杀中被刺破。

这件事的内幕和背景，由于成德本人坚不吐供，始终未能搞清，看来像是一件个人因遭遇悲惨而愤慨失望所激起的偶然行动。直到嘉庆十八年（1813 年）天理教林清在北京举事失败以后，才得知原来成德也是当时活跃于京畿一带的天理教的一分子。他曾于刺杀皇帝之前和豫王府的包衣庄头祝现去过林清同党山东金乡崔世俊家。祝现是林清党中一个重要人物。

嘉庆十八年的白莲教支派天理教起义更被视作清廷的奇耻大辱，“汉唐宋明未有之事”。这次起事的可怕之处不在于规模有多大，而在于发生在皇宫大内，且有宗室子弟参加。事先，天理会首领林清组成一支一百四十人攻打皇宫的小队，进京与皇宫中的天理会教徒太监刘得财等六人会商，联络正蓝旗豫亲王府的包衣陈爽、祝现，正黄旗汉军独石口都司曹纶及其子曹福昌，宗室子弟海康、庆遥等八旗会众参加，分头接应。

九月十四日，林清率队攻打皇宫，命小队潜入京城，分散于饭铺、酒楼等处。十五日，或头裹白布，身藏小刀；或扮作卖柿子的小贩，在柿筐中藏刀，分东西两路进入内城。东队由陈爽、刘呈祥带队，太监刘得财、刘金领入东华门；西路由陈文奎、刘永泰带队，太监张泰、高广福领入西华门。太监王福禄、阎进喜等专为内应。东队接近东华门，被护军察觉，闭门拒守，起义军小队进入宫门者只有五六人。西队七十多人进入西华门后，击毙护军，冲入尚衣监水颖馆，攻打隆宗门，被清护卫军击败，向南撤退，在宫城树起“大明天顺”“顺天保明”的白旗。皇次子绵宁、总管太监常永贵指挥侍卫、太监进行镇压，仪亲王永璇、成亲王永璇、庄亲王绵课等率领健锐营、火器营官兵千余人从神武门进宫。起义军小队激战一昼夜，至十六日午，战死三十余人，被俘四十余人，攻打皇宫的战斗遭到失败。

自古以来，能在朝廷尚掌控政局，没有出现割据混战、天下大乱的情况下，兵临皇宫乃至迫使身为皇子的绵宁（即后来的道光帝）亲自手持火枪上阵抵御，而且起事者中有朝廷宦官、宗室子弟参加，可谓空间绝后的奇观。

天理教失败之后，白莲教继续在直隶、山东、河南、山西等地传播。由于“白莲教”三字已经成为莫大的忌讳，所以他们都是以八卦教、红阳教、荣华教等名义在民间秘密传播。其中最著名的便是八卦教，曾在临清发动起义的清水教和上文提到的天理教便是它的分支。清廷据此对八卦教采取了严厉的镇压政策，为首者则一律处死。在这种高压政策下，八卦教徒便用传习拳术来隐蔽自己，出现过“拳会”“红拳会”“义和拳会”等名义，这便是义和团的前身。义和团的“扶清灭洋”固然是在民族危机空前严重的情况下的一种“以德报怨”，但仍旧未能挽救清王朝的衰落趋势，反而给清帝国带来了八国联军的侵略、耻辱的辛丑条约，十年后终归覆灭。白莲教反抗元朝，造就了明朝，又被明朝恩将仇报。此后它一直立志于反抗清朝，最后以一种奇特的方式加速了清朝的覆灭，白莲教与元、明、清三朝之间的恩怨纠葛也一并了结。

太平天国运动中的情报战

作者：虎符

中、英《南京条约》签约场景图复原油画。

当清廷刚刚清除了白莲教的威胁，还没来得及松口气，西方殖民者坚船利炮的挑战又到来了。

1840年鸦片战争爆发，在英国远征舰队炮口下坍塌的，远不止是虎门炮台的那面威字影壁墙，还有那扇在近代化军事力量面前已经不堪一击的国门。在英国之后，美法接踵而来，中国顿时沦为西方商品的倾销地，对外贸易由“出超”变为“入超”。雪上加霜的是，依据中、英《南京条约》第六、第七条，清政府除开放广州、福州、厦门、宁波、上海五口通商外，还须向英国支付军费、鸦片货款、赎城费、商债共计2100万银元。

巨额赔款加上清廷已经投入的7000余万战争费用，使得道光政府财政压力巨大，道光皇帝下令“所有各省着赔、分赔、摊赔、代赔各款，着各省督抚、河督于所属实缺司道府厅州县官员勒限催追完交。”道光二十三年至道光二十八年间，清廷平均每年外流白银超千万两，导致对百姓压迫空前严重，仅地丁税一项就增加了三倍以上。更为严重的是，外国资本凭借特权和产能，对中国小农经济进行了毁灭性打击，社会矛盾空前突出。

在此背景下，太平天国运动于1851年在广西桂平县金田村爆发，这是中国近代史上规模最大，影响最为深远的一次农民起义。

历经14年，波及18省，开国建制，颁法设官，另立衣冠图章，并且在和清政府军队的互相攻伐中催生出了在中国近代史上具有深远影响的湘军集团。自太平天国运动后，清政府与地方督抚大员、满人权贵与汉官、旧八旗绿营与地方武装集团等等事关国本的关系都发生了结构性转变，加速了清王朝的灭亡。可以说太平天国运动虽然最终失败，但严重动摇了清王朝的统治根基这一论断是正确中肯的。

《孙子兵法》作为已知的中国现存最

古老军事著述，并不像行军手册般具体讲解排兵布阵，但却学说性地阐述了先人对于战争的理解，充分展示了老祖先们的军事智慧。在《谋攻篇》结语中，更是做出了“知己知彼，百战不殆”的著名论断。可见军事情报的收集，从来都是进行战争的必要条件。这一铁律同样贯穿于整个太平天国起义全程。

一 重视谍战的太平军

咸丰三年（1853 年），太平天国定都南京，建立了“旨准颁行诏书总目”制度，颁行印书。在其总共二十九本目录中，《行军总要》赫然在列。

太平天国《行军总要》。

太平天国《幼学诗》刻版。

该书作为太平军行军作战指导书籍，将敌前情报收集工作放在了第一位置，可见其对情报重视程度。实际上从金田起义开始，太平军就大量派遣情报人员深入敌后收集清军动向，使将领们能够随时依据情报灵活应对清军围堵。在金田、三里墟、官村之战中，太平军全部是以伏兵取胜。而同时期的清军，军纪败坏，战力低下，防间保密意识极差，营地周边居然不禁生人，任由窥视，轻易就被太平军渗透得如同筛子一般。在研究太平天国的重要史料《贼情汇纂》中有如下记载：“盖贼探我营则另有伎俩，多遣卖食物人近我营盘，日与我兵勇相见，稔熟闲谈，便可得实话矣。”由此观之，其屡战屡败实属正常。

反观太平军，其同时期防间保密工作远胜清军。金田起义爆发后，清廷推行“以贼制贼”策略，遍发告示诱降起义队伍中的不坚定者，同时设法悬赏利诱使人打入起义军内部传递太平军动向。作为应对，太平军首先强调军纪，肃清营盘周边，生人勿近。并且推行四点措施：

第一，盘查。但凡有兵士自远方来，必先委派本营中机巧士兵远远细问其来自何处，隶属某军，本部统兵官姓名等信息。

金田起义。

第二，观发。由于太平天国起义后，太平军披散辫子，前额蓄发，清廷谓之“发匪”，所以查验来人前额头发长短也可以有效识别其身份。

第三，禁议。在行军途中严禁“街头巷尾交头接耳，私谈议论”，犯者斩首示众。

第四，诵经。以拜上帝教经文作为口令，无定制，无规律，每日俱改。规定营中所诵经句务必烂熟于心，蓦提一句则必须随接下句，如接不出则以奸细论处。

虽然上述四点对比中国历代军队的保密规条并无出彩之处，但的确有效防止了清军的渗透，使对方束手无策。除了制度保障外，太平天国领导人自身对于防间保密也非常重视，这种重视在周锡能一案中可见一斑。

周锡能，广西博白人，早年上过私塾，后经博白县拜会领导人黄文金之堂兄黄文安引荐加入拜上帝会。虽参加清廷科举屡试不第，但在多由文盲百姓组成的拜上帝会成员中，他绝对属于凤毛麟角的读书人。入会后，他卖力写传单，搞演说，走村串寨发展会员，表现积极，因此很得黄文金看重，成为早期太平天国运动骨干人物。金田起义后，官至左军十四军军帅。但是随着清军围堵日紧，太平军进入艰苦的转战突围阶段，而且在转战过程中，粮荒、盐荒等物资困难无时无刻不在困扰太平军，大大小小战斗不断，随时有老兄弟战死沙场，本来就抱着投机心理加入太平军的周锡能毫不意外地发生了动摇。

1851年6月，周锡能借接引金田起义离散人员入伍之机，叛变投靠清廷，钦差大臣赛尚阿以六品官衔诱其携朱八、陈五二人潜回太平军内部以为内应，并伺机暗杀起义军领导人。12月13日，周锡能回到永安面见杨秀清。因此前同他一起出发的太平军尽数未归，回来时却多了两个陌生人，询问原因时其回答又支支吾吾，遂引起杨秀清怀疑，但杨并未当场表露，反而说要上奏请封，麻痹三人，私下里却安排人手监视，果然发现了马脚。周锡能一伙一到营地就迫不及待地开始收集永安城中粮草、兵马屯驻地等信息。20日夜间，又带着朱八妄图策反监军朱锡坤、巡查黄文安，当即遭到二人拒绝，但是因为朱八与朱锡坤的叔侄关系，二人并未将此事上报。

众所周知，杨秀清最爱搞天父附体那

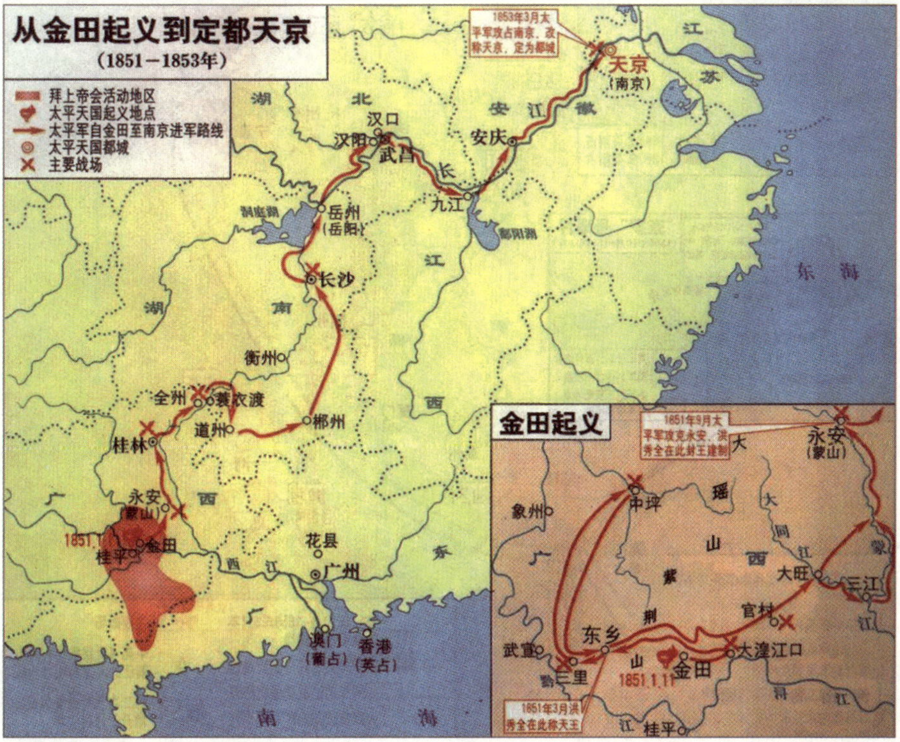

太平天国1851—1853年活动图。

南京太平天国历史博物馆中的洪秀全半身像。

一套，他后来被洪秀全诛杀也与此有极大关系，这次他又装作天父下凡，告知洪秀全周锡能反叛，以天父身份命令立即捉拿周锡能。在审讯过程中，眼看审理进入僵局，杨秀清又再次装作天父附体，当面将周锡能暗中的活动一桩桩、一件件揭露，并且找来朱锡坤、黄文安二人对质，彻底摧毁了周锡能的心理防线，使其对叛变一事供认不讳。审理结束，杨秀清以知情不报之罪杖责朱、黄二人，并且枷号军前示众。以叛逆罪名处死周锡能、朱八、陈五、周锡能之妻蔡晚妹、儿子周理。

天王洪秀全。

此次杨秀清假借天父下凡使涉案众人俱是心服口服。周锡能斩首前大声忏悔："众兄弟，今日真是天做事，各人要尽忠报国，不好学我周锡能反骨逆天。"朱锡坤则戴着刑具在军前惶恐劝说众人引以为戒，莫以他为榜样，使其余诸王以下众将士深受震撼。并且洪秀全根据周锡能审讯记录，略作修改后便交给何震川、卢贤拔，以"天父下凡诏书"为题，迅速刊印，编成小册子颁发全军，用这一真人真事，告诫天国全体将士，一定要切实提高警惕，严防奸细。此后直至定都南京，再也没有出现过类似周锡能反叛的事件，可见太平天国在防间保密工作上确实取得了很大成效。

洪秀全塑像。

1853 年定都天京（南京）后，太平军面临的军事形势实际上更为严峻，加强情报工作成为其必然选择。太平天国在统治地区基层设立乡官，除组织生产训练外，还要负责情报收集。"予以资本，遍洒多人，令其上下左右，各探四五百里，限日期回报。"这些情报人员本身出身底层，这种

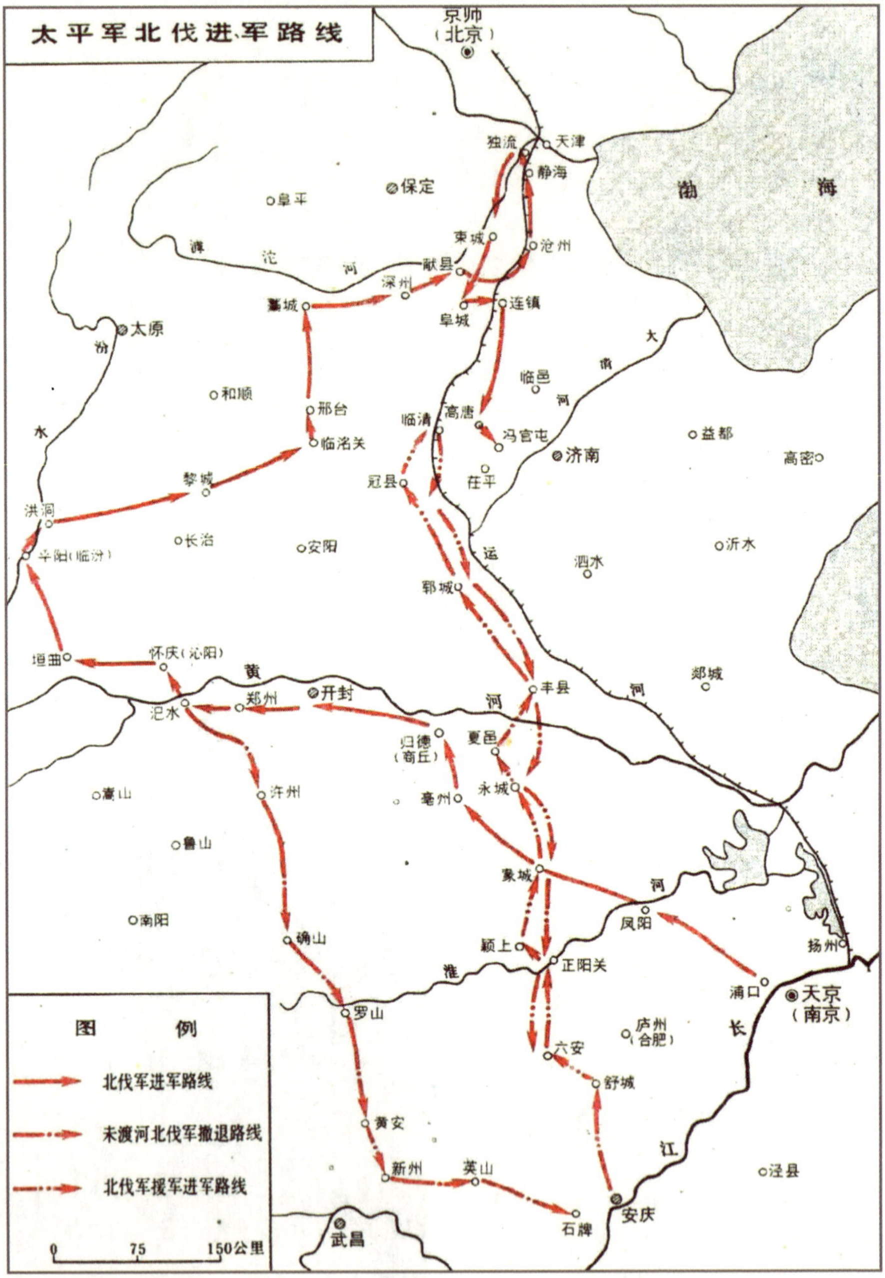
太平军北伐进军路线
京师（北京）
天津
独流
静海
渤 海
保定
阜平
束城
沧州
献县
深州
滹 沱 河
藁城
连镇
阜城
太原
汾
水
大
清
河
临邑
和顺
邢台
临清
高唐
冯官屯
济南
益都
高密
临洺关
冠县
茌平
黎城
洪洞
长治
安阳
平阳（临汾）
运
泗水
沂水
郓城
垣曲
怀庆（沁阳）
黄
河
开封
郑州
汜水
丰县
郯城
河
归德（商丘）
夏邑
永城
亳州
嵩山
许州
鲁山
蒙城
河
凤阳
南阳
确山
颍上
正阳关
扬州
淮
浦口
天京（南京）
罗山
庐州（合肥）
六安
长
舒城
黄安
江
新州
英山
泾县
安庆
石牌
武昌
图 例
北伐军进军路线
未渡河北伐军撤退路线
北伐军援军进军路线
0 75 150公里

太平军北伐进军路线图。

杨秀清塑像。

底层出身的人积极的一面是他们可以很好地混迹于普通百姓之间，较难识别。而且随着人员经验增加，刺探手段也愈加进步，《贼情汇纂》亦云太平军“近探我营之术愈精愈确”。

除了在控制区和对峙前沿广泛进行情报收集外，太平军还在各大城市部署眼线。在1853年4月至1854年间，还向清王朝的统治中心北京及其周边分期分批派出了大量侦查人员，以期为北伐军内应，总数达千人左右。其目的清楚明确，首要任务就是查探道路，了解守军驻扎、调动情况，观察清军营盘，打探火药库等军事设施位置，摸清京城地理环境，画出图样送交后方，部分人还受命以投毒等手段制造城内恐慌氛围，甚至连清帝行踪也有人打探掌握。除此之外，他们还派出人员在各处租赁房屋，建立据点，以便长期潜伏北京进行情报收集和传递，颇有后世安全屋的意思。

这些侦察人员组织相对严密，为保证联络安全，他们制定了暗号和一些特殊的信物，如白鸡翎、火镰片、木莲蓬、青针包、字帖等作为识别手段。这些信物出发前发放至各人手中，以便向同僚暗中表明身份，同时也是完成任务回到己方营盘时的身份证明。

二 侦察与反侦察

根据《清政府镇压太平天国档案史料》记载，最早可考的太平军密探进入北京时间是1853年4月，一个名叫李炳银的人先期进入北京，以骡马市旁南德胜店为据点，多方打探清军出兵消息。五月又有第二批三人到京，以通盛店为据点。北伐军在静海进攻受阻驻扎待援期间，接连不断大量派遣密探入京，为日后进攻北京城收集情报。但此后由于战事不利，便在1854年正月后终止了这种行动。这些情报侦察人员中，除少数为山东山西籍外，大多数都是直隶人，参军前所从事行业五花八门，粮商、布商、手工艺人、农民、学徒、长工、僧侣、乞丐一应俱全，口音习惯、身体条件等都

太平天国背圣宝大花钱。

南京太平天国历史博物馆中的文物。

符合当地人特征，很多人熟悉道路情况，职业隐蔽性好，直接就是各行业从业人员的本色演出。更有大胆的侦察人员扮作清廷官员和随从，坐着轿子、骑着马匹招摇过市刺探军情。

太平军情报人员大量涌入，使得清廷大为紧张。作为应对，清廷临时筹建京城巡防处，广设谍网对太平军情报人员暗中实施反侦察活动。步军统领衙门、五城巡城御史、顺天府衙门等机构在明处大肆搜捕。据京城巡防处统计，自 1853 年 10 月 15 日至 1855 年 6 月 20 日，共审理 355 例案件，涉及人犯 779 人。本着宁可抓错不可放过的原则，一旦抓获疑似太平军情报人员，立即严刑拷打、严厉惩办，一经招供，全部斩首，无例外者。一时间冤假错案丛生，时任兵部侍郎王茂阴在其奏折中言“闻各处拿获形迹可疑人犯，先自严讯取供，熏以香烟，往往有实未杀官兵者，因熏急难受，又不知杀伤官兵必死，遂亦妄供，迨至辗转交审，前供难改，因而诬服。”“巡防处稽查形迹可疑之人，拘捕过严，有无辜而死于西市者。”

京城巡防处在北京城搜捕太平军密探，在城外也派出大批人马对北伐军进行刺探，在直隶、天津、山东等地设立情报网点大举收集北伐军情报，规定“凡太平军距州县城三百里内者两日一报，二百里内者一日一报，

太平天国起义的场景。

一百里内者一日两报。所得情讯直接禀报奉命大将军，为围堵北伐军立下汗马功劳。”

在太平军方面，随着情报收集力度加大，防间保密工作也进一步加强，1853年6月，太平天国设立牌证与凭证制度，对内以门牌与船牌甄别，出外则发放路凭。

《行军总要》“陆军号令篇”内规定对于信使“必先给路凭一张，盖用佐将印信”。而且这些凭牌记号时有变更，《贼情汇纂》中就有关于图案变更的记载，“前在江宁，因内应事发，（潜伏太平军中进行颠覆活动的张继庚暴露被杀）盘诘甚紧，忽改用伪王妃松树立凤之印，非此凭据，万不能出城。”清廷密探往往因此暴露，这两种制度对于防间保密起到了很大的积极作用。

总的来说，在太平天国初期和全盛期，其情报与反情报工作一直可圈可点，特别是在金田起义后到定都天京的那段时间内，对太平军将领们的决策起到了很大的积极影响。没有准确的情报支援，太平军不可能在清军包围圈内辗转腾挪，太平天国运动在星火阶段就会被扑灭。

但是，历史经验告诉我们，农民起义一般都有其局限性，不管他们提出什么朴素的纲领，其本质目的也不过是想用一个新王朝更替旧王朝，以新压迫阶级取代旧

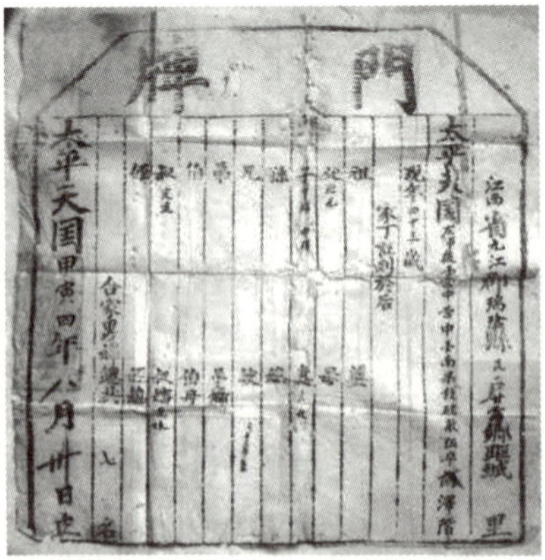

太平军门牌图样。

压迫阶级，太平天国在这方面表现尤为突出。事实上从太平天国定都南京开始，清军就立江南江北两大营凌迫围城，其领导层在这种外部威胁下，在远未定鼎天下的时刻，便以肉眼可见的速度腐化堕落，其奢靡、荒唐，实在让人看不出有一丝新朝开国的气象，以天京变乱为转折点，太平天国的情报工作随之一同转入低潮，在人心离散、信仰崩塌的时刻，其情报人员素质偏低的弊病开始真正凸显。

一直以来，太平军情报人员的主要来源都是社会底层，在前文对北伐军侦察人员的构成叙述中可见一斑。《贼情汇纂》不无鄙夷地说："贼所遣之人多暗陋乡民。"但这也确是事实，除了以宗教信仰凝聚人心外，很多人其实是被封官许愿还有各种五花八门的物质奖励刺激着进行情报刺探的。我们可以看看他们的奖励都有些什么："给我棉被一条，京钱一吊"，"贼人头目李姓给了我京钱四吊"，"应许给我顶戴"，"回去给我头目"，等等诸如此类。最让人无法直视的是，女性也被当作物质激励手段发给这些情报人员。由此可观其队伍素质。而且由于没有专门的组织机构，很多人没有经过缜密训练，遭遇盘查就惊慌失措，一遇拷打便吐露实情，否则也不会存在上面那些供词。

洪秀全玉玺，原印边长19.6厘米，侧面雕双凤朝阳纹。

杨秀清印。

天京变乱后，虽然李秀成等将领依然重视情报工作，但在军心已散、对手又加强了防范的情况下，情报收集力度立见疲软，已经不足以使太平军将领们依据情报做出正确决策。在武昌守兵不足三千的情况下，陈玉成不敢进攻。在主帅胡林翼重病、湘军群龙无首的情况下，李秀成数十万大军裹足不前，甚至还主动放弃武昌，此后太平军几乎再无胜仗。

而此刻，一个全新的凶悍对手却开始渐露峥嵘，最终成为太平天国的掘墓人。

南京附近的太平军海战。

三 湘军发动的情报战

在太平天国运动爆发前，清政府几乎所有军事单位都已腐化不堪，八旗子弟早不复先辈弓马娴熟的本领，领着铁杆庄家提笼架鸟倒是一个比一个擅长。承袭明制的汉军绿营更是一团糟。军官钻营媚上，士兵偷懒油滑，窝娼聚赌，克扣粮饷，兵额空缺。到了嘉庆末年，各省绿营更是兴起了吸食鸦片的潮流。“战五渣”是对他们最中肯的评价。历朝历代，只要政府军还保有一定战斗力的话，农民军就基本没有赢的可能。很多王朝在初期中期也不是没有农民起义发生，但结果都只是投入长江的一粒石子，顶多激起小小涟漪。而每一个王朝末期，农民军的壮大，都伴随着政府军的堕落腐化，太平天国能够兴起同样与八旗绿营的败落息息相关。

1853年，太平天国发展达到顶峰，太平军在与清军的战斗中如猛虎驱羊，所向披靡。清廷深感八旗绿营不可救药，饬令各省大办团练以助“攻剿”。时任礼部右侍郎的曾国藩在湖南组建了一支新式军队，以书生为骨，湘农为肉，借鉴戚继光纪效新书编制操练，同时灌输儒家礼教纲常思想。湖湘子弟勇猛彪悍、看重乡谊、吃得苦、耐得烦、舍得死、霸得蛮，逐渐取代了清廷旧式绿营成为与太平军交战的主力，这便是在中国近代史上占有重要地位的湘军。

这支军队建立之初就已经认识到了情报工作的重要性。在成军不久的1853年12月，就在陆营十二营中设立总提调，下设响导处与侦探处。1854年又于粮台设立侦探、采编二所，每营湘军都有专门的情报班子以及大量的斥候与探差。除此以外，湘军情报机构还与其余友邻单位以及地方州县团练情报人员并网工作，互通信息。他们组织健全，联系广泛，触角深远。

湘军。

湘军作战绘画。

然而，情报工作并不是仅凭一个机构就能很好完成的。在湘军成军初期，由于与太平军接战较少，加上湖湘人士体貌特征与口音关系，湘军情报人员很难打入太平军内部，情报收集也遭遇了很多挫折。湘军东征之前，对太平天国内部情况以及战略意图依然不甚了解，很多时候只能依靠统帅将领凭借军事经验做出猜测，甚至还出现了“太平军西征北伐同时进行，南京城内只余三百人”的可笑说法。湘军东征中途受挫与其情报工作开展不力有直接关系。虽然困难重重，但是湘军情报机关依然坚持大力收罗与太平天国相关的一切情报，到了1855年后，其对太平军的了解已经大大加深，这里就不能不提到《贼情汇纂》一书。

湘军情报机构注重信息采集，其情报机构在前期最大的成就便是将《贼情汇纂》编辑成书。本书分十二卷20万字，涉及范围包括太平天国重要人物、官制、军制、礼制、文告、宗教、粮食、各种人员数目以及各类杂项。叙事从实，不事润饰，对太平军各类文告、印章、服饰、旗帜、战阵等都有绘图说明。对天京圣库里有多少金锭、金叶、金饰，多少银子、银饰，分门别类给出统计数字；甚至通过对太平天国主要人物籍贯、职务、履历、性格、社会关系等线索的研究，准确得出了“似不久必有内讧之事”的结论。时至今日，该书在太平天国研究史料中的地位仍毋庸置疑，也没有哪一个太平天国运动的研究者不知

太平军进攻时的上海西门城墙

道它。抛开其学术价值，它在中国情报史上也是一部里程碑式的作品。在它之前，从未有人将对手信息采集罗列得如此详尽。

湘军将领胡林翼。

《贼情汇纂》的作者张德坚，曾任清廷湖北抚辕巡捕官，其人眼光深远，深知情报工作的价值。他主动采访官绅、难民、俘虏各色人等，还多次化妆深入太平军控制区，将收罗到手的情报汇编成册，四处送交各督抚衙门，但是未能引起鼠目寸光的清廷官僚重视，直到遇见曾国藩。1854年9月，张德坚将所著《贼情集要》（贼情汇纂前身）上呈曾国藩，在对比缴获太平军文书后，发现该书数据准确，与其中内容相呼应，由是引起曾国藩重视。于是他设立采编所，认命张德坚为总撰官，将所缴文书全部交由他整理，遂于1855年7月成《贼情汇纂》一书，对湘军镇压太平天国运动发挥了重大作用。

1855年，湘军东征大军在湖口为太平军所败，双方在武汉进入拉锯作战状态，在其后两年中，湘军因为统帅决策失误导致战事起色不大，胡林翼在前期面对坚城顽固坚持进攻，在汉阳周围碰得头破血流。虽然其后朦胧意识到无法速战，也总结出太平军“极力固守，养锋蓄锐，相持日久，觑我懈怠，不意猝然全出，如山移海涌，莫之能御”的战术特点，但并未坚定他使用围困手段对付太平军的决心，不久之后此公故态复萌，“逐日督队往攻，血肉之躯与炮石为敌，伤亡水陆勇丁三千余人。”直至“四月以前，执意不悔，欲以力取”，将东征湘军陷于十分危险的境地。

幸好，湘军在战术层面对于战场情报的分析利用做到了准确及时，在武汉战役的历次战斗前，湘军几乎都及时侦察到了太平军的动向，做到有备而战。如金口之战、参山之战、山坡驿之战都是因为情报及时，使湘军获得宝贵的反应时间，挫败了太平军攻势，从而在武昌城下站稳脚跟。等到主帅胡林翼真正意识到太平军惯于防守反

浙江杭州的太平天国听王府。

曾国荃湘军克复金陵图。

击，针锋相对制定出控扼要隘、深沟高垒、步步为营的正确方针后，战争胜负的天平顿时就倾向了湘军一方，此前一年半时间里，湘军拿武汉毫无办法。改变策略后，仅7个月武汉便坚城易手。究其原因，最后的胜利与其高效的战场情报工作密不可分。正是因为这一优势，使得湘军能够将战术层面的胜利转化为战役层面的胜利，积小胜为大胜。

在此后的九江战役中，湘军依然保持了战场情报优势，胡林翼根据“石达开败走之后，逆首林启容知武昌贼势必败，日夜添设守具，聚集米粮”，“小池口新作石城，则有近二年之所增设者也”的情报，正确制定了长堑围困方针，并且散出假情报麻痹湖口驻防的太平军，攻克湖口，最终拿下九江。

攻克九江后，面对陈玉成进攻湖北、江西、皖北的动作，胡林翼再次决策失误，虽然他对太平军的人数、战术以及战略意图都十分清楚，但就是无法冷静分析，制定方略。那一段时间，湘军表现总结起来就是：四面出击，处处分兵，顾此失彼，孤军冒进，不顾后路，最终导致三河惨败。可见情报获取之后，对其的分析判别同样重要。

到了1860年，湘军与太平军在皖南的争夺达到白热化阶段。由于与友军的情报交流因为各种条件局限做得较差，没能通过蛛丝马迹分析出太平军在实施战略迂回，凌迫南京城7年的江南大营被太平军彻底踏平。此后又因各处战事不利，被太平军重重围困，其间湘军又是依靠情报得力绝处逢生，他们不仅清楚知道当面敌军将领姓名，而且对其战术意图也知悉得十分清楚。在决定性的安庆会战的一系列外围战中，湘军总是能根据所获情报预判太平军下一步动作，使其处处受制，并且利用对太平军内部情况的了解，各个击破，终于在1861年9月5日破安庆城。自此天京西线门户洞开，战略主动权易手，太平天国不可避免地走向败亡。

1862年，湘军兵临天京城下，开始长达三年的长围，期间多次与数倍的太平军交战，都因情报工作得力始终保持了对天京的围困，直至最终破城。

湘军围困天京，主帅曾国荃根据此前情报总结与别部湘军和太平军交手的经验教训，以堡垒战术步步为营，耐心拔除天京外围太平军据点，逐渐收拢包围圈。同时广派哨探侦察太平军动向，使战场单向透明。在外围打击太平军小股部队，接连挫败李秀成、李世贤等人一次次的进攻。1862年5月22日，探报侦知太平军在六郎桥一带人掠民粮，曾国荃派周日升率部截击，杀数百人。6月24日，从宁国撤回的太平军联络天京守军夹击曾国荃部，也被提前侦知，湘军捡起太平军经典的防守反击战法，待太平军松懈之时杀出，使其折损过半。之后李秀成8月驰援，李世贤9月进攻，都被湘军一一挫败。被逼急的太平军以地道、决引长江等手段对付湘军，亦被一一侦知。湘军以长壕对付地道，以移营对付决堤，可以说兵来将挡，水来土掩，使天京太平军一步步陷入绝境。1863年9月27日，湘军彻底完成对天京城的包围。曾国荃从李鸿章处得知天京缺粮，向苏州求援的信息，湘军便又将精力集中于彻底断绝天京城内粮道的工作上，一面严厉打击敢于向天京运粮的商人百姓，一面攻克陆路运输通道印子山，掐断水门，使得城内粮尽援绝，最终于1864年7月19日以爆破手段破城，太平天国自此成为历史名词。

纵观湘军情报工作，除在防间保密方面与太平军各有千秋外，有三点远胜于太平军。

第一，组织结构健全，懂得建立专门机关负责收集情报。虽然无法与近代军队的参谋部制度相比，但是从某种程度来说具备部分参谋部职能。相对而言，太平军的情报收集方式要粗放很多，并无与湘军侦探所、响

清朝名臣曾国藩。

1951年发行的太平天国邮票。

导处等相对应的机构。其情报人员由各级将领点选派出，直接对将领负责，对情报的判别理解程度全部依赖将领个人素质，往往导致无法充分准确利用情报。

第二，工作细致，情报收集途径多样化。主要有：采访官绅、问询难民、审讯俘虏、参考时人对太平天国的记录、收集整理缴获的文档器物、策反太平军阵营中不坚定份子、收集投降人员提供的情报、以各种侦察手段获取情报，一本《贼情汇纂》就是对这种细致的最好证明。

第三，人员素质高。湘军是一支以书生为骨干的新型封建军队，这些人拣选出来的情报人员大多有胆有识，经验丰富，而且一直提倡务实求真，杜绝了那种捕风捉影的情报收集方式。

正是由于这些情报工作中的优势，使得湘军一扫绿营面对太平军时的全面被动局面，在和太平天国的互相攻伐中越战越强，奠定了在清廷军事力量中的中流砥柱地位，最终在情报战线和军事战线上取得了全面的胜利。

CIVIL WAR TRUST

Saving America's Civil War Battlefields

Civilwar.org

南北战争中的情报交锋

作者：虎符

相对于太平天国战争期间，还停留于中世纪技术水准的秘密战交锋。同期的美国南北战争的秘密战交锋，却充满了近代科技发展所带来的进步与创新。

自1783年美利坚合众国获得独立开始，这个北美大陆上的新兴国家通过驱逐、吞并、购买、战争等种种手段开始不断扩张，到1848年美墨战争结束时，它的领土面积足足扩张了七倍有余，成为了北美洲的绝对霸主。在这片东起太平洋、西抵大西洋、北连加拿大、南接墨西哥的富饶国土上，蕴含着极其丰富的各类资源，为美国的工业化创造了得天独厚的条件，到19世纪中叶前后，美国形成了北部工业经济和南方种植园经济并举的态势。

然而，这种双轨经济态势带来的并不是想象中的工农互补，一团和气。我们如果将那个时代的煤铁大工业比作一个八字的话，丰富的自然资源只是其中一撇，另外一捺就是人力，足够多的、源源不断的人力。尽管此前兴起过数次移民潮，但都属于杯水车薪，美国依然是一个地广人稀的国度。北方州扩大工业产能需要更多的产业工人，南方州的种植园主们却依然自顾自地用尽一切办法扩张种植园规模，蓄养大批黑奴，对他们进行残酷压榨。

南卡罗来纳种植园中的奴隶。

《汤姆叔叔的小屋》作者哈利特·比彻·斯托夫人。

落后的种植园经济成为美国资本主义发展的最大阻碍。1852年，哈利特·比彻·斯托夫人发表了她那篇在后来举世闻名的著作《汤姆叔叔的小屋》，在美国激起轩然大波。尽管南方奴隶主们苍白的辩称该书是造谣和诽谤，但黑奴的悲惨境遇已经激起了北方民众对奴隶制的强烈反感和对黑奴的广泛同情，“废奴”声浪越来越大，早就不可调和的南北矛盾逐渐升温到了爆发的临界点。

1860年11月，坚定的废奴主义者亚伯拉罕·林肯当选美利坚合众国总统，南方蓄奴州感觉到自身利益将会受到前所未有的威胁。1861年2月，南部佐治亚、南卡罗来纳、路易斯安那、密西西比、佛罗里达、亚拉巴马六个州单方面宣布退出联邦，另外成立“美利坚联盟国”，并开始制订新宪法，自行选举杰弗逊·戴维斯为新总统。3月2日，德克萨斯州加入联盟国。4月12

一副反映美国南北战争场景的油画。

日，美国内战第一枪在南卡罗来纳州打响，之后弗吉尼亚、北卡罗来纳、阿肯色、田纳西四个州也宣布脱离美利坚合众国，加入到联盟国中，自此形成了以11个蓄奴州组成的南方阵营，与北方联邦军展开大战。在这场内战中，双方总共投入了350万大军，伤亡军人111万，其中阵亡62万，消耗军费150亿美元。

内河铁甲舰。

这是一场残酷的战争，同时也是一场处于军事转型期的战争，作为人类史上第一场大规模近代化大战。米尼步枪、线列步兵方阵、散兵分遣队、土工作业、前膛火炮、电报、火车、照相机、斯宾塞连珠枪、手摇加特林、内河铁甲舰、潜水艇等新老装备和战术交错应用，令后世军史爱好者们叹为观止。然而在这场战争中的秘密战线上，双方的较量同样精彩纷呈。

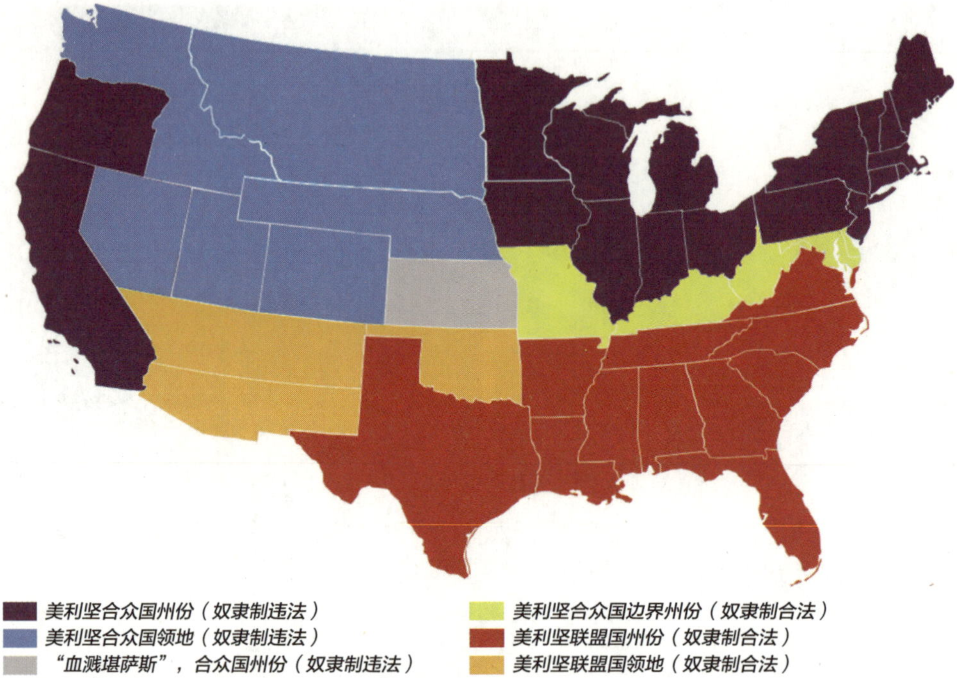

美国内战期间的势力分布图。

南方的间谍们

加特林机关枪。

虽然在反映南北战争的文学作品和影视作品中，不管立场如何，有关南方联盟军的描写总是带有浓郁的失败者味道。其实在开战初期，南方军在正面战斗和隐蔽战场两条线上都是处于优势地位的。

不同于北方开战之初那种混乱无序，早在南方 11 州正式宣布独立前，他们就在联邦军（北军）战争部长斯科特中将身边埋下了一颗钉子。南方间谍汤姆斯乔丹上尉以部长助理的身份潜伏在他身边，并且利用身份掩护，招募组建针对北方的情报网络。在这个过程中，他结识了华盛顿交

马纳萨斯战役。

际圈中的风云人物萝丝·奥尼尔·格林豪（Rose O'Neal Greenhow）。这位美国情报史上的传奇女性出生在马里兰州南部一个奴隶主家庭，小时候父亲在黑奴的反抗中被打死，不久后母亲也随之去世。作为孤儿的格林豪被住在华盛顿国会附近的姨妈收养长大，并由此结识了不少国会议员，在成长中深受这些人影响，著名政治家，坚定的奴隶制拥护者约翰·C. 卡尔霍恩议员对其影响尤甚。童年的家庭变故加上人际圈成员的蓄奴支持者背景，使得格林豪一生都在致力于反对废奴主义。

由于格林豪广泛的政要交际圈、鲜明的政治态度，使得她想不被人注意都难，汤姆斯·乔丹上尉慕名前来，给了格林豪一个身体力行反对废奴的机会，顺利将她发展成为了南方间谍网络在华盛顿的领导人，组建了一个 17 人的情报组织为南方服务。这个组织运行良好高效，成立伊始就立了一大功。在南北战争爆发后的第一次重要会战——马纳萨斯战役中，格林豪的情报网络发挥了非常重要的作用。

战役开始前，北军的全盘计划已经被格林豪情报网获取，格林豪亲手将文件缝

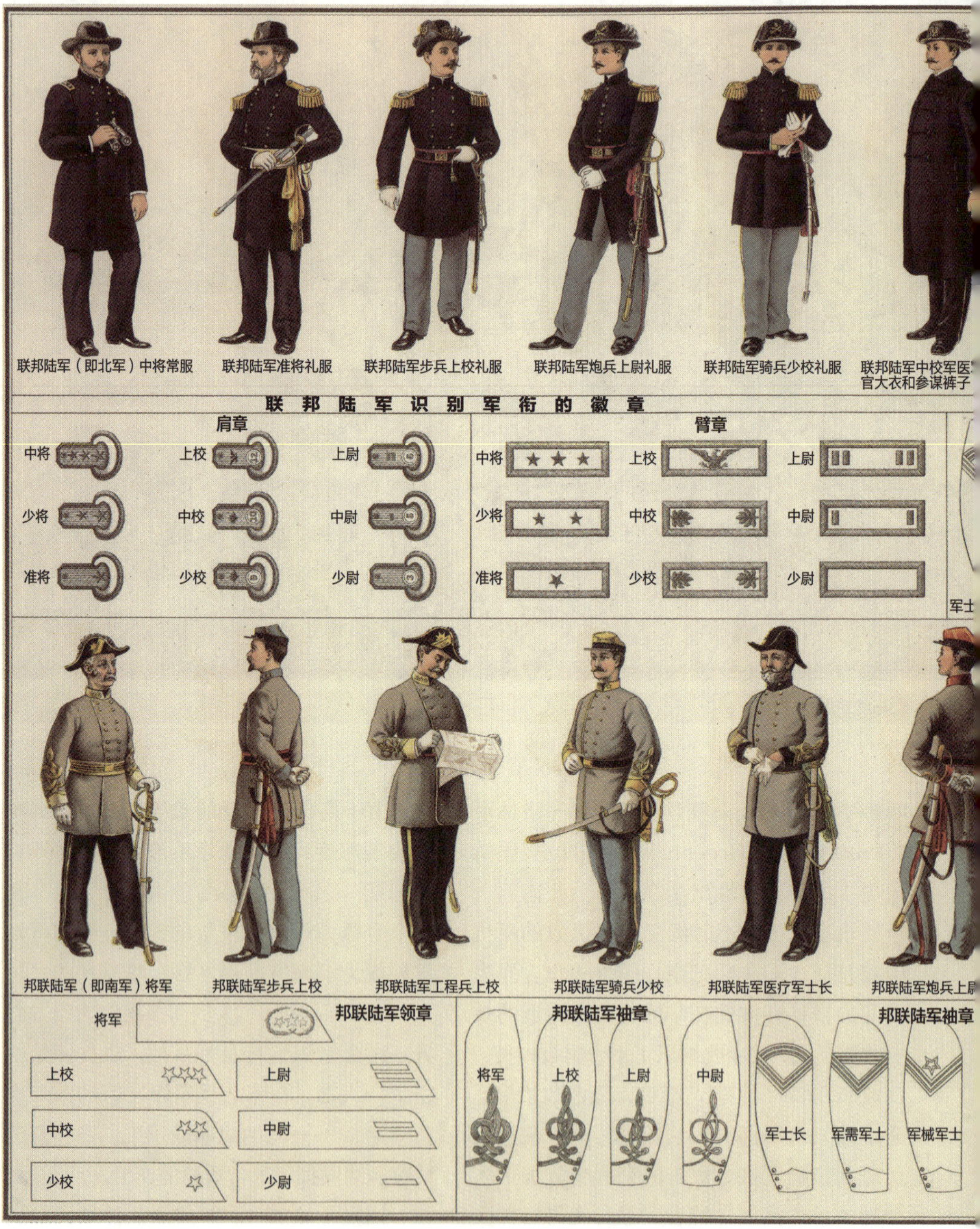
联邦陆军（即北军）中将常服
联邦陆军准将礼服
联邦陆军步兵上校礼服
联邦陆军炮兵上尉礼服
联邦陆军骑兵少校礼服
联邦陆军中校军医
官大衣和参谋裤子
联邦陆军识别军衔的徽章
肩章
中将
上校
上尉
少将
中校
中尉
准将
少校
少尉
臂章
中将
上校
上尉
少将
中校
中尉
准将
少校
少尉
军士
邦联陆军（即南军）将军
邦联陆军步兵上校
邦联陆军工程兵上校
邦联陆军骑兵少校
邦联陆军医疗军士长
邦联陆军炮兵上
邦联陆军领章
将军
上校
上尉
中校
中尉
少校
少尉
邦联陆军袖章
将军
上校
上尉
中尉
邦联陆军袖章
军士长
军需军士
军械军士

美国内战制服和徽章。

邦陆军炮兵军士长礼服
联邦陆军步兵军士礼服
联邦陆军步兵列兵长途行军装备
骑兵下士礼服
轻炮兵列兵礼服
所有骑乘官兵大衣
袖章
需军士
军械军士
医院管理员
上士
中士
下士
工兵
纽扣
参谋（大）
步兵
工程兵（大）
军械（大）
地图测绘工程兵（大）
参谋（小）
工程兵（小）
军械（小）
地图测绘工程兵（小）
骑兵
炮兵（大）
炮兵（小）
除信号兵以外的所有应征兵
联陆军步兵中尉
邦联陆军骑兵中士
邦联陆军炮兵下士
邦联陆军步兵列兵
邦联陆军步兵大衣
邦联陆军骑兵大衣
中士
下士
邦联陆军军帽
将军
骑兵上校
步兵上尉
炮兵中尉
邦联陆军纽扣
将官
工程兵军官
炮兵军官
步兵军官
来复枪兵军官
骑兵军官
炮兵官兵

内战期间一位著名的同盟间谍——萝丝·奥尼尔·格林豪。

进丝包，藏进女助手贝蒂的头发中，令其出城交给南军。南军指挥官皮埃尔·博雷加德准将在这份计划中获悉，北军共有13个旅企图通过自己防区直捣里士满，他便火速向司令官约瑟夫约翰斯顿求援，同时指挥自己麾下7个旅沿奔牛河展开，抢占了奔牛河上唯一的石桥和两个可以涉渡的浅滩，并在后方马修高地构筑了土木工事，准备在北军渡河的时候给予迎头痛击。战斗爆发后，在双方都因为新兵训练不足而出现大量失误的情况下，南军依靠情报优势占了上风。他们依托几处预先构筑的阵地成功迟滞了北军主力的狂攻，使得自己获得了宝贵的喘息时间，将被打散的旅重组投入战场。在南军援兵史密斯旅乘坐火车投入战场后，被长途行军和连番大战拖得疲惫不堪的北军终于全线崩溃，败退时扔下的各种辎重堆积如山，伤亡近三千人。如果不是预先获知了北军战役计划，南军定会被这猝不及防的一击弄得灰头土脸，南方联盟的“首都”里士满能否保住都是未知数，格林豪的情报网络在这场战役中功不可没。

在1861年7月的布尔伦河战役中，格林豪再次成功收买了斯科特将军的秘书科斯上校和联邦参议员威尔森，获得了北军兵力、推进路线、战役目的等关键性情报，还搞到了麦克莱伦将军的命令副本，将情报及时传递给了南方，使得南方再次挫败了北军的进攻。由于格林豪女士和其手下间谍们的出色表现，里士满专门发来了一封感谢信以表彰她们的功绩。

除了萝丝·奥尼尔·格林豪，南方间谍中还有一位值得一提的人物汤姆斯康罗德，此人在战争爆发时作为华盛顿乔治敦学院院长，在任职期间因为在毕业典礼上力挺南方而被捕，很快被遣送到南方，之

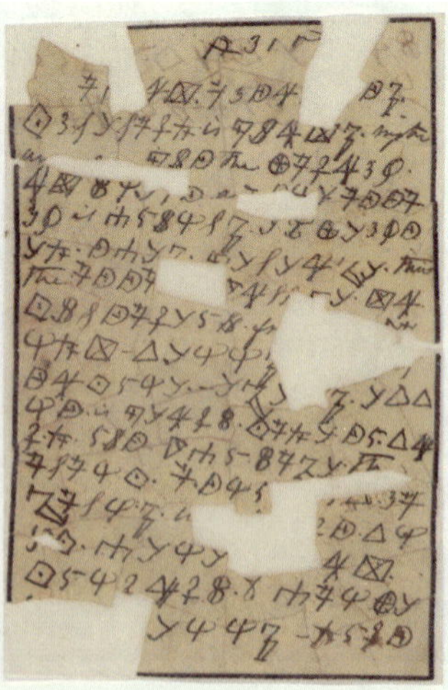

格林豪的密码。

南北战争的黑人士兵。

后加入南军担任随军牧师。在此期间，他利用北军对于神职人员不太防范的心理，在双方交换阵亡人员遗体时积极对北军阵地进行探察。之后，他又承担了赴华盛顿寻找迎接英法外交官到里士满的任务，并且顺利完成。

有了之前的经验，康罗德干脆改变了自己的发型和胡须样式，在华盛顿以商人身份长期潜伏了下来。并且和北军方面的战争部长斯科特中将攀上了关系，取得了自由进出办公楼的权力。期间他策反了几个对南方抱有同情态度的战争部职员，让他们在午餐时将消息写成小纸条放在办公桌上，康罗德会装作经过将之带走，用这个办法，康罗德在半岛战役之前，完整地搞到了北方的作战计划，成就了罗伯特·李将军的战神名声。

1863年，康罗德安插在北方情报负责人贝克身边的间谍警告他，说他的活动引起了北方情报机关的怀疑，并帮助他逃出了华盛顿。在这之后，他在托波马克河的一个港口建立了情报中转站，专门负责将北方情报转呈里士满。之后他又数次冒险返回华盛顿进行情报收集工作，终于在1865年4月被捕。南方安插在北方的间谍不少，但除开格林豪之外，康罗德是少数

平克顿与林肯总统合影，左一便装者为艾伦·平克顿。

几个靠谱而又成功的人物，他对南部联盟在战场上的积极贡献是实质性的。

相对于这些志愿者性质的间谍，南军自己的专门情报机构表现倒显得乏善可陈。1861年，南军准将约翰麦格卢德命令威廉姆诺瑞斯组建了“信号队”，表面上这支部队是一个通信兵单位，实际上它在暗地里也负责情报收集，专门负责对北方的侦察与反侦察，被称为“南部同盟秘密情报处”。这个部门向南军各旅派出由3～5人组成的情报小组负责指导基层情报收集，同时也派出专人对华盛顿进行情报刺探，由汤姆斯富兰克林领导，最盛时情报网一度扩张到了加拿大。

在反侦察方面，南方组建了名为“南部同盟安全委员会”的组织，由约翰·亨瑞·温德负责，专门搜捕北方隐藏在里士满的间谍。最大的成就是抓获了北方情报负责人平克顿的得力助手汤姆斯·韦伯斯特。不过这个机构的成就也仅止于此了，由于负责人温德的贪污腐化，这个机构使得很多北方间谍得以蒙混过关，发挥的作用有限。

二 北方情报工作

至于北方，在开战前和战争爆发初期，他们的情报工作简直搞得一团糟。他们既没有在战前派出间谍渗透南方预先布局，在开战之初也没有能力应对南方间谍的渗透。北军战役计划屡屡被南方间谍窃取，导致前方战事受挫的情况不止一次两次发生。而且联邦军的情报收集没有国家层面的统一机构进行领导，全部仰赖于民间情报公司和各个军团司令官们自行组建的情报组织自行发挥。

在初期全面被动的时期里，也不是全无亮色，一位名叫“艾伦·平克顿”的人依靠自己的聪明才智，好歹为北军情报界挽回了一点面子。

艾伦·平克顿，苏格兰裔移民之后，曾经是芝加哥警察局雇员。那个时代的美国，充斥着各色鱼龙混杂的拓荒者，在有油水可捞时，这些人也不介意客串一把骗子或者马贼强盗，他们大肆抢劫银行、农场、火车、运钞队乃至普通民众，挑衅法律威严，严重扰乱社会秩序。由于人力财力的限制，警察和州县治安官们无法给予民众足够的保护，神经嗅觉敏锐的平克顿很快注意到了这一点。1850年，他辞去公职，创办了美国第一家私人侦探公司，直到21世纪的今天，这家平克顿公司依然是美国安保行业中举足轻重的一员，为许多国家和国际组织提供安保方案和风险管理，客户遍及全球。

在平克顿公司成立之初，伊利诺伊州中央铁路公司是平克顿的金牌大客户之一，时任该公司总裁的就是后来的美国北军名将——乔治·麦克莱伦。而这个铁路公司当时的法律顾问便是后来的美国总统亚伯拉罕·林肯。因为业务需要，平克顿与林肯、麦克莱伦往来非常频繁，建立了十分密切

切斯劳维尔战争期间死去的士兵。

的关系，使得他后来深得两位大人物的信任。在林肯竞选总统之时，平克顿还成功挫败了一起南方针对林肯的暗杀阴谋，其人可算是林肯的铁杆班底。

南北内战爆发后，麦克莱伦就任托波马克军团司令官，同时平克顿化名“E.J. 艾伦”，受命在辛辛那提组建托波马克军团情报处，这个单位最早的成员正是他的公司职员，大约有 18 人。

在第一阶段，平克顿亡羊补牢，开始派遣间谍进入南方建立情报网络，同时他也亲自参与到情报收集工作中。在孟菲斯之战前，他乔装成一位热心的富翁，邀请城防司令佩罗喝酒，在酒桌上打听到了孟菲斯城防布置。在仰赖谍工人员传回的文字情报同时，平克顿还很重视南方逃亡黑奴的口述消息，每当发现具备读写能力、脑筋比较灵活的黑奴，他和他的间谍人员就会竭尽所能说服这些黑人回到南方从事情报工作，当他们的探子。

当平克顿的情报网络逐渐成形时，他第二阶段的工作重点开始转向反谍，南方女间谍格林豪因为其活跃表现首先引起了平克顿的注意。很快，暗哨们对格林豪家

约克镇战役中使用的大炮。

的日夜监视就有了回报。在一个雨夜，他们发现宪兵司令部的一位军官进入了格林豪家，企图交给她一张标注过的军用地图，情报处的特工们一拥而上人赃并获。在搜查事后格林豪房屋时，发现了大批联邦政府的秘密文件。从起获的格林豪日记中，找到了与格林豪秘密联络的交通员姓名，并且日记上还有详细的情报来源和传递手段。据此，平克顿的特工们破译了南方情报密码，知道了传递给南军的大部分情报内容，慢慢扭转了在情报战线上一边倒被动的局面。

在西部和东部战线，尤利西斯·辛普森·格兰特将军在他的北军田纳西军团内也组建了特工处，由格伦威尔·道奇为负责人。

道奇上任之后招募了总人数达 117 人之多的谍报工作者，人员构成包括田纳西军团的官兵、南部支持联邦政府的公民、逃亡北方的黑奴等。这些人统一使用编号互相联系，不暴露真实姓名。他还注重对手下谍报人员进行物质奖励，出售缴获的南方棉花作为情报资金，规定情报人员在南方工作三个月就可以获得 750 美元的奖励，在当时这是一大笔钱。

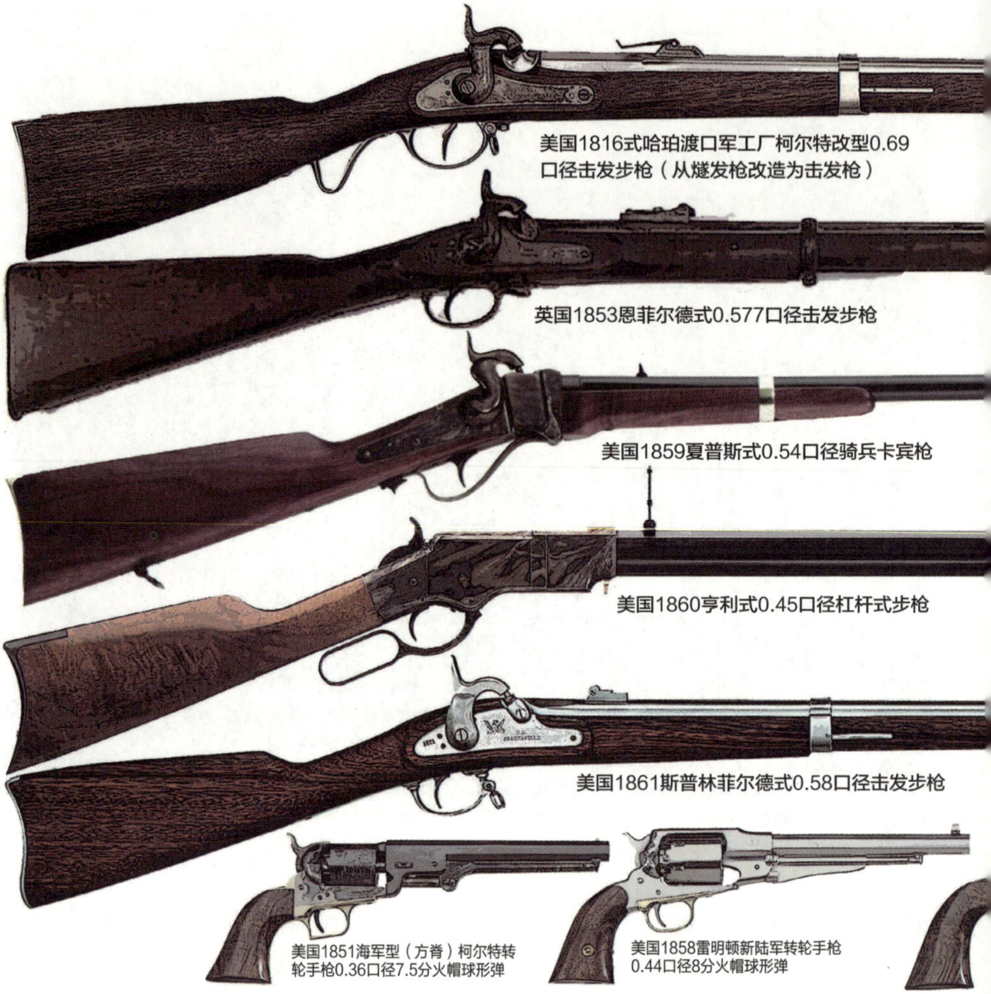

南北战争所使用的武器装备。

在收集情报时，道奇喜欢让手下伪装成信使和南方谍报人员，假托“传递消息”之名在南方控制区大摇大摆刺探军情。而且此人注意在敌后设立交通站，利用妇女充当秘密交通员传递情报，取得了相当大的成功。

比如在皮里奇战役时，道奇的间谍及时向北军预警了南军援兵的动向，使得北军从容布置最终取胜。在维克斯堡战役中，道奇的间谍战前混入该地，随时将敌人动向上报，使北军大胜，迫降南军三万人。

亚特兰大之战时，道奇派遣间谍混入南军中，将南军兵力、所有旅团长官姓名弄得一清二楚，而且依据报纸消息得知南军临阵换将，胡德取代保守的老将约翰斯顿执掌南军田纳西兵团，他立即依据胡德的

美国1860柯尔特陆军转轮手枪0.44口径8分火帽球形弹纸弹壳版（另有0.44柯尔特金属弹壳版）

美国1861柯尔特海军转轮手枪0.36口径7.5分火帽球形弹纸弹壳

性格准确判断南军将在48小时内发起攻击，并将此判断告知北军统帅谢尔曼，击退了进攻，使南军除了伤亡4300人外别无所获。

在东线，格兰特也成立了一个由乔治·夏普领导的情报处。此人在战前是纽约州的一位检察官，在战争爆发后，他带领120人的志愿者团队加入北军。作为一个工作特点鲜明的情报领导，夏普广泛招募各色各族人士作为情报员，这些人包括白人、黑人、印第安人。在南军兵力吃紧不得不招募黑奴参军时，他派遣黑人间谍混入南军，不断策反南军中的黑人士兵。

在情报收集中，此人非常重视情报保密，所有情报人员均使用化名，所传递的情报全部用密码编写，他的情报网络效率极高，所有里士满的情报一般都会在次日

战火后的亚特兰大废墟。

送到他手里。在南北战争的关键大决战葛底斯堡战役中，夏普及时探知了南军北弗吉尼亚军团的动向，查明了南军的确切兵力，并且在战役后期提出了对损失惨重的罗伯特李兵团进行重点攻击的建议，对推动战争进程起到不容忽视的作用。

在南北战争中，有格林豪那种维护野蛮奴隶制，为虎作伥的南方间谍，也有为了道义而站在联邦政府一边的情报志愿者，而且同样不乏巾帼英雄。

伊丽莎白·范·卢，里士满人，这位可敬的女士对奴隶制和奴隶主极端厌憎，她在日记中写道“奴隶制压制言论，轻视奴隶，奴隶主傲慢、虚荣、残忍、富于侵略性，他们不仅对奴隶如此，对整个国家和社会也是如此。”出生于蓄奴家庭的她在父亲去世后释放了家里所有奴隶，将他们变成自由人，但是大部分黑奴都留下来继续为她服务，并且在以后的情报工作中充当了她的通讯员。

马纳萨斯战役后，联邦军因作战计划泄露而大败亏输，非常多的北军官兵成了战俘。南军将这些战俘收押在一个烟叶仓库草草改造的集中营里，条件非常恶劣。善良的伊丽莎白女士在为战俘们送药品和食物的时候了解到战俘们被俘时途经南军阵地，掌握了南军的部分部署，苦于无法将消息传出。于是，伊丽莎白利用食物器具和战俘归还的借阅书籍为掩护，悄悄为北方传递这些重要情报。伊丽莎白重视黑奴的作用，她甚至在南方总统杰弗逊·戴维斯家中也安插了一位名叫“玛丽·布鲁瑟”的黑人女佣，随时为自己传递来自“总统府”的消息。内战中，南、北方并不是完全隔绝的，还存在许多经济往来。伊丽莎白利用黑人雇工向北方运送农产品的机会，让他们悄悄将情报夹带在其中带到北方，后来格兰特将军对她说：“你送给我的情报是我在战争期间从里士满收到的最有价值的情报。”1900 年，伊丽莎白女士病逝于里士满，她墓碑上的铭文中肯地概括了其生平和功绩：“她牺牲了对一个人来说弥足珍贵的东西：朋友、财产、舒适的生活、健康的身体以及宝贵的生命，而把身心全给了信念——奴隶制应该被废除，联邦应该保持完整。”

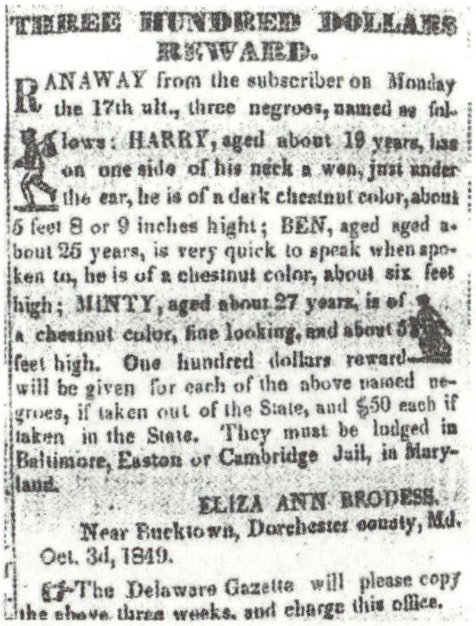

THREE HUNDRED DOLLARS REWARD.

RANAWAY from the subscriber on Monday the 17th ult., three negroes, named as follows: HARRY, aged about 19 years, has on one side of his neck a wen, just under the ear, he is of a dark chestnut color, about 5 feet 8 or 9 inches hight; BEN, aged aged about 25 years, is very quick to speak when spoken to, he is of a chestnut color, about six feet high; MINTY, aged about 27 years, is of a chestnut color, fine looking, and about 5 feet high. One hundred dollars reward will be given for each of the above named negroes, if taken out of the State, and $50 each if taken in the State. They must be lodged in Baltimore, Easton or Cambridge Jail, in Maryland.

ELIZA ANN BRODESS.

Near Bucktown, Dorchester county, Md.

Oct. 3d, 1849.

The Delaware Gazette will please copy the above three weeks, and charge this office.

《剑桥民主党报》上刊登的追捕“明蒂”（哈莉特·塔布曼）和她兄弟的三百美金悬赏告示

由于北方“解放黑奴，捍卫联邦统一”的口号，使他们得到了广大黑人奴隶的支持，在战争中，黑人踊跃参加北军为联邦而战，在情报战线，黑人们同样为了自己的自由而奋斗。

在南方蓄奴州，出于种族主义的高冷，奴隶主们对于黑奴几乎是不防范的，在他们眼里，黑奴能不能算作人类都要先打一个大大的问号，他们更愿意相信黑奴只是一种能够直立行走的牲口，其智商根本不足以理解白人之间的战争，可惜现实很快就给了他们一记重重的耳光。

在战争中，黑人们建立了“摩西之盟”“和平宪章协会”“和平协会”等秘密组织，收集南方的各种情报交给北军，还开辟了一条类似于越战“胡志明小道”的“地下铁路”，帮助南方黑奴逃往北方，甚至有一条路线是专为逃跑的北军俘虏所准备的。

杰出的黑人废奴主义运动家——哈莉特·塔布曼。

富兰克林之战。

此外，北方的情报负责人们也重视黑人的作用，喜欢利用他们在南方的家人组建情报网络，在戴维斯的家中，他的女佣、马夫里都有黑人间谍。

在世界名人传记《英雄探险家塔布曼》一文中，南军在康巴希河布设的水雷和阵地薄弱点被哈莉特·塔布曼（这位黑人女士被誉为“黑摩西”“摩西祖母”，前文提到的“摩西之盟”的创建者）和她的黑人战友们事先弄的一清二楚。战斗前，他们带领着北军工兵排除了水雷，将这片地区的铁路和桥梁破坏得一干二净，使得南军失去后勤补给，令北军获得了胜利。南军在后来说“敌人似乎对我军的特点和潜力以及他们很少遇到的抗击的情况了如指掌，似乎有某些对河道和四乡熟透的人在给他们领路”。

1913年塔布曼女士逝世后，美军以全副军队葬仪将其安葬，并在亚拉巴马州的奥本树立了一个纪念碑，以感谢她在战争中对北军所做出的贡献。在二战时，美军一条自由轮被命名为“哈莉特·塔布曼”号，1978年，美国发行了一套她的头像纪念邮票。可见在南北战争中黑人间谍们对联邦政府的贡献。

在战争期间，北方抓住南方间谍多是遣送南方了事，但是，有一位北方情报人员为了自己的信仰献出了生命。

在平克顿的情报处，有一位名叫“汤姆斯·韦伯斯特”的情报员，英国移民出身，曾是一名警察。由于职业关系，在追随平克顿从事对南情报工作后很快成长为一名优秀的间谍。平克顿对其的评价是“无论是谁，见到韦伯斯特总能留下一种他值得信赖的印象，任何任务分配给他绝对没有问题。”

战争爆发后，他被派往一个名叫“自由之子”的亲南组织当卧底，期间搞到了不少关于这个组织的阴谋计划，为了演得更像，他随着被逮捕的组织成员一起坐牢，然后在监狱人员的配合下“成功越狱逃脱”。有了“为南方坐牢”的经历，使得韦伯斯特成功混入里士满，并取得了南方官员们的信任，受到南军陆军部长邀请作为双面间谍为南方传递情报。他确实很好地完成了任务，前提是这些情报会首先被北方相关情报人员阅读。

在充当“南方间谍”期间，韦伯斯特走遍了南部同盟各州，到处收集各种情报带回北方。在此期间，因为条件艰苦患上了严重的风湿病。在最后一次返回南方时，韦伯斯特风湿发作倒在了一个旅馆里，暂时失去了和平克顿的联系，这让平克顿非常担心，从北方派了两名谍报人员前来打探他的情况。不料，此二人刚到南方就遭到监视并被抓了起来，在严刑拷打中，二人供出了韦伯斯特，使得韦伯斯特被逮捕并判处死刑。

1862 年 4 月 29 日，韦伯斯特在里士满英勇就义，他的牺牲对北方情报机关是一个沉重打击，但是他为黑奴权益，为联邦政府所做出的功绩是不可磨灭的。

三 谍战技术的发展

南北战争是一场技术特点鲜明的战争，这些技术不但体现在兵器和战术上，同样体现在情报工作中。照相机、电报机、莫尔斯电码、密码系统的出现，为后世情报收集手段奠定了基础，可以说南北战争中的秘密战开创了人类谍报工作的一个新纪元。

1839 年，世界上第一台实用化的照相机在法国诞生，并在南北战争中被首次应用于军事用途，在以后的漫长岁月里，相机一直和情报工作密不可分，哪怕在现代各种侦察机，侦察卫星上，高性能的照相机也是必不可少的设备。

1861 年，在平克顿的间谍队伍中出现了一名摄影师，专门负责拍摄侦察图片，他们还改造了一种携带照相机的马车，将沿途地形一一拍摄冲洗，拼接成地形对照图片，大大方便了北军军官们的指挥。在南方，南军间谍也将照相机技术运用到了情报工作中，他们拍下大量北军的车队、行军队列和军官照片交给研判部门。此外南军情报部门还首次将微缩显影技术运用到情报工作中，他们将情报在放大镜的照射下书写于纽扣之类的物体上，当情报顺利传递到位后，再次通过放大镜进行读取。

当电报机和莫尔斯电码被发明后，其快捷无比的信息传递效率使得它对于军队

1857年莫尔斯和他的电报机。

1840在巴黎的莫尔斯。

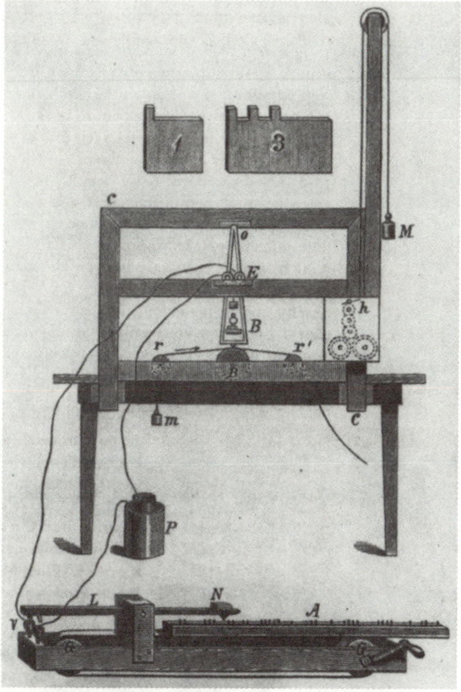

原始的莫尔斯电报系统。

的重要性不言而喻，南北战争是人类史上第一次广泛使用有线电报网络的战争，格兰特曾评价道“有线通讯将每一个师，每一个军，每一个军官和我的总司令部一起连接起来了”“银线连接雄师百万，电波飞向大地长空”成了后来每一场战争的固定形态，通信兵这个兵种出现在军队序列中，自此人类战争由一维走向二维。

早期的有线电话和电报，只要通过一个分机就可轻易实现分享监听，串线也是很正常的事情。在这种情况下，使用明语通讯无疑属于不打自招，于是密电码技术应运而生。密码技术对近现代军队非常重要，如果没有这种技术，不但己方通讯等于广播，而且很容易被敌方用假命令假情报欺骗。

密码体系由呼号、识别暗令、字数转码系统构成，其中转码最为复杂。转码采用的最为普遍的一种方式，简单地说就是将文字以数字对应形式表达，制订成密码库，下发各单位由专门人员掌握。在使用中，文字和数字对应顺序可以随机改变，每一种指定的排列顺序都称之为密钥。在明语电文内容拟制完毕后，由机要人员对照密钥和密码本，将电文转换为包含“0”“1”“2”“3”“4”“5”“6”“7”“8”“9”这十个阿拉伯数字的数码，在己方单位接收到电文后，或者通过密码机，或者通过机

皮克特（Pickett's）冲锋

要人员翻阅密码本将这些数码转换为明语，传递到指定长官手中。不论是密钥、密码本、密码机还是掌握密码的机要人员，都是一个国家一支军队最核心最紧要的机密。

战争中，北军首先使用错乱字母排列然后指定行列字数为密钥的方式进行电文保密，到了战争末期，北军密码本发展到了36页1600个密码词的规模，接近现代报话密语水平。相比北军，南军使用的是更为原始的维吉尼方阵系统来保护自己的电文内容，即临时将一组字母打乱排列，对应另一组真正的电文字母，收到电文后，再根据事先约定将两组字母对照翻译进行转换。这种加密法过于简单原始，除了临时应急通讯外，作为长期密码则非常容易被敌方破译，在这一点上南军技术大大落后于北军。

总的来说，在南北战争中的情报战中，有以下几个特点：第一，双方都没有统一机构领导整个情报工作，导致情报整合能力差。第二，因为不同的政治信仰，双方都有大量的情报志愿者进行情报收集，在初期南方情报工作占尽优势的情况下，北方正是依靠这些数量庞大的志愿者们逐渐扭转了局面，后来居上。第三，情报人员中女性比例高，她们以行动证明了女性在情报工作中的优势得天独厚。第四，照相、电报、微缩、密码等技术得到了广泛运用，使得情报工作形态焕然一新。

这些特点同时也是宝贵的经验，为后来的美国乃至世界情报事业提供了很好的参考，可谓影响深远。

无孔不入的东洋间谍

作者：虎符

日本联合舰队旗舰“三笠”号战列舰。

当美国历经内战战火的洗礼之后而快速崛起时，位于东方的岛国日本，也因明治维新而强大起来。而这其中，自然离不开东洋间谍们在秘密战领域的助力了。

俄海军波罗的海舰队司令罗杰斯特温斯基中将。

1905年5月27日，罗杰斯特温斯基中将率领着他的远东援军历经三万公里的漫漫远航，绕了大半个地球，终于出现在了对马海峡。

凌晨四时许，日方“信浓丸”号辅助巡洋舰首先发现俄军舰队喷出的煤烟，并于4点45分发回敌情电报，早已严阵以待的日本海军联合舰队各舰顿时一片欢腾，水兵们嚎叫着扔掉多余燃煤，在甲板上倾倒防

对马海战中，东乡平八郎在“三笠”号上指挥战斗。右三至左分别为秋山真之、东乡平八郎、长谷川清。

滑沙，换上消毒战斗服，将床垫捆扎于舰艇各处，士气高昂地奔向各自战位。

下午1点39分，俄军38艘舰船组成的庞大战列出现在联合舰队第一、第二分舰队视野内，在双方相距12000米之时，联合舰队旗舰“三笠”号上，升起了代表“皇国兴废在此一战，全员须愈加奋发努力！”的Z字信号旗。

下午两点零五分，双方战列相距八千米，“三笠”号战列舰开始敌前大转向，抢占T字横头，后续舰艇紧跟旗舰，冒着俄军弹雨依次左转。两点十分，日舰全部完成转向。两点十八分，联合舰队完成光学测距和弹道解算后，在射击指挥仪控制下，日军战列右舷各种口径舰炮同时怒吼，一群群305、152、76毫米炮弹撕裂空气，伴着火车头般尖利的啸叫砸向俄军舰队，俄军旗舰“苏沃洛夫公爵”号，第二战队旗舰“奥斯里雅比亚”号周围弹落如雨，炮弹落点掀起冲天水柱。诡异的是，水柱内部竟然都爆发出了炫丽的火光。两分钟后，“苏沃洛夫公爵”号就受到重创退出战列，舰队司令官罗杰斯特温斯基身负重伤。接下来的炮战中，被日方炮弹命中的俄军舰艇无不发生威力巨大的爆炸，炸点伴着明显的烧蚀，喷发出黄色的毒烟，冲击波所过之处梁倒门塌，残肢断臂四处飞

日俄旅顺之战中，日军位于团山子北方高地上的280毫米榴弹炮阵地。

溅，3000度的高温将钢板都烧红融化，很多俄军水手皮肤被灼焦开裂，露出里面鲜红色的人体组织，发出惨绝人寰的哀号，其景象犹如阿鼻地狱。

12分钟后，俄国第二分队的旗舰“奥斯里雅比亚”被击沉，“亚历山大二世”号、“博罗季诺”号、“鹰”号、“西索伊－维利基”号等四艘主力舰重创。至战斗完全结束，俄方共战沉包括旗舰“苏沃诺夫公爵”号、“亚历山大二世”号、“海军上将纳西莫夫”号、“东斯科伊”号、“博诺季诺”号、“海军上将乌沙科夫”号等在内的8艘战列舰、3艘巡洋舰。另有包括“尼古拉一世”号、“海军上将阿普拉克辛”号、“海军上将谢尼亚文”号、“鹰”号在内的四艘战列舰被日方俘获，太平洋舰队所有主力舰几乎全军覆没，十二艘战列舰更是一条都没保住。

联合舰队能取得如此辉煌的胜利，主要归功于一种黄色的粉末，这种粉末日本称之为“下濑火药”。

窃取“下濑火药”配方

下濑火药，实际上就是苦味酸炸药，化学名为“2-4-6三硝基苯酚”，常温下成黄色粉末状态，于1771年由英国人沃尔夫首次制备成功，主要用作染料用途。1871年，因为一次染料桶爆炸事故，苦味酸被法国人首先发现其爆炸威力超黑火药近百倍的特性，将这种猛炸药首次用于军事用途。1885年，法国将苦味酸作为炮弹填充药，1888年，英国制备出苦味酸炸药并且用于军事用途。走在世界前列两国对苦味酸炸药极为重视，不但对其化学配比严格保密，而且对生产线严格管控，火药厂人员只要外出都必须经过搜身检查才可放行。

几乎同一时间，日本就敏锐意识到苦味酸炸药的出现将是热兵器发展史上的一场革命，他们对其兴趣极大，但是在与法国谈判引进过程中遭遇挫折。以当时日本对于西方新兴技术的狂热渴求态度和日本人那种不达目的誓不罢休的性格来说，既然光明正大引进不成，那么用情报手段获取苦味酸配方就成了必然之选。

1887年，富冈定恭以造兵监督官身份远赴英法，当时法日关于苦味

苦味酸结晶体。

酸引进的谈判虽然陷入僵局，但是并没有完全谈崩。为了推销，法国安排日本外交代表团参观了苦味酸生产线，富冈定恭少佐也身在其中。参观过程中，法方陪同人员盯防很严，日方很难做什么小动作。对此早有准备的富冈定恭装作抓起一小撮苦味酸结晶在手中摩挲，然后又若无其事的丢了回去，这一看似正常的小举动法方也没有在意。结束参观回到住处之后，富冈定恭小心翼翼地从手指甲中刮出一小点苦味酸晶体，这一小点珍贵无比的结晶辗转交到了海军兵器制造所技师下濑雅允手中。经过成分分析，日本苦味酸炸药于1891年配比成功，被定名为下濑火药。日俄海战是其首次大规模应用①打得俄罗斯太平洋舰队几无还手之力。这种通过外交人员对先进技术情报的窃取并不是孤立事件，日本外交官们对所在对象国展开的是包括政治、经济、军事、科技等领域的全方位秘密战。

二 日本情报战的肇始

五棱郭，正式名称“龟田役所土垒”，坐落于北海道函馆市。占地面积约252000平方米，周长1800米，是日本第一座西式棱堡。比之日本传统天守阁式样的土石城堡，五棱郭梯形城墙低矮厚实，防炮能力强大，五芒星状的布局将城墙分割成若干独立的小段，但是又巧妙的形成一个个夹角，使得进攻方不管从哪个方向进攻都无法展开大量兵力，只能以添油形式将部队送到守城方的交叉火力之下。在钢筋混凝土要塞出现前，五棱郭这种棱堡是人类所发明的最坚固防御工事。

五棱郭奉行所（明治元年冬撮影）。

1867年，在各方压力之下，德川幕府末代将军德川庆喜假意奏请“奉还大政”。1868年1月8日，他又在大阪宣布明治天

① 还有一种说法是甲午海战中日方也有使用了填装下濑火药的炮弹，但有争议。

五棱郭塔夜景。

亀田役所土垒（从五棱郭塔拍摄）。

皇颁发的“王政复古大号令”为非法。1月27日，由萨长联军组成的倒幕军与德川军在鸟羽伏见大战，壬辰战争爆发。德川庆喜之后放弃江户一路败走，同年10月26日，天皇军兵临五棱郭城，在这里，爆发了壬辰战争中最后的箱馆之战。幕府残余依托坚城负隅顽抗，在天皇军数月围攻之下仍坚如磐石。1869年6月27日，由政府军陆军参谋黑田清隆调停，五棱郭守军方开城投降，统治日本长达265年的德川幕府随着这座棱堡一同成为历史遗迹，明治维新开始。

五棱郭附近卫星图片（NASA）。

在此之后，日本举国学习西方，提倡文明开化，在政治、军事、文教等方面实施全面改革。1871年，日本派出以岩仓具视为首的庞大考察团，对西方12国进行了为期22个月的考察，以期为日本未来前途寻找正确方向。考察范围包括西方政治体制、经济、文化、生活等各方各面。团员中不乏伊藤博文、木户孝允、大久保利通、山口尚芳等在日本历史上举足轻重的人物。

代表团首先抵达美国，受到美方热情接待，让日方产生了一种被西方列强接受、

1904年鸭绿江会战浮世绘。

可以与之平等共处的想法。他们还天真地提出与美方修约的要求，企图废除领事裁判权等不平等条约。对于日本人这种自我感觉良好的行为，美方立即在外交领域给日本人上了一课，非但以修约不符合国际法理为由拒绝了日方交涉，还顺势再次提出了更多在贸易方面有利于美国的提案。英国也在此时向日本推迟访英提出抗议，指责日方违背外交礼仪，怠慢大英帝国，使得日方代表团非常尴尬。

这次教训使日本意识到，学习西方、建立近代化的与国际接轨的外交体系与制度是日本融入国际社会的必要前提。便于1871年8月19日认命泽宣嘉外务卿与侍导宗则外务大辅为驻夏威夷公使，开始向西方派遣常驻外交人员，日本的情报外交由此展开。在明治时期的所有对外战争的胜利与利益获取的背后，都有这些外交人员利用各种手段为本国获取情报或者利用情报战成果在各国之间纵横捭阖的影子。

三 公使原来是间谍

从日本中世纪到江户幕府早期，日本一些嗜血的武士喜欢用平民的血肉之躯测试自己的新刀究竟锋利到什么程度，称作“辻斬り”。在明治时期的国际关系中，朝鲜成了第一个被日本“辻斬”的牺牲品，外务省作为第一把新铸利刃砍到了朝鲜身上。

朝鲜半岛一直都是中日争夺的焦点。中国控制朝鲜半岛，则得到一座东北藩屏；日本控制朝鲜，则能得到一块大陆跳板，上千年来，日本对于谋夺朝鲜的野心从未停止。

661年，为了拓展在朝势力范围，获得

大陆跳板，日本[1]胆大包天地的打着帮助百济复国的旗号，先后派出四批共计七八万人赴朝对抗唐军，日、唐双方水师于663年8月27日在白江口遭遇并展开大战，是役日军惨败、沉尸上万，唐军一鼓作气、水陆连捷，日军集团顷刻土崩瓦解。16世纪末，在消停了九百多年后，丰臣秀吉派出近16万大军侵朝，明廷两次动员军队入朝，万历三大征的最后一征便是抗倭援朝，中日双方经过七年拉锯，明军在兵力处于劣势的情况下将日军渐渐压向半岛南端，战事对日本越来越不利，丰臣秀吉在弥留之际大喊“莫使我十万兵，化作海外鬼”，最终这场战争以日军仓皇撤离，明朝联军胜利收复朝鲜半岛全境结束，明廷将俘获的61名各级武士斩首之后传级九边，此后日本近三百年不敢染指半岛。

明治维新使得日本国势蒸蒸日上，在富国强兵的同时，这个东亚恶邻再一次将爪子探向了朝鲜的三千里江山。

1880年，外务省外务卿井上馨指示日本驻朝外交人员向朝鲜提出了元山开港的要求，准备以元山为基地渗透控制朝鲜，而且还通过种种手段使朝鲜对日本公使常驻汉城持默认态度。花房义质公使进入汉城后，向朝鲜国王讲解他所谓的“国际形势”，赠送武器，极力鼓吹朝鲜编练日式军队的必要性，而且得寸进尺的要求开放

清兵俘虏。

① 其实此时日本还称倭国，但是为了识别方便笔者依然将其称为“日本”。

训练中的朝鲜新军——别技军。

仁川，但被朝鲜朝廷拒绝。

花房根据在汉城观察收集到的朝鲜高层内部斗争、各派系实力、军队军备实力等方面的情报，汇总之后得出判断：闵妃集团为了巩固统治，一定会向日本妥协以获取支持。于是便在1881年2月向本国政府提出立即出兵、强迫朝鲜答应要求的建议。在谈判桌上，基于对朝鲜虚弱实力的了解，花房义质有恃无恐地以“断交开战”威吓朝鲜朝廷，果然使其慌了手脚，被迫约定以1882年9月为期开放仁川，并设置特别居留地。要求被满足后，花房义质再次向朝鲜理直气壮地提出以下条件：朝鲜向日本聘请军事顾问团编练新军；向日本派遣留学生；租界绝影岛作为日方海军基地。使得朝鲜被迫于1881年6月向日本聘请堀本礼造少尉编练新军“别技军”，成为朝鲜一步步沦为日本殖民地的开始。

日本对朝鲜的种种所作所为，终于引发了朝鲜民众的反感。1881年，朝鲜儒生首先发难，李晚孙等生员向朝鲜国王上《岭南万人疏》，抨击政府向日本妥协，各地儒生群起响应。民间也兴起反日浪潮，因采取“强硬攘夷”政策被迫退位的兴宣大院君李昰应也开始积极活动，趁机打击闵系集团，图谋东山再起。

在此背景下，1882年7月23日，壬午兵变爆发，朝鲜旧军士兵杀死别技军总教官堀本礼造，日本驻汉城公使花房义质等仓皇逃回日本，兴宣大院君赶走闵系集团掌握了政权。7月30日，日本政府紧急召开内阁会议商讨对策。外务省外务卿井上馨根据外交官们反馈回来的欧美各国对日态度，为避免国际反弹，谨慎提出先派遣军舰作为谈判后盾，以有限武力威胁朝鲜妥协的建议，获得内阁通过。此后日方胃口越来越大，分两次向朝鲜提出十点要求，作为朝鲜宗主国的清帝国却在此时应对失据，错误地认为大院君可能勾结日本。加上驻朝公使花房义质适时宣布撤离汉城，以断交作为威胁，清方急忙拘了大院君李昰应解往天津，同时指示朝鲜政府答应日方要求，使日方轻易打开了局面。在朝日谈判中，花房义质公使依据此前对朝鲜各种情报的掌握，又以清政府各种应对措施作为情报，判断清廷生怕卷入战争，而朝鲜又无力单独对日开战的事实，底气十足，毫不让步。1882年8月30日，日本与朝鲜全权代表李裕元、副全权代表金宏集签订了《济物浦条约》《日朝修好条规续约》，使日本首次获得在国外驻军的权力，日本踏踏实实地获得了一块入侵大陆的跳板。

对于壬午兵变中日本外交官的表现，日本维新精神领袖福泽谕吉盛赞：“日本外交官的机敏练达不逊世界文明国家外交官，只能赞扬不已！”《自由新闻》也夸赞日本外交官“足以向全世界显示其技巧之高超”。那个时代日本外交官的精明强干远不仅表现在台面上，他们对于驻在国的情报收集亦是职责所在。壬午事件前后，日本对于朝鲜的要求可谓得寸进尺，贪得无厌，但朝鲜依然对其妥协妥协再妥协，最后日本兵不血刃获取最大利益，与其外交官对于朝鲜情况的精确把握密不可分，是情报胜利保证了日本的外交胜利。

四 外交武官兼职间谍

在日本崛起道路上，先后进行了两场决定日本国运的战争，它们分别是中日甲午战争与日俄战争。在这两场战争中，除了双方军队战场争雄，在情报战线上的交锋也至关重要，这其中作为外交派遣人员的驻外武官们的表现十分抢眼。翻开明治时期的6位陆军元帅、3位海军元帅、33位陆军大将、11位海军大将的履历，这些人中除了几名亲王，其余人等早年大多数都有过出使欧美或者担任驻外公使附武官的经历。相比看似温文尔雅的外务省外交官来说，这些参谋本部派出的武官更是日本对外进行情报收集的急先锋。

1894年7月25日，日本海军吉野、浪速、秋津洲三舰在丰岛外海突袭清军运输舰队，

北洋舰队定远舰。

北洋海军镇远舰。

日本联合舰队于黄海击溃清朝北洋水师（浮世绘画师小林清亲、井上吉次郎绘）。

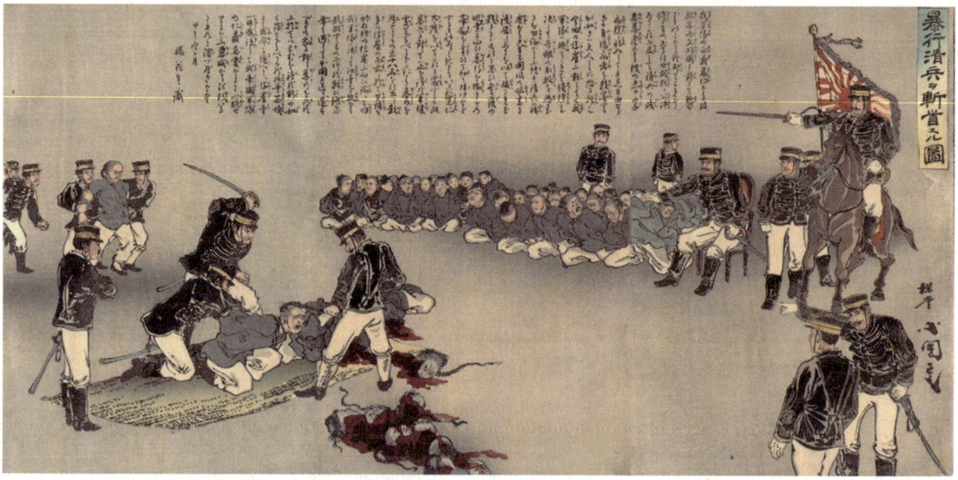

日本士兵斩首中国士兵的插图。

威海卫陷落丁汝昌献降图（实为北洋水师管带萨镇冰献降）。

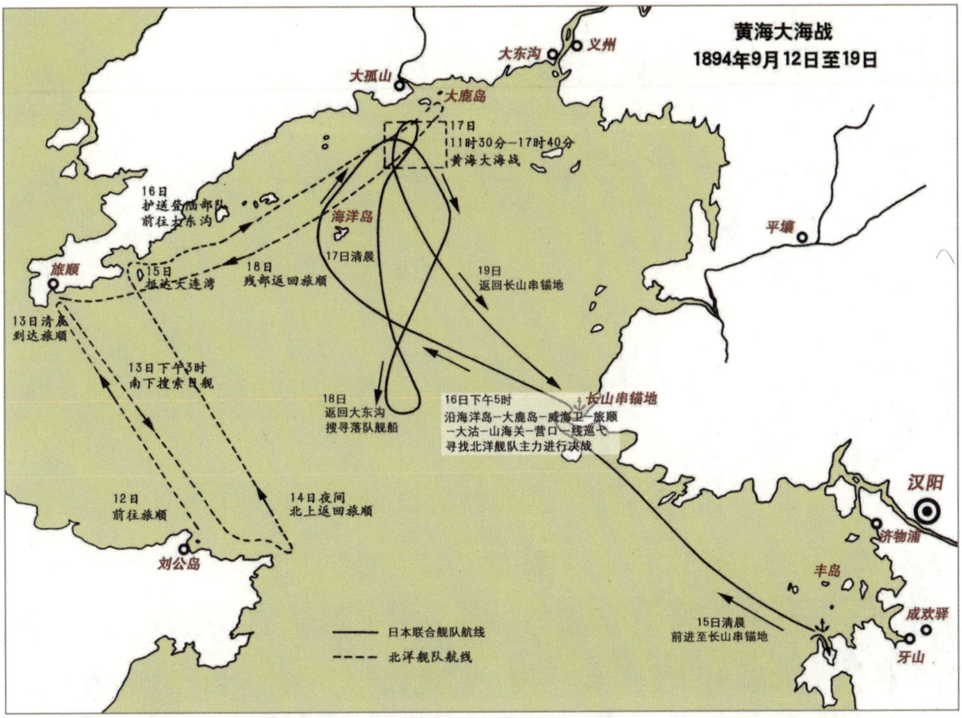

1894年黄海海战图。

日本福冈元寇史料馆所藏，北洋水师军舰“定远”号神龛，奉祀海神妈祖神位。

击沉淮军运兵船“高升”号，导致了中日甲午战争爆发。16日，日本陆军击溃在朝清军，占领平壤。17日，伊东祐亨在黄海大东沟击败北洋舰队，日本取得制海权，日本对于朝鲜上千年的野心终于得逞。在吞并朝鲜后，日本果然马不停蹄地开始组建以大山岩为司令官的第二军，与朝鲜方向的第一军两路合击杀入辽东，一路克安东、下金州、占大连、陷旅顺，势如破竹。紧接着又攻入山东半岛，占领北洋舰队母港威海卫，北洋水师全军覆没。在东南攻击台湾，占领澎湖，迫使清政府于1895年4月17日在马关春帆楼与日本签订了《马关条约》。这是自1840年鸦片战争以来对中国伤害最重的一个不平等条约，让中国

日本军队登陆澎湖群岛。

日本联合舰队司令官伊东祐亨。

"同治中兴"的成果化为乌有，一举奠定此后五十年东亚政局走向，掀起列强瓜分中国的狂潮。

其实对比当时日中实力，差距也并没有一般人想象的那样大。很多人觉得日本那时拥有近代化军队，其实淮军一样是一支近代化色彩明显的武装，各型步枪、机枪、速射炮相对日军并不落下风，日本联合舰队对北洋舰队也并没有太明显的优势。但是，日方在一个领域始终是压倒性的，那就是预先、细致、周详的情报工作，这才是日本一直掌握战争主动的关键，而这其中日本驻清公使附武官们起了很大作用。

挪用军费修建頤和园的慈禧皇太后。

1872年，日本首次派出前陆军少佐池上四郎以外务省人员身份进入中国，乔装对中国进行侦察。小池一行三人以营口为据点，以奉天为中心，奔波于盛京省各地之间，记录当地的地形、气候、交通、政治、军备、产业、风俗习惯，调查当地的物产物价、商贸往来，还有俄国人在满洲的活动情况，他们甚至能准确说出辽河几月几日开始封冻、何时人马可以在河上往来、何时解冻等细小问题。以此为肇端，日本开始了对中国长达22年的情报准备。

1879年，福岛安正再次深入中国，对北京、天津、大沽口、上海、内蒙古进行了实地侦察，将成果整理成《邻国备略》《清国兵制集》，做出“如此国家根本不是日本之对手”的判断，使山县有朋等日军元老对其倍加欣赏。四年后，福岛成为日本驻清公使馆附武官，更加方便了他对中国的刺探。因其在情报收集上的卓越表现，后来其人被称为“日本情报战之父”，官拜陆军大将，正三位勋一等功二级男爵。

1887年，小川又次在结束对中国的情报收集任务后被召回，完成了对后来日本国策具有重大影响的《征讨清国方略》。在文章中详细分析了清王朝内政、外交、财政、陆军、海军、防务、人心几个方面，制定了对清用兵的战略计划，详细罗列了清廷各省驻军数目，以及日本入侵中国的步骤和所需要的兵力。在善后篇中提出：占据要冲，分裂中国，控制满洲，奴化教育其人民，并赤裸裸地扬言“对如此国家，动辄以宽仁相让，实非国家之良策。且今日乃豺狼世界，完全不能以道理、信义交往。最紧要者，莫过于研究断然进取方略，谋求国运隆盛。”此后一直到二战结束，日本都将其作为国家意志忠实执行。

1892年，神尾光臣接任驻清公使馆副武官一职。在职期间，他配合数批日本情报人员化妆对中国内地进行间谍活动。1893年，时任参谋本部次长的川上操六来华访问时，又秘密对天津一带进行观察测绘。在战争爆发前的7月16日，神尾光臣收买天津军机处官员为内应，轻易窃取了清军作战计划，使日军以逸待劳轻松击败清军。

五 渗透俄国的日本眼线

甲午战争以日本击败中国，迫使清政府以签订《马关条约》为代价结束，其中规定清政府放弃朝鲜宗主权，割让辽东与日本，终于引发了北面一个庞然大物的怒火。

“双头鹰”是俄罗斯帝国的象征：它一头望西，睥睨欧陆；一头望东，雄瞰亚洲，寓示着这个帝国东西并重的国策。从16世纪开始，俄罗斯一直没有停止过在远东的扩张。在中日对朝鲜的争夺中，已经可以看到俄国的身影，1885年，朝鲜国王派出密使请求俄国保护朝鲜，并且派遣教官帮助训练军队，俄国兴高采烈地同意了朝鲜的要求，并且提出以租借永兴湾作为交换条件。1885年4月，第一次《俄朝密约》草案拟定，俄国通告清政府将对半岛所属的其他岛屿以及海港实施占领，并且派出军舰到对马海峡进行测量。日本在甲午战争后独占朝鲜本身就已经使俄国极为不满，占领辽东就更不能为俄国所容忍，于是在1895年4月17日马关条约签订当天，俄国联合德法对条约进行干涉，史称“三国干涉还辽”。干涉取得成功后，俄国正式取代清政府，登上朝鲜这个舞台，准备与日本一决雌雄。

日本画家小林清亲的版画，内容是沙皇尼古拉斯二世因为日俄战争败北的噩梦而惊醒。

1895年10月8日，日本驻朝三浦梧楼公使为了清除朝鲜宫中的亲俄派，杀掉了惯于见风使舵的闵妃。但在次年二月，朝鲜亲俄派又发动政变推翻了亲日政权，日本被迫承认俄国在朝鲜有着与日本同样的权利。1898年，日俄间达成“满韩交换”协议，以其势力退出朝鲜为代价换取俄国在辽东的利益。但是在《旅大租借条约》签订后，俄方见占据旅大已成事实，立即反悔“不能容许把俄国势力从朝鲜完全排除出去”。在贪得无厌方面日本这次遇到了一个强劲对手，双方在朝鲜与辽东的矛盾逐渐激化，1904年2月8日，日本驱逐舰不宣而战，雷击旅顺俄国舰队，日俄战争爆发。

1905年9月5日，日俄两国签订《朴次茅斯和约》，结束了日俄战争。

经过旅顺、辽阳、金州、沙河、黑沟台，奉天、对马等一系列陆海大战，日本取得战争胜利，彻底独霸朝鲜与辽东。在战争中，日本武官们针对俄国的情报工作同样不容忽视。

1887年，在福岛安正担任驻德国公使馆附武官之时，就敏锐意识到俄国战略重心东向，必然会与日本爆发战争。他驻德武官的身份使得俄国对他放松警惕，成为他对俄进行情报收集的最好保护伞。1892年到1893年，福岛安正以探险为名，从柏林出发，历时488天，行程14000公里横穿欧亚，在穿越俄国领土的时候收集了大量的第一手地形水文情报，为日后日本获胜提供了重要的信息保证。1894年，在担任驻北京公使馆附武官期间，福岛在新加坡发展了一位日本医生作为间谍，请其随时注意俄国舰队动向，其情报眼光之精准毒辣简直令人害怕。日俄战争期间，福岛安正担任满洲军第二课课长，主管对俄情报工作，在世界各地的日本驻外武官收集到的有关俄军俄政府动向的情报全部都由他整理汇总，并与通过其他途径获取的情报相互印证，使得日军始终牢牢把握主动。

除此之外，在日俄战争中还有一位不能不提及的日本武官，那就是明石元二郎。

明石元二郎，日本陆军士官学校6期，日本陆军大学5期毕业生，最后军衔为日本陆军大将，正三位勋一等功三级男爵。1902年在福岛安正推荐下从法国转调，担任驻俄国公使馆附武官。在职期间，他特别注意收集文书情报，用心整理，撰写了名为《落花流水》的俄国情势报告。其中记述了沙俄皇室的腐败、俄国农业制度、

明石元二郎陆军大将。

各种主义的起因与活动、各派别反政府分子的分布情况、俄国革命党人主要人物志等重要的俄国国情；规划了如何在俄国展开谍报收集与颠覆阴谋活动，得出了沙俄必然崩溃的结论。有日本演义说法甚至声称他扮演了俄国革命教父的角色，反对沙皇统治的1905年革命就是由他资助和指导，连列宁都是被他说服并接受了日本资金援助。俄国国内的革命沉重打击了沙皇统治，动摇了前线俄军军心，直接导致沙俄的战败。这种说法的可信度与“源义经西渡中国，成为成吉思汗”的故事差不多，但有一点可以肯定，这位俄国通在日俄战争期间肯定积极参与了针对沙皇政权的颠覆阴谋，在针对俄国国内情报收集上的贡献也是毋庸置疑的。

纵观明治时代，日本文武外交官们对所驻扎国家进行情报收集的间谍活动根本就是常例，属于本职工作，也正是因为他们对于情报的敏锐嗅觉，使得日本不断在国际上攫取利益，以并不拔尖的国家实力，在国运的赌博中，接连战胜崛起道路上的两个强大对手，一步步由东亚强国成为世界列强。也正是由于他们支撑出来的这种胜利，使日本渐渐认不清自己，从上到下开始充斥自大情绪，后辈们要么人轻言微，要么缺乏他们对于情报工作的务实态度，不能静下心来对敌手实力进行冷静查探与分析。在二战前，“速胜论”“对美七成论”之类不切实际的狂妄想法大行其道，终于导致了1945年日本东亚秩序的崩盘。平家物语开篇诗就是对日本帝国由全盛到毁灭的最好总结：“邸园精舍钟声响，诉说世事本无常；娑罗双树花失色，盛者转衰如沧桑。骄奢淫逸不长久，恰如春夜梦一场。强梁霸道终殄灭，恰如风前尘土扬。”

从天地会到洪门的秘密

作者：明月吹箫

甲午战争，偌大的中国败给了新崛起的日本。这让仁人志士纷纷立志于救亡图存，其中更有如孙中山先生那样的“革命先行者”，以“驱除鞑虏，恢复中华”为己任。于是，一个跟他们有着同样梦想的秘密结社组织，成为了这些革命者的战友。这个组织就是著名的“洪门”。

地振高冈，一派江山千古秀。

门朝大海，三合河水万年流。

当代中国名气最大的秘密社团当以天地会（洪门）为最，其间固然有以《鹿鼎记》为代表的武侠文学作品与香港帮会、武侠电影的影响，但是天地会在清朝、民国时期所起到的重大历史作用无疑是其影响力的基石。而且天地会也是今天我们能确证依旧很活跃的组织之一。

华侨华人中的精英组织，以“致公堂”的组织形式活跃于全球各个国家和地区的政界、商界乃至学界，并成立了全球性的洪门组织——世界洪门总会。当然这个“洪门”已经与那个传说中的，以“反清复明”为己任，三百年间多少代人前赴后继的天地会相差甚远了。

也许在关于天地会的传说与档案中，最能看出历史真相、历史记载与大众印像之间的虚虚实实、真真假假。这个神秘组织在光怪陆离的神话色彩与扑朔迷离的诡秘外衣之下真实得近乎令人窒息。

一 天地会的诞生之谜

天地会诞生的历史一直笼罩在重重迷雾之中。尽管百年来史学家们一直在天地会的内部文献、清廷的官方档案与流传地的故事传说之间搜寻着真相，但直到如今依旧难下定论。据统计，仅“洪学”界有影响的观点便有十三种之多，其时间跨度长达一百五十年以上，甚至有学者提出天地会的雏形在明代便已出现。

在大众文学作品和影视剧中，关于郑成功、陈近南创立天地会的说法十分盛行。

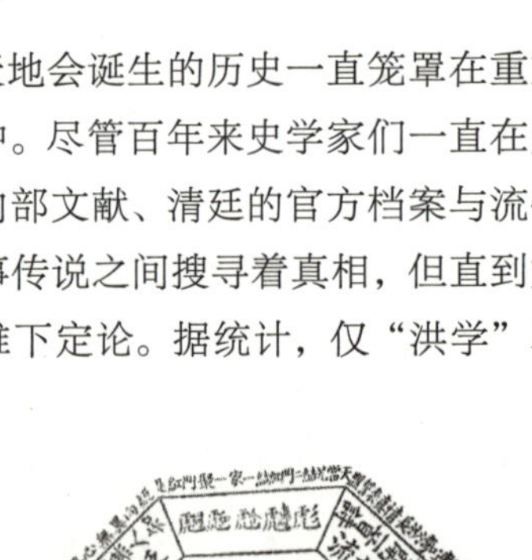

19世纪末洪门二房广东户腰牌。

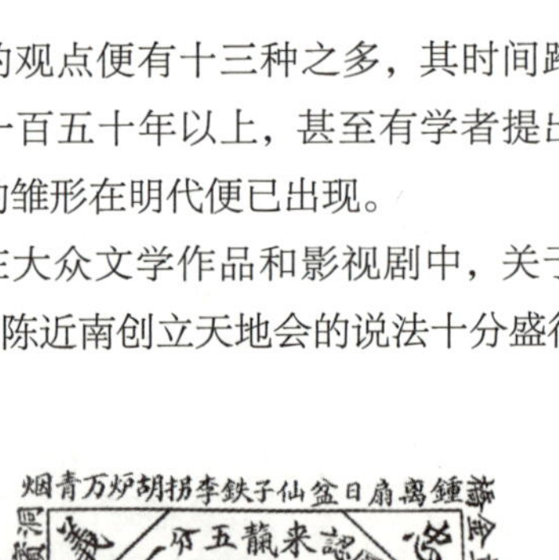

19世纪末厦门洪门腰牌。

天地会的各种茶阵。

刻有“天地会”字样的牌子。

相传郑成功进攻南京失败，率军渡海收复台湾之前，采纳陈永华（陈近南）的建议，命在大陆的部属遁迹江湖，组成天地会，取朱元璋年号“洪武”，也称“洪门”，而郑成功则称为“万云龙”，即“千万人，云从龙”之意。但因这种说法没有任何文献记载可以证实，而不为人采信。

而天地会中其实有自己的创会传说，即“西鲁传说”，在乾隆年间的一次大搜捕中被清朝官方缴获，后来这个传说的衍生版本不断在不同的地方被发现，可以确信这个传说的背后便是天地会起源的真相。“西鲁神话”在流传过程中不断加油添醋，增加神话色彩和传奇性，最后演变成一部武侠小说，其最早的版本大致讲述了这样一个故事。

崇祯十二年，李自成造反夺取江山，西宫娘娘李神妃逃出京城，在云南高溪庙生下小子，被万家收养。崇祯十六年六月初六，开封府天降洪水，露出了刘伯温所立的石碑。康熙年间，西鲁番起兵作乱，康熙皇帝令人挂出皇榜，谁能够剿灭西鲁番，就能加封万代公侯。甘肃省有一座少林寺，少林武僧一百二十八人充当先锋征讨西鲁番，并得到一颗帅印。帅印由生铁铸成，重二斤十三两，上写“正阳山”三字。西鲁番大败而逃，死者无数，少林僧众得胜还朝，康熙大加封赏，但是少林寺不接受官职，继续说法修道。然而，朝中奸臣当道，派兵追杀少林寺僧人，一番血战之后，只有十八名少林僧人得以逃脱。四年之后，他们逃到海边，海面上突然浮上来一个白石香炉，重五十二斤，炉底有“兴明绝清”四字。众人就在香炉前对天盟誓，此时只剩下师徒六人，师傅名叫作“万提起”，法号“云龙”。他招纳弟兄一百零八人，于甲寅年七月二十五日丑时结为兄弟，歃血为盟，全都改姓洪，就此结成“洪门”。众人拜万师傅为大哥（即万云龙）。九月初九，万云龙与清军交战，不幸阵亡，五位兄弟保护小皇子逃离。洪门众人得知后赶跑了清军，将万云龙的尸体火化。万云龙魂飞九霄，尸体葬在高溪庙里。五兄弟回来后，却发现皇子已经失踪，失去了依靠。

万云龙死后，皇子后来流落到福建，生下五个儿子，分为五大房。江湖豪杰得知之后，前来会盟，组成了天地会。

这个故事无疑是破绽百出的，比如李自成推翻明朝是在崇祯十七年而非十二年，少林寺一在河南一在福建但没有在甘肃的，世上根本没有西鲁番。然而这个故事在天地会中流传多年，而且记载在内部档案中，只有本会的高级会员才能知晓。这必然隐藏着自己创会的真实历史，只是因为有一些不传之秘需要保守，一些人、一些事不能被朝廷甚至不能被会中的一般成员知道。而几十年来，“洪学”家们在经过无数次的假说、辩驳、求证中，渐渐揭开了“西鲁神话”背后的秘密，其间有两个答案最具有说服力，但现在我们还很难从这两种都看似言之凿凿、铁证如山的答案中选择一个。

第一个答案是一个极富于传奇色彩的故事，这里有国恨、有家仇、有背叛、有救赎。

明末清初时，在福建漳州地区有一位和尚，俗名“张道宗”，法号“达宗”。在他哥哥张要倡议下，张道宗、张要等十八位热血男儿，歃血为盟，全都以“万”为姓氏。张道宗排行第五，名为“万五”，加上他的法号，一般称为“万五达宗和尚”。万五达宗和尚信奉禅宗，文武双全，游历四方，见多识广，为“万氏”中的首领人物。他率领万氏兄弟建立武装，抵抗入闽的清军，一度攻打漳浦县城，打死清军参将陆大勋。顺治七年（1650 年），十八兄弟中的万礼率部参加郑成功的军队，万五达宗依旧以游方僧人的身份奔走于闽南各地，联络各种反清势力。1654 年，达宗在郑成功的帮助下，扩建了诏安县官陂镇的长林寺，成为长林寺开山主持。后来，万礼在追随郑成功攻打南京时牺牲，死后他被人诬告临阵逃脱，郑成功撤去了万礼的“忠臣”身份。对此，万氏兄弟中的老二郭义、老七蔡禄对郑成功的做法十分不满，在万五达宗的支持下率一万余名精兵降清，史称“铜山之变”。蔡禄被清廷任命为河南河北镇总兵，郭义被任命为湖北郧阳镇总兵，不久又调任广西左江镇总兵。

康熙十二年（1673 年），吴三桂举兵反清，郭义追随广西提督马雄相应，后战败被杀。康熙十三年（1674 年），吴三桂军一时间所向披靡，收复大半个中原，蔡禄与前郑成功部将、清军湖北襄阳总兵杨来嘉密谋反正，被发觉后与清军激战被俘，随即被清廷灭门。万五达宗知道消息后悲愤交加，痛悔自己当年的所作所为，更加激起了他的反清斗志。万五达宗在蔡禄的家乡云霄县灵王庙即天地会中所说的“高溪庙”，亲自主持了悼念亡灵的水陆法会。七月二十五日，悼亡仪式结束，万五达宗借群情激奋之机，沿用当年万氏兄弟歃血为盟的故事与众人结拜，建立天地会，而万五达宗和尚便是“西鲁神话”中的“万云龙”。

另一个故事则显得平庸得多，是一个关于贪欲和平庸如何被演绎成神话的故事。

故事发生在乾隆年间，故事的主人公是福建漳浦县高溪乡高塘村人郑开。郑开起初在本村寅钱寺为僧，后至高溪村观音亭为僧。他曾名“涂喜”“提喜”，道号“云龙”，又号“洪二和尚”。因漳浦土话中“洪”“万”同音，故又称作“万和尚”“万云龙”。乾隆二十六年，万和尚创立天地会。乾隆二十七年，万提喜收卢茂、方劝为徒，方劝又收陈彪为徒。万提喜在成立天地会后的第六个年头即谋划反清起义，由卢茂招聚三百三十二人，“捏出赵良明姓名为宋代后裔相号召”。起义失败，三十三人被杀，参与者和受牵连者共二百七十八人被捕。卢茂等三人被凌迟处死，三十九人斩立决，二百一十五人杖一百、流三千，流徙乌喇地方。万提喜之弟郑答怕受连累，逃往台湾。万提喜在徒众掩护下未被官方查出。

其实这次起事和“反清复明”毫无关系，而是万提喜结会想当皇帝，打出“木立斗世知天下，顺天行道合和同”的旗号。这是他效仿谶纬故伎，以“世”字暗含乾隆朝应结束于此年（“木”“立”“斗”各暗含顺、康、雍在位年数），号召徒众应“天命”，行“天道”，反清灭清。乾隆三十五年，在万提喜策划下，李少敏与蔡乌强纠众结盟，试图起义。李少敏编造出“朱振兴名字，为前明后裔”，开始打出“反清复明”旗帜。事泄，李少敏、蔡乌强俱被捕杀。万提喜与弟子陈彪隐匿各处，“不敢复行传会”。乾隆四十四年，万提喜将天地会传给儿子郑行义后病故。其后人为了神化、美化天地会，编造了“西鲁神话”，以“反清复明”来吸引会众。

何种说法更为接近于真相，可谓人言人殊，至今依旧无法彻底解开“西鲁神话”的真正秘密。然而，神话终究是神话，口号终究是口号，不管天地会的诞生带有怎样宏大的目标，不管“反清复明”的口号喊得如何响亮，都与数十万天地会成员没有太大的干系，在绝大多数天地会员看来，入会不过是为了求得互助互利、获得庇护抑或仅仅是为了避免被天地会抢劫。而那些真正知道本会政治意图的人也不敢轻易宣之于口，因为反抗朝廷毕竟是谋逆作乱的大罪，尤其是当雍正之后，清廷统治渐渐稳固，造反成功的概率已经等于零。所以曾多次发生当“反清复明”的政治意图被泄露给普通会众后，便有人向官府告密，以避免杀身之祸。

故此，不敢轻易泄露自身政治意图的天地会领袖们只能依靠经济手段来拉拢会众，而由于入会者基本上没有富贵之人，所以抢劫便成为团结会众的主要手段。在嘉庆年间清朝档案记载的四十三个广东天地会组织中，有二十五个以“抢劫获利”为组织宗旨，六个以“冀图抢劫并遇事互相帮助”为宗旨，四个以“为遇事互相帮助”为宗旨，一个组织以“齐心协力讨江山”为宗旨，一个组织以“图谋不轨”为宗旨，另有六个组织的宗旨不明。如广州府属香山等处，每逢稻谷将熟之时，该会匪辄预料某某种稻若干，勒令给伊钱文，较租金十分之一二，名曰“打单”。不遂所欲，即约会无数匪徒，将所种田禾尽行芟刈践踏，以泄其忿。土人苦之，谓“打单钱急于国课”，所以清朝官员总结说，天地会组织大多数“原非造反，且亦不能造反。”

借助暴力手段谋取财物才是绝大多数天地会存在的目的。正因为如此，在清朝档案中，有诸多关于广东天地会暴力犯罪的记载。其中比较典型的有：嘉庆八年三月，东莞县蔡庭仕天地会抢劫了富户蔡斗南家，共劫得番银一千六百七十六圆，衣服首饰共一百四十二件，稻谷一十二石零五斗。蔡庭仕等将衣饰稻谷变卖番银一百八十圆，连劫得赃银分别瓜分各散。同年十一月，增城县关念棕天地会一夜之间抢了两户人家，将（劫得的）首饰衣物卖得番银七十圆，同劫得番银一千二百六十三圆、铜钱四万五千五百八十文，一并瓜分，各即躲匿。嘉庆九年六月至七月，钦州叶凤轩天地会先是抢夺钦州炮台村钟姓牧草、大小水牛十二只，卖得番银一百二十六圆均分。

如果说抢劫富户还可以打着“劫富济贫”“替天行道”的旗号的话，对贫苦民众的劫掠便赤裸裸的暴露了大部分天地会组织的黑帮性质。如抢劫钦州那棉村韦国泰家铜钱十四千文，番银二十六圆，衣物五件，再又抢劫钦州宁横村黄加六家铜钱七千二百文，衣服十件。将衣服卖得铜钱一千二百文，同劫得铜钱均分。在这些人家每次不过能抢得几十块银元甚至只是一些铜钱、衣物，显然他们都是贫苦者，对于人们印象中的“侠义”天地会形象简直是莫大的讽刺。更有甚者，天地会还曾公然勾结土匪洗劫当地村庄，如海康林添申天地会与海丰蔡亚堂天地会都曾勾引海盗合劫当地的村镇。而在道光年间，不少三合会组织则在东江、西江、北江诸水路抢劫，如张钊、田芳于道光二十八年结任文炳等，驾波山船横行河上，先扰广东之三水、封川，遂逆流而上，由梧而浔而柳，旁及沿河村墟，皆被蹂躏。还有的三合会明火执仗，吓诈事主，甚且掠取富户爱子，藏匿盗窝，勒限回赎，凌辱难状。

由上述情况可以看出，真正具有政治意图的天地会组织人数很少，而且大多数都是为了个人政治野心，真正以“反清复明”为己任的即便在帮会高层里也是凤毛麟角，不过是用来求得意识形态合法性，为其行为罩上一层美丽的面纱而已。换句话说，绝大多数的天地会都不是政治意义上的那个“天地会”，只不过是在利用“天地会”的名头而已。换言之，当“假”天地会成为绝大多数，那么“西鲁神话”对于他们就只是神话而已。

二 海外洪门世界

中国古代对海外的移民活动，汉唐时便有记载，宋元之后由于华商海外贸易的逐渐形成，东南沿海之地有数以百万计的民众漂洋过海，前往南洋以至更远的地域谋生、定居。晚明时，因为华人的经济实力引起西方殖民者的猜忌，曾发生过西班牙人在马尼拉屠杀数万华侨的惨案，也从侧面证明了海外华人世界已经初步出现。清朝初年，曾有很多不愿屈从于清朝统治的明朝遗民逃亡到南洋一代，他们分布在缅甸、越南、柬埔寨、泰国和南洋群岛，被称为“明乡人”。如1679年曾有三千多名明

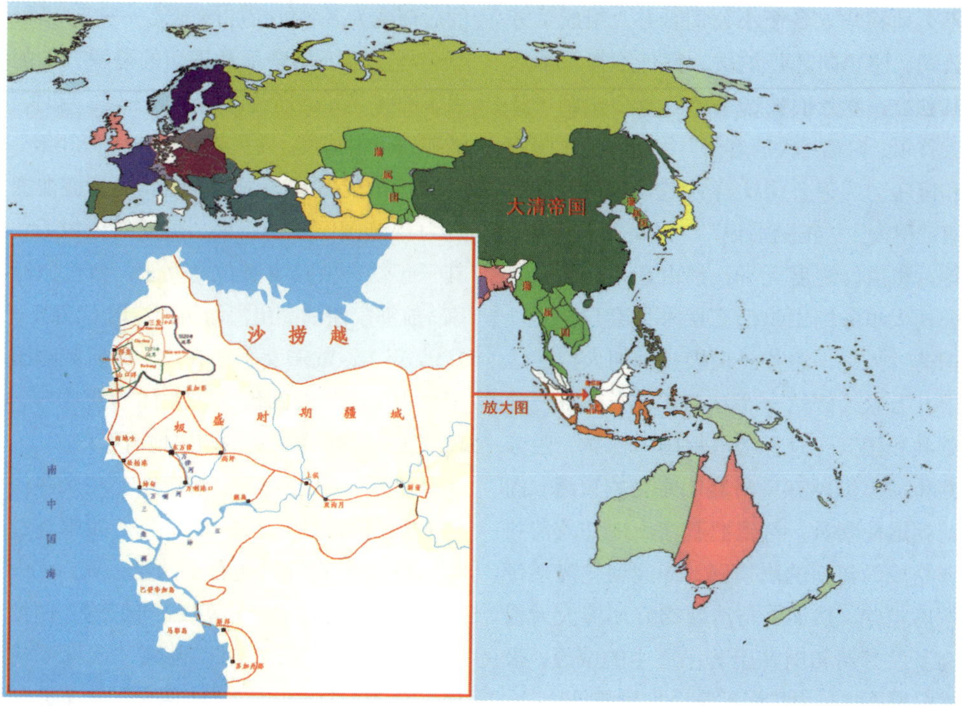

兰芳共和国地图。

军将士在杨彦迪将军率领下到达越南海岸，定居于湄公河流域。第二年，又有数千人在莫玖将军率领下到达柬埔寨。此后，在天地会等组织的暴动中的失败者纷纷逃亡海外，而鸦片战争后又有大量华工远渡重洋，分布于东南亚、大洋洲、拉美、北美等地，据保守估计，移民人数在一千五百万以上。

海外之地风土人情与华夏大不相同，华人谋生不易，再加上土著居民和西方殖民者的敌视态度，漂流海外的华人们急需一个团体保护。而部分天地会众在失败后来到海外，使这一组织不断在海外得以扩展。已知最早的海外天地会首领是著名的广东梅县人罗芳伯。乾隆三十五年，他因逃避清廷的追捕率众逃到今印度尼西亚加里曼丹岛西部的山口羊地方，被当地苏丹赏赐一小块土地居住。不久该国发生叛乱，罗芳伯率众平乱，大获全胜，苏丹喜出望外和他结为兄弟。罗芳伯派遣手下吴元盛攻打侮蔑华人的部族首领，地盘日益扩大。

兰芳共和国钞票。

不久他将华人各个小公司合并，组成兰芳公司，停止向苏丹纳贡。苏丹不得不承认其独立，罗芳伯被选举为兰芳公司第一任大首领，自称“大唐客长”，还置备了国旗和国玺。兰芳公司实行大统领制度，官职有“甲大”“正副书记”“尾哥”“老太”等，和洪门制度无异，都由选举产生，而公司大事务则由洪门高层举行会议决定。据荷兰人称，兰芳公司极盛时期人口多达十一万众，俨然一个独立国家，史称“兰芳共和国”。为了求得祖国的保护，兰芳共和国不惜抛弃反清复明宗旨的束缚，向清朝遣使朝贡，希望把所辖土地并入清朝或是成为清朝的附属国，却遭到乾隆皇帝严厉拒绝。然而，与清朝交好毕竟大大提高了兰芳共和国在土著民族中的威望，极盛时期曾将势力扩张到整个加里曼丹岛。

罗芳伯死后，大统领职位由洪门会众选举产生，以此形成惯例。整个兰芳共和国存续时期共产生了十二任大统领。兰芳共和国的富强引起荷兰殖民者的嫉恨。鸦片战争后清朝国势逐步走向衰落，无所顾忌的殖民者开始不断侵吞兰芳的土地。1884年趁清军忙于中法战争之际，荷兰军队侵入兰芳领土，兰芳军民拼死顽抗，终因寡不敌众在1888年战败而亡。其时距离兰芳建国已经111年之久。吞并兰芳共和国后，荷兰殖民当局害怕清廷的抗议，在兰芳另立一个傀儡以掩人耳目，直到1912年清朝灭亡、民国初建之时，荷属东印度当局才宣布了对兰芳的占领。兰芳灭亡后，大批华人不堪忍受亡国的命运逃往苏门答腊，并在马来半岛定居。其中一位逃亡者的后裔成为著名的新加坡国父——李光耀。

与兰芳公司联系最密切的是罗芳伯的手下部将吴元盛所建立的戴燕王国。当时，戴燕国王很残暴，人民都怨恨他，1783年，吴元盛杀死了戴燕国王，因此吴元盛被拥戴为戴燕国国王。后来，吴元盛逝世后，其子年幼，由其妻袭位为女王。清代旅行家、航海家谢清高出海游历南洋时（1783—1797年），戴燕女王还在位。此后戴燕国王位由吴氏世袭四代，直到19世纪中叶，戴燕王国才沦为荷兰的殖民地而灭亡。

兰芳公司之外，东南亚还存在众多由华人洪门组织组成的“公司”。如曾与兰芳公司发生战争的便有十四家公司：“大港”“老八分”“九分头”“十三分”“结联”“新八分”“三条沟”“满和”“新屋”“坑尾”“十五分”“泰和”“老十四分”“十二分”。后来为了对抗兰芳，他们联合组成了和顺总公司。各个公司中足以和兰芳公司匹敌的则是大港公司和三条沟公司，他们分别拥有一万和五万名战斗人员。

除了加里曼丹岛外，天地会在东南亚最大的据点是新加坡。1851年时，新加坡华侨约有两万七千人，其中两万人为天地会成员。至1890年，新加坡的天地会员发展到10个秘密组织、68316名成员。此外，槟榔屿有5个洪门组织，会员113300名。菲律宾的洪门组织则分为五房，尤以长房洪门进步党最为强大。至清末，东南亚的华侨居住区遍布以义兴会所为名目的洪门组织，人数达数百万。

清末时由于澳大利亚的矿山和农场需要大量劳动力，华工大量涌入，面对殖民当局的反华、排华政策，华人多数以加入洪门组织而自保。尤其是太平天国起义失败之后，大量太平天国和天地会头目为躲避清廷追杀逃往澳洲更壮大了洪门势力。如1864年太平天国平南王黄德滋被清军追击，率领余众乘坐帆船数十艘，远渡重洋，在澳大利亚北部达尔文港登陆，加入淘金工人的行列。经过华人会党中间的火拼，洪门组织统一了澳洲华人“江湖”，于1908年建立澳大利亚义兴总部。在此期间，澳洲洪门组织中涌现出了梅东兴、黄柱稔、李三元等卓越领袖，因为他们和包括澳大利亚总理在内的澳洲共济会成员有密切联系，所以澳洲洪门也自称“华人共济会”。

海外洪门的重镇无疑是在美国。据史料记载，早在1571年，加利福尼亚北部便有中国造船工人，1807年纽约出现了第一个中国人，而第一个美国洪门组织则可能出现于1852年的旧金山，其成员则多是加利福尼亚的淘金工人。随着横贯美国东西部的大铁路的修建，华人与洪门逐渐向东部扩展。1903年正在美国游历的梁启超在《新大陆游记》中说，仅在旧金山一地便有二十六个洪门会所，全美华人七八成以上都加入了洪门组织。清末北美建立的洪门组织中最著名的是“致公堂”和“安良堂”，致公堂在辛亥革命中起了重要作用，而安良堂则与美国著名华侨领袖司徒美堂息息相关。司徒美堂出生于广东开平，14岁赴美谋生，17岁加入洪门致公堂。他深感致公堂鱼龙混杂、组织散漫，便另立山头，建立“安良工商会”，简称“安良会”。他于1904年在旧金山遇到孙中山，担任过孙中山的厨师兼护卫，之后他建立“安良总堂”，势力遍及纽约、华盛顿、芝加哥、费城等31个城市，成为洪门堂口的“龙子”。从20世纪初到20世纪50年代，司徒美堂及其忠实部属长期担任致公堂总监督和安良堂总理，成为美国洪门的风云人物。而美国四任总统富兰克林·罗斯福则在致公堂中担任法律顾问长达二十年之久。

加拿大的洪门组织最早出现于1863年，其最初成员也是矿工，由于洪门组织竭力保护加拿大华侨的切身利益，讲求华人之间的互助互利，至19世纪末已发展到

旧金山致公堂议事厅。

致公堂是洪门二房洪顺堂的嫡系，现已成为洪门组织在美洲的统称。

清朝末年皇族内阁部分阁员合影。前排左起：3.奕劻，4.那桐，5.戴鸿慈。中排左起：3.瞿鸿禨。

加拿大各大城市，人数多达20000人，几乎包括了所有的华工。除此之外，洪门天地会组织还于19世纪后期先后出现于古巴、英国、日本、南非等多个国家和地区。

海外不同于国内那些处于非法状态下的同志，而多数获得合法地位，且领导者也多为华人中的商人或是有名望的人士。在历史舞台上，海外洪门扮演了具有两面性的角色。一方面，洪门在华人之中讲求有福同享有难同当，对初来乍到者提供食宿，甚筹资让他们做生意；当会员吃官司时，则由洪门山堂出面交涉，求得保释；当会员遭人欺凌时，山堂会为之雪恨；当会员客死他乡，想骸骨归于故土时，会堂也会加以接济。如果在械斗中牺牲，会所也会重金抚恤，并按时祭扫。当面对来自各国殖民者和统治当局对华人的压迫时，洪门则成为华人集体抗暴的有力凭借。如新加坡的华人曾与英国殖民当局在1799、1824、1854、1856年多次发生冲突，各有死伤。1857年1月，为了抗议英国当局通过新的压迫华人的法案，在洪门的组织下，新加坡华人商店集体罢市，庄园、工厂、码头、商船上的华工集体罢工，最终迫使英国人做出了妥协。在泰国、沙捞越、澳大利亚、美国都曾发生了华人的抗暴行为，乃至血流成河。华人还参与了当地人民的反殖民斗争，如在菲律宾独立战争中，三合会领袖侯亚保便因战功卓越而成为革命军南线副司令，菲律宾独立后他担任国会

舞剧《小刀会》。

彩色舞剧艺术片《小刀会》中的《弓舞》。

议员，死后被菲律宾政府以国葬规格下葬。而古巴人民反抗西班牙统治者的独立战争中，华人血洒沙场，深受古巴人民敬重，在首都哈瓦那街头至今还屹立着一座二丈多高的圆柱形纪念碑，上面铭刻着：“在古巴的中国人，没有一个是逃兵，没有一个是叛徒”。

另一方面，洪门组织也曾扮演过很不光彩的角色，他们曾在诱骗、贩卖、运输“猪仔”的罪恶贸易中充当了重要作用，依靠出卖自己的同胞而赚取了巨额财富；他们也曾充当殖民统治者的驯服工具，担任华人加必丹（首领），欺凌自己的同胞和土著人民。他们还垄断酒和鸦片的贸易，开赌场和妓院，不断从事帮会仇杀，如美国洪门的仇杀从清末延续到民国，时间长达三十年。从用斧头互相砍杀，到最后使用了步枪和手榴弹，以至于彻底堕落为黑帮组织。

海外洪门最为惹人注目的便是它在清末革命中的重要作用。具有深厚反清复明传统的海外洪门组织早在晚清时便不断回国参加反清起义。1851 年，从新加坡回到闽南的陈庆真等人创立了天地会分支组织——小刀会。1853 年小刀会在黄德美、黄位的率领下在厦门发动起义，占据闽南半年之久，起义军的安民告示上便赫然写着“大汉天德义兴公司”或“汉大明义兴公司”的字样，“义兴公司”正是东南亚地区天地会组织的通用称谓。据英国人记载，小刀会首领中至少有半数是出生在新加坡的中国人。

清朝末年，国内政坛风起云涌。立宪维新派和革命派对清政府构成两面夹击，而两者的背后都可以看到海外洪门势力的身影。首先利用海外洪门的是康、梁保皇

1906年孙文与中国同盟会新加坡分会部分会员等合照。前排左起：林干廷、张永福、陈楚楠、孙中山、尢列、刘金声、林义顺；后排左起：吴悟叟、张华丹、张继、陈汝河、邓子瑜、黄耀廷、张秉庚。

党人，他们逃往海外后，自称奉光绪帝“衣带诏”推翻慈禧太后的统治，在加拿大成立“保救大清光绪皇帝会”（简称保皇会），利用海外华人对光绪皇帝的同情心大力开展活动，势力遍及北美各地，致公堂的高级成员还担任保皇会董事。为进一步得到华侨支持，康有为要求其门徒加入致公堂。如1899年，大名鼎鼎的梁启超在檀香山加入洪门，由当地洪门大佬邓玉钦为主盟人，入会后被封为“智多星”。接着，康有为的门徒们在美国、加拿大、南美和澳大利亚奔走演说，宣称“保皇即革命”，相继建立保皇会分会，其成员多为洪门人士。为了扩大影响力，保皇会机关报负责人（洪门成员）游说美洲致公堂大佬创立美洲致公堂机关报《大同日报》，两者合作到致公堂为孙中山掌握为止。1900年，中国北方相继爆发义和团起义和八国联军侵华战争，康有为指使唐才常趁机潜入汉口，准备发动自立军起义，北上“勤王”，拥戴光绪皇帝复辟，海外洪门人士踊跃捐款，总数有百万银元之巨，新加坡一位华侨富商为此将全部家产二十万元捐献，且有三十二名海外洪门人士回国参加勤王起义。然而，由于康有为没能做到“专款专用”，国内义军因汇款迟迟不至而溃散，自立军起义随之失败。这一失败招致海外洪门对康、梁保皇党人的强烈不满，甚至梁启超都因惭愧而有出家之念，而海外洪门也将支持转向了以孙中山为首的革命党人。

孙文与广州起义失败的自立军骨干人物合影（1900年冬摄于日本东京）。左起：尤列、唐才质、孙文、秦力山、沈翔云。

孙中山本人便与洪门有着很深的渊源。其舅舅杨文炳和哥哥孙眉都是檀香山的洪门人士，而兴中会成立之初成员大部分为华侨，其中不乏洪门人士。而孙中山于1896年在美国的游历也让他感受到，离开了海外洪门人士的支持革命便无法成功。而洪门门户之见甚深，若不加入其中，便会被视为“空子”“风仔”而不予帮助。为此1903年时，孙中山在檀香山加入了洪门，被封为“洪棍”，从此被洪门众人尊称为“孙大哥”。具有戏剧性色彩的是，孙中山入会的地方——国安会馆正是四年前梁启超入会时的场所，而两者的介绍人都是檀香山洪门前辈钟兆养。按照江湖上的惯性规矩，梁启超应该算作孙中山的“师兄”。

不过这位“师弟”的成就显然是青出于蓝而胜于蓝。孙中山加入洪门后，修订了致公堂的章程，加入了“驱除鞑虏、恢复中华、创立民国、平均地权”的内容。更为重要的是1911年，孙中山与美洲致公堂大佬黄三德协商后决定将致公堂和同盟会合二为一，同盟会员和致公堂成员相互加入对方的组织。由于洪门入会仪式中存在着大量迷信乃至荒诞的内容，与民主共和的理念严重不符，孙中山勉力解释，才得以通过。

孙中山之所以不惜违背原则加入洪门，乃至让致公堂和同盟会合并，主要是看中了洪门在海外华人中的巨大影响力，得到支持尤其是财力上的援助。为此，致公堂

1911年孙中山与温哥华洪门成员。

总堂设立了洪门筹饷局，仅成立后五个月间便募集资金十五万元。革命党人十余年的庞大开支几乎全部由海外洪门提供，如两次参加广州和惠州起义的洪门大佬邓荫南把自己在檀香山的商店、农场全部出卖，用作起义费用。黄花岗起义时更筹措得港币187000元。

为了筹措款项，海外洪门志士毁家纾难，倾家荡产也在所不惜。1911年初，孙中山来到加拿大温哥华，连续演讲四天，盛况空前。温哥华致公堂捐款一万元港币，维多利亚致公堂一成员鉴于洪门人士大多为下层民众，资财有限，提议将致公堂公产楼抵押以支援革命。加拿大致公堂总堂盟长马延元召开会议，决定将维多利亚致公堂公产抵押给银行，所得三万元全部捐献给革命党人，接着温哥华和多伦多的致公堂起来响应，也把自己的公产抵押，各得一万元，捐助给同盟会。

除了捐款外，海外洪门志士还直接参加了同盟会组织甚至回国参战。同盟会的大部分组织都在海外，其大多数成员也都是海外华人（七八成以上是洪门人士）。遍布海外的革命派报纸大多是在洪门的支持下创办的，有的原本便是洪门报纸。在1895年的广州起义、1900年的惠州起义、1902年的第二次广州起义、1907年的潮州起义和惠州七女湖起义、镇南关起义、1908年的钦廉起义与河口起义中都有大量海外洪门分子参加，甚至成为主力。1911年的黄花岗起事，牺牲者三分之一都是海外华侨。

如果说没有海外洪门的支持，便不会有革命党的壮大，甚至没有辛亥革命的爆发，应非言过其实。

三 辛亥革命成功之谜

辛亥革命的爆发固然是历史大势所趋，然而几个月间清廷二百六十七年的统治便土崩瓦解，却是大家始料不及的。自古“胡人无百年国运”，清朝却成为自古唯一一个王朝寿命超过二百年的非汉族王朝，其统治术之高超与统治基础之深厚可见一斑。三藩叛乱为时八年，势力遍及十一省；太平天国运动长达十四年，势力遍及十八省；捻军起事四年，东西纵横七省，都未能推翻清朝统治。经历了如此之多血与火考验的强大王朝竟然在几个月间便土崩瓦解，固然原因很多，但洪门在其间起的重大作用却不可忽视。清朝覆灭的秘密则在其灭亡前三十多年的一个诡异事件中便显现出来了。

华兴会部分领导人（1905年摄于日本东京）。前排左起：黄兴，未知，胡瑛，宋教仁，柳扬谷；后排左起：章士钊，未知，程家柽，刘揆一。

光复会部分成员（1904年摄于日本）。前排左起：陶成章、陈魏、徐锡麟，后排左起：龚宝铨、陈志军。

左宗棠西征时接到了两江总督的一份协查公文，里面说有一位“会匪”首领从汉口逃到了西安，要求他缉捕。左宗棠因正忙于西征事宜，便应付了事。忽然有一日，他部下十几个营的部队，上万大军聚集在一起移动，延绵十余里。左宗棠以为发生了兵变，却发现原来他们都是去朝见“龙头大哥”，而那位大哥只是一位身戴大红花的普通士兵。后来左宗棠才知道这就是朝廷下令缉捕的那位“会匪”首领，就是哥老会的龙头。左宗棠治军极严，其军队中依旧出现了强大的哥老会势力，甚至他认为由四川籍士兵组成的十个营全部都是哥老会成员。从这件事情上也可以看出哥

天地会用来作为联络安好的自制钱币。

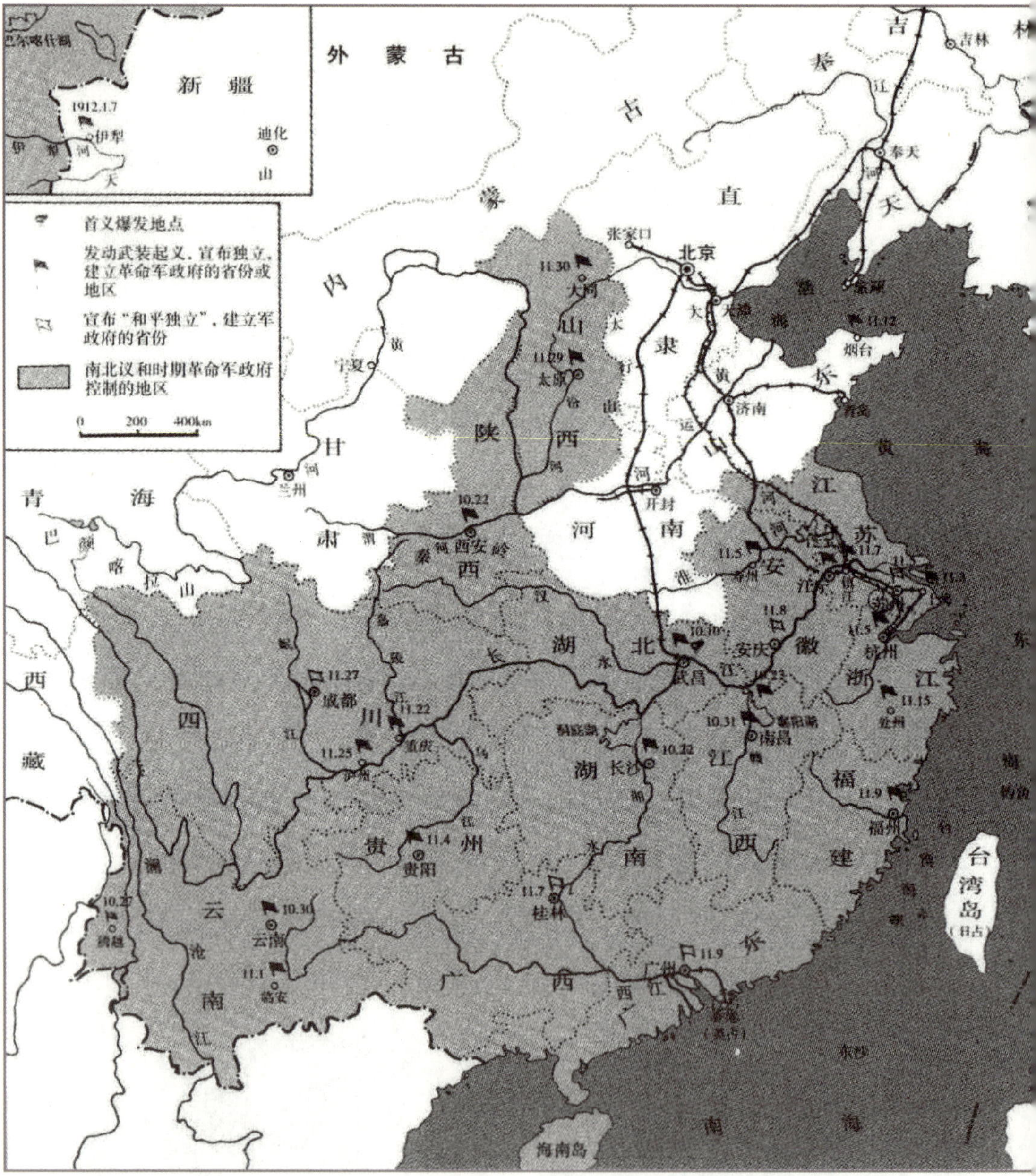
外蒙古
新疆
1912.1.7
伊犁
迪化
首义爆发地点
发动武装起义，宣布独立，建立革命军政府的省份或地区
宣布“和平独立”，建立军政府的省份
南北议和时期革命军政府控制的地区
0 200 400km
内蒙古
吉林
奉天
直
张家口
北京
11.30
大同
山
太原
11.29
陕
西
甘
肃
兰州
宁夏
青
海
河
南
开封
济南
烟台
11.12
10.22
西安
秦
11.5
安
徽
江
苏
11.8
安庆
10.10
武昌
湖
北
长
四
川
成都
11.27
11.22
重庆
11.25
西
藏
贵
州
贵阳
11.4
湖
南
长沙
10.22
江
西
南昌
10.31
浙
江
杭州
11.5
11.15
福
建
福州
11.9
台
湾
岛
云
南
云南
10.30
11.1
11.7
桂林
广
西
广州
11.9
东
南
海
海南岛
黄
海

辛亥革命形势图。

老会对清军渗透程度之深。

而几年后发生的一件事更加证明了清廷对哥老会已到了容不得但不得不容的程度。1884年，曾国藩的弟弟曾国荃出任两江总督，得到密信告发哥老会预谋不轨。曾国荃得信大惊，派人侦查，发现哥老会势力甚至已经渗透到总督府卫队之中。他不动声色，于一天晚上三更过后，只带了两名亲信卫士，骑马出城，奔驰二十余里，到了一座古庙。卫士下马敲门，门内有人问是谁，卫士以哥老会中的暗语答话。门开了，三人直入，一个卫士大声叫道："九大帅到！"那时庙中大院中聚集数百名哥老会众，正在举行仪式。众人见曾国荃三人突然到来，无不惊愕。曾国荃径直走到案前，拱手为礼，哥老会领袖急忙避座旁立，曾国荃随即登台坐上座，对他说："你不是我手下的记名总兵某某吗？"大汉嗫嚅应道："是。"曾国荃笑道："你本来就是我标下的旧部，这种大好事，为什么不告诉我呢？"于是，曾国荃和哥老会众人歃血为盟，把酒言欢，让南京城中恢复了太平。

天地会在历史上曾多次发动反清起义，如万喜提起义、林爽文起义、朱一贵起义、上海小刀会起义、闽南小刀会起义、升平天国起义、大洪王国起义、大成国起义、清末广西天地会起义等，但无一不在清军的镇压下以失败而告终。而真正最后对清朝统治起到倾覆作用的正是对清军的渗透与控制，其主要操作者则是哥老会。

关于哥老会的由来，有多种说法，但是哥老会和天地会之间的密切渊源确实是显而易见的。其前身为边钱会，用铜钱作为联络暗号正是南明政权和天地会众所惯用的。边钱会最早出现于天地会老巢闽南地区，将一枚铜钱分成两半，作为信物交给会众，而将会众的个人身份写在一张红纸上由会首掌管。后来这种方法在沿海的会党之中流行，并逐步传入西南地区，和当地的啯噜相结合形成哥老会。太平天国战争爆发后，清军因八旗绿营均已腐败不堪，不得不允许地方大员招募乡勇组军，最著名的便是曾国藩的湘军、左宗棠的楚军和李鸿章的淮军。大批哥老会成员借助招募和降附等手段涌入军队。由于清朝财政困难，无力支付湘军等庞大的军费，湘军攻陷天京时已积欠湘军军饷近五百万两白银，甚至出现数个月不发饷银的严重局面。而出于清朝统治者对汉人武装力量尤其是像湘军这样的"私兵"的本能猜忌与打压，大批乡勇在为清王朝浴血沙场、九死一生后却大量被遣散、失业。由此造成清军内部官兵矛盾、满汉矛盾的全面激化，为哥老会在军队和地方中的传播提供了肥沃的土壤。而由于此时的八旗和绿营都已经丧失战斗力，当遇到列强入侵、民众起义、边地叛乱时，清军又不得不大量招募乡勇参战，大批哥老会成员则趁机以当兵的形式渗透入军队。如湘军鲍超部的霆营哥老会实力之强大，足以发动大规模兵变。哥老会的首领们则"出入营盘，官不敢禁"，哥老会的势力不仅在曾国藩兄弟的湘军中广泛存在，在李鸿章和左宗棠的军队中也十分强大，连左宗棠的亲兵卫队中都有数百人参加了哥老会。

哥老会在清军中的广泛渗透，对于清

1911年10月11日，中华民国军政府鄂军都督府成立。图为民军在都督府门口合影。

1911年10月22日，陕西省宣布独立，成立军政府，推同盟会会员.原新军管带张凤岐为都督。图为在起义中做出重大贡献的延安哥老会武装。

廷统治起到了致命的威胁。当哥老会首领分子以下级官兵的身份存在时，清军很多部队存在着“阴阳脸”状态，在平时、在白天，哥老会首领们作为士兵或是小头目恭恭敬敬的伺候官长、甚至跪拜行礼。而到了夜间，尤其是出现变故时，他们便召集部众在偏僻之处集会，此时他们俨然成了部队中的真正长官，军官们反而要跪拜在他们脚下，认打认罚，听候调遣。而当很多哥老会首领本身便身居高位、掌握军权时，这支清

袁世凯。

黎元洪。

军部队实际上便成了哥老会的武装。清廷在查缉军中哥老会时曾发现了许多哥老会首领担任千总、都司、知县、游击、副将等官职，然而在更高级的提督、总兵中也存在着哥老会成员，只是这些人手握重兵，独霸一方，清廷即便知晓也不敢公然惩罚罢了。

而当哥老会与清廷矛盾激化或是哥老会大佬们觉得举大事时机到来时便会发生大规模兵变。如同治四年（1865 年）四月，湘军鲍超部霆营八千余人在从江西开赴四川途中，由军中哥老会首领们策划在武昌附近的金口发生哗变，攻入咸宁、转入江西，又经湖南进入广东会宁，参加天地会组织的花旗军。由于一路接纳哥老会分子，兵力壮大到二三万人。霆营兵变之后，各省湘军中的哥老会纷纷响应，驻防湖北、浙江、安徽的大批湘军集体暴动，与太平军残部联合，对清廷造成巨大震动。而在缴获的哥老会花名册中赫然发现了遍布于浙江、江西、福建、广东、湖南、江北、安徽各省清军中的数万哥老会成员。

此后，清军中不断发生兵变，遍及甘肃、陕西、贵州等多省，参加者少则数百人，多则数千人乃至数万人，游击、都司、参将、副将等各级官员均有参加，军阶最高者甚至已经被保举为总兵。接连的兵变不断地动摇着清王朝的根基——军队的掌控权，这对清帝国构成了釜底抽薪的威胁。

在此背景下终于在光绪十七年（1891 年）酿成了震惊中外的李洪事件。李洪原名李显谋，河南固始人，曾捐纳为候补知府。他的父亲李昭寿早年曾参加捻军，后来投靠清军，进攻太平军，后来又杀死清朝官员投降太平军，又献城投靠清廷，官至江

西安同盟会与哥老会成员与英国传教士合影。

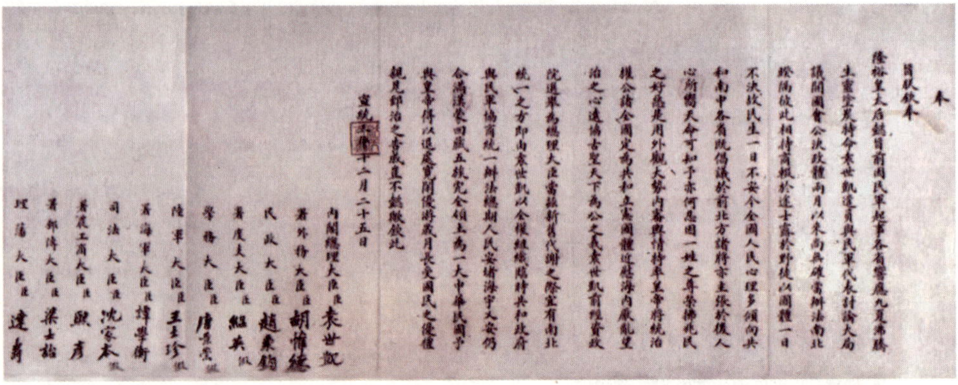
本
旨朕欽奉
隆裕皇太后懿旨前因民軍起事各省響應九夏沸騰
生靈塗炭特命袁世凱遣員與民軍代表討論大局
議開國會公決政體兩月以來尚無確當辦法南北
睽隔彼此相持商輟於途士露於野徒以國體一日
不決故民生一日不安今全國人民心理多傾向共
和南中各省既倡議於前北方諸將亦主張於後人
心所嚮天命可知予亦何忍因一姓之尊榮拂兆民
之好惡是用外觀大勢內審輿情特率皇帝將統治
權公諸全國定為共和立憲國體近慰海內厭亂望
治之心遠協古聖天下為公之義袁世凱前經資政
院選舉為總理大臣當茲新舊代謝之際宜有南北
統一之方即由袁世凱以全權組織臨時共和政府
與民軍協商統一辦法總期人民安堵海宇乂安仍
合滿漢蒙回藏五族完全領土為一大中華民國予
與皇帝得以退處寬閒優游歲月長受國民之優禮
親見郅治之告成豈不懿歟欽此
宣統三年十二月二十五日
內閣總理大臣臣袁世凱
署外務大臣臣胡惟德
民政大臣臣趙秉鈞
署度支大臣臣紹英 假
學務大臣臣唐景崇 假
陸軍大臣臣王士珍 假
署海軍大臣臣譚學衡
司法大臣臣沈家本 假
署農工商大臣臣熙彥
署郵傳大臣臣梁士詒
理藩大臣臣達壽

清帝逊位诏书，宣统三年十二月二十五日。副署者有内阁总理大臣袁世凯、署外务大臣胡惟德、民政大臣赵秉钧、署度支大臣绍英、学务大臣唐景崇、陆军大臣王士珍、署海军大臣谭学衡、司法大臣沈家本、署农工商大臣熙彦、署邮传大臣梁士诒、理藩大臣达寿。

清军部队向革命军投降。

南提督。清廷对其反复无常的行为十分猜忌，更加害怕他与天地会勾结意图不轨（李昭寿早年是洪门分子），便捏造罪名将其革职、处死。李洪决心推翻清廷为父报仇，便变卖家产、流落江湖，加入洪门，被称作“洪少爷”。光绪十五年（1889年）四月，李洪和洪门高层人士在镇江第一楼聚会，密谋反清大计。哥老会势力神通广大，居然联络上镇江海关官员英国人梅生。梅生加入了哥老会，并答应从香港为洪门采购大量军火。于是次年李洪将三万两白银交给梅生，两个月时间里梅生从香港购到“快枪百杆，弹万颗；对面笑五十杆，弹五千颗；洋枪五十杆，弹万颗；另有炸药二十五磅”。李洪得知军械已经采购完毕，便于七月初一在安庆秘密集会，决定于十月十五起事，共推李洪为“大元帅”，分五路起兵，各路哥老会首领将在上自湖北武汉下至江苏镇江的长江沿岸十二个城市的码头预备船只上一齐发难。六月中下旬，梅生雇佣二十名外国人押送军火从香港搭乘招商局轮船向上海进发。

然而，梅生的举动却早已被英国情报机构侦获，所以轮船一到上海便被海关缉获，不久梅生也被英国海军逮捕。一个多月后，参加密谋的各路哥老会首领因叛徒出卖纷纷被捕，李洪也在安庆被捕。两年后，李洪获知参与密谋的长江下游哥老会最大首领匡世明也已经被捕，便在狱中服毒自杀。李洪的密谋虽然功亏一篑，但是哥老会在长江中下游的巨大势力却暴露无遗，仅其中一个山堂的首领便有六万多名属下。更可怕的是有大批清军将领参与其间，仅拥有二品顶戴花翎的清军大员便有五六人之多，军阶最高者甚至拥有记名提督头衔。

而规模如此庞大的密谋计划，发生在清朝统治的腹心地区，管辖这一地区的两江总督与湖广总督居然一无所知，最后依靠英国情报组织才得以破获，则更令清廷上下为之震动。

清廷多次摧毁了单纯的洪门起事与单纯的革命精英暴动，但是当以孙中山为首的革命党人与洪门势力结合在一起的时候，清廷的丧钟便已经敲响。如前文所述，以洪门为主的会党势力曾参与了同盟会组织的多次反清起义，并承担了绝大多数革命经费。而辛亥年清廷的垮台则有一半之功归于洪门。其间除了海外洪门的巨大作用有目共睹外，国内的洪门组织尤其是哥老会也起到了关键性的作用。早在1899年底，兴中会便邀请长江哥老会、广东三合会首领在香港举行联合会议，决定三会结成兴汉会，公推孙中山为会长。接着又有1902年，兴中会在香港联络了洪秀全的侄子、在三合会中颇具影响力的洪全福预谋发动起义，建立“大明天顺国”。1904年，黄兴、宋教仁、刘揆一等人组织的华兴会，联络湖南哥老会首领马福益预谋发动起义。同年，蔡元培、章太炎、陶成章等人组织的光复会则联络丽水会党头目王金宝起事。虽然这些起事都已失败而告终，而洪全福、马福益、王金宝等人也被清廷杀害，但会党与革命党之间的结合却日益紧固。

同盟会成立后，革命党和会党的结合进入新阶段。1906年同盟会在湖南联络马福益原来的哥老会手下组织洪江会，入会者都必须饮雄鸡血酒发誓，誓词为：“誓遵中华民国宗旨，服从大哥命令，同心同德，灭满兴汉，如渝此盟，人神共殛”，还

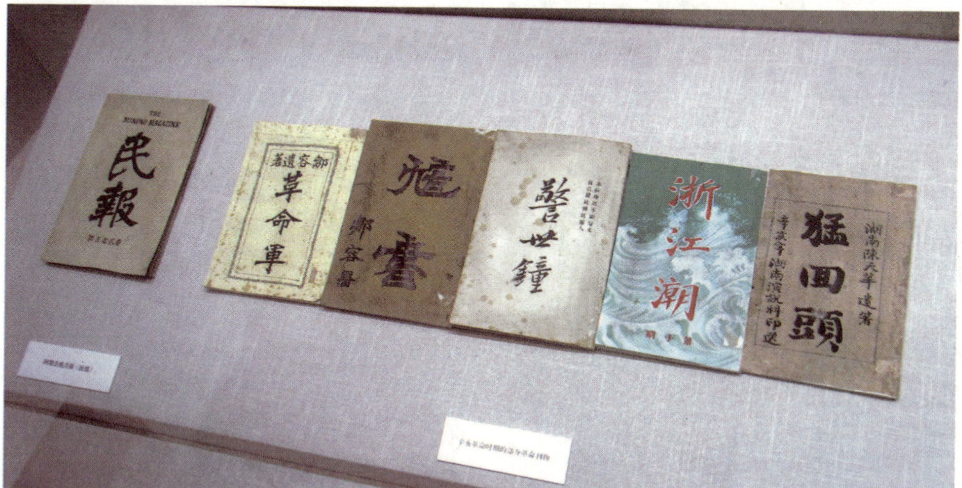

辛亥革命时期的部分革命刊物，从左至右：《民报》（同盟会机关报）《革命军》《訄书》《警世钟》《浙江潮》《猛回头》。

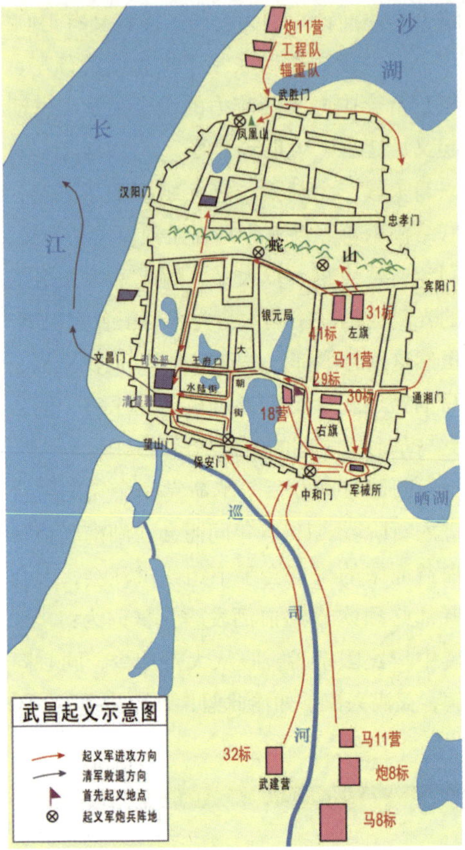

武昌起义示意图。

人民英雄纪念碑中的武昌起义浮雕。

武昌起义军炮兵。

要宣读口号：“六龙得水遇中华，合兴仁义四亿家，金相九阵王业地，乌牛白马扫奸邪”，对内口号为“同德”，对外口号为“擒王”。入会者都发给布票一张，票面横书“还我河山”，左边写“忠孝仁义堂”，右边写“第几路第几号”，中间写本人姓名，票底还写有四句话：“一寸三来二寸三，六龙得水遇奇奸，四五连一承汉业，全凭忠孝定江山”。之后的两年时间里，同盟会依靠国内外洪门及其支系的力量，先后发动了六次反清起义。光复会也在徐锡麟、秋瑾的领导下联络会党起事，但都先后以失败而告终。

在多次组织会党在沿海和西南边境地区发动反清起义失败之后，部分同盟会员将目光转向了荆楚大地。他们在这里建立了共进会、日知会、文学社、振武学社等革命社团，注重在新军中发展革命组织。此时四川爆发了反对清政府铁路国有政策的保路运动，各保路同志会汇集袍哥（即哥老会）的力量组成同志军，与清军发生激战。为了镇压四川保路军，清廷调动湖北的新军入川，为防止革命团队被调离武昌，共进会和文学社联合策划起义，不幸在制造炸弹时发生事故，俄国巡捕闻讯搜查，起义机关遭到破坏，多名骨干被捕，

全加洪门二次恳亲大会代表团摄影（民国十三年）。

虽然他们大部分不屈而死，但也有人变节告密。官方通过搜获的文书和变节者的招供知道了新军中存在大量革命党人。湖广总督下令戒严，封锁新军营门，禁止士兵出入，子弹一律收缴。

官方将按照花名册捉拿革命士兵的消息在武昌新军中流传，革命士兵们被逼到了绝境。驻扎在中和门内第八镇所属工程兵第八营营房内首先发生士兵哗变，以熊秉坤为首的哗变士兵们打死了几个军官，冲向楚望台军械库，守卫军械库的士兵起来响应，但此时起义者也仅有三百余人，其中多数并未参加革命组织。孤弱的士兵们拥戴队官（连长）吴兆麟担任总指挥。吴兆麟命人去各处联络有革命力量的团队，第八镇的三个炮兵营、第二十九标和第三十标各一百多名士兵、第二十一混成协七十多名辎重兵和工程兵陆续赶来，尤其是炮兵们拖来了三门大炮，起义军声威大壮。当天午夜，起义军向湖广总督衙门发起进攻，楚望台的炮声响起后，更多的士兵参加了起义，军官纷纷逃窜。但此时起义军不过二千余人，由于缺乏统一指挥，进攻总督府时一度受挫，便在附近放火，以火光为信号，开炮轰击总督府。吓破了胆的湖广总督瑞澂逃往长江上的一艘军舰，而第八镇统制、巡防营提督张彪虽竭力反抗，打退起义军三次进攻，终究也被迫逃离武昌前往汉口。大清帝国二百六十七年经过多次内忧外患乃至三藩、太平军那样百万大军冲击都维系下来的大坝被硬生生地掘开了一道口子。

孙中山的挚友、辛亥革命功臣黄三德之墓。

然而，这道大坝能在短短几个月内轰然崩塌，是因为大坝内部的重重漏洞。

武昌起事爆发后，各种反清势力：革命党、立宪派、会党、汉人官僚都纷纷起而响应，其中会党的作用尤为重要。短短几个月间，参与反清起义的洪门分子不仅遍及湖北、湖南、四川、陕西、山西、河南、甘肃、江西、江苏、安徽、浙江、广东、福建、广西、云南、贵州等内地绝大多数省份，而且驻扎在西藏、新疆、绥远、察哈尔等地的清军中也爆发了哥老会的反清起事。其中尤以四川和陕西为最，除北洋六镇和八旗兵之外的大部分清军都倒戈相向，海军舰队也集体起义，其中哥老会等洪门组织起了很大作用，

几个月后，清朝最后一个皇帝宣统下诏宣布退位，入关276年的清王朝寿终正寝。为了求得清朝的覆灭，孙中山挂冠而去，在辞职的前夜，他率领中华民国临时政府成员与各界名流来到明孝陵拜祭明太祖朱元璋，其时离传说中天地会创立的康熙十七年已经过去了236个年头，离清军入关过去了267个春秋，离后金建国则已近三百年之久。虽然民国的建立不是明朝的复兴，但是在明孝陵前的祭祀宣告了“反清复明”的二百年梦想的实现，而明清之间长达3个世纪的仇怨也随之画上了句号。

天地会的联络秘地–江西神秘船屋。

明星？女谍！玛塔·哈丽

作者：郭廷春

当中国人民还在为推翻帝制奋力拼搏之时，第一次世界大战的阴云已经笼罩于整个欧洲。在那场让欧洲人整整失去一代年轻人的旷世大战中，自然少不了间谍们的身影！这其中就有一位依托女明星身份的传奇女谍。

她的出身凄苦，她的故事曲折；她做过脱衣舞女，在交际场上卖弄风情；她变身双料间谍，在德法之间左右逢源；行刑时，面带微笑饮弹，给刽子手以飞吻；她死后，变成医学标本，头颅竟不翼而飞。玛塔·哈丽——一个极富争议的女人，一段注定不凡的人生。

一 凄苦与不幸

1876年8月7日，荷兰北部弗里斯兰省吕伐登市附近一个受海水侵蚀的小镇上，随着一声清脆的啼哭，一个小女孩来到世间，父母叫她玛格丽莎·泽莱。

少女时代的泽莱家境还算优裕。父亲亚当·泽利是个农场主，荷兰人，开了一间帽子店。他嗜酒如命，喜欢东奔西跑；母亲安切·默仑是爪哇人（今印度尼西亚），性格温顺、沉默寡言，总能把家里收拾得一尘不染，把各种家务安排得井井有条。泽莱有个哥哥，之后又有了两个弟弟。作为家中唯一的女孩子，泽莱深受父母疼爱。

由于身上流淌着东西方人的混合血液，泽莱与当地金发碧眼的荷兰人明显不同：她皮肤光洁，头发和眼睛乌黑发亮，而皮肤却是棕色的，犹如橄榄，使泽莱看上去更像犹太人或爪哇人。

泽莱7岁时举家迁到吕伐登，在那里度过了将近7年美好的童年时光。可到了1889年，泽莱父亲泽利的帽子生意越来越差，渐生败象。谁知祸不单行，其后泽利又做起了股票投机生意，却因为别人的误导血本无归。无奈之下，父亲只好变卖家产还债。之后父母又离了婚，泽莱随父亲生活，他们一起搬进了贫民窟，泽莱美好的少女时代提前结束了。

从小康之家一下子沦落成穷光蛋，泽莱的父亲难以承受这个突如其来的家庭变故。他的脾气变得更加暴躁，开始酗酒。

1900年的玛塔·哈丽。

最后觉得实在过不下去了，就撇下孩子只身去阿姆斯特丹寻找东山再起的机会，谁知竟一去不返。此后，由于母亲也无力抚养他们兄妹几个，14 岁的泽莱只得和哥哥弟弟们分开，他们分别被亲戚或教会收养，而泽莱则被送入师范寄宿学校。更为不幸的是，1891 年，也就是泽莱 15 岁那年，她的母亲在无奈与沮丧中黯然离世，泽莱的生活更是雪上加霜。然而，这仅仅是泽莱多舛命运的开始。

此时的泽莱已经出落得亭亭玉立。虽然贫穷，但难以掩饰她优美的身姿与妖娆的体态，15 岁的她犹如荷兰的国花郁金香一样美丽可人。而这注定了泽莱将要经受人生的第一个噩梦。

一个星期六的晚上，寄宿学校的校长闯进了泽莱的居室,他撕去道貌岸然的伪装，不顾小泽莱的苦苦哀求，粗暴地强奸了她。无助的泽莱只好低声啜泣着咽下屈辱的泪水。泽莱的遭遇非但没有得到学校的同情与安慰，反而换来更加肆无忌惮的蹂躏。除了那个无耻的校长，一些男教师们也不断前来骚扰她，而女教师们则对她冷嘲热讽，恶语相加。忍无可忍的泽莱再也无法在寄宿学校待下去，只好前去海牙，投奔住在那里的伯父。

泽莱又在委屈与泪水中度过了 3 年。此刻，泽莱变得更加漂亮，也更加成熟。她开始郑重地思考自己的未来。她决心找一份工作，也渴望拥有属于自己的温暖家庭。凑巧，1895 年 1 月，报纸上的一则征婚启事改变了泽莱的人生轨迹。

启事上的男人叫鲁道夫·里奥德，是

玛塔和鲁道夫·里奥德的婚礼照。

个已近不惑的中年人，据称还是荷兰驻印度部队的一名上尉。他自诩诚实、善良，欲寻觅钟情于他的人做终身伴侣。

看到启事后，泽莱一阵欣喜，她感到自己的幸福就要来了。于是当即与里奥德约定在一家酒吧会面。里奥德给泽莱的第一印象很不错：他头戴贝雷帽，腰佩军刀，虽然有些秃顶，但泽莱看来，这个中年男人很有贵族气质，而且有成熟男人的特有味道。而里奥德更是被泽莱的青春靓丽与端庄优雅打动。他目不转睛地打量着眼前的这个美人，开始滔滔不绝地向她讲述自己辉煌的战斗经历。里奥德称，他曾在荷兰的殖民地东印度群岛的爪哇和苏门答腊岛等地征战，战功赫赫。也许是出于对母亲的深深怀念，也许是因为里奥德谈吐飞扬，在听到他讲述爪哇岛上的风土人情与

▌玛塔的故居荷兰吕伐登。

美丽风光时，泽莱禁不住热泪盈眶。

泽莱被这个男人深深打动了。一则她感觉里奥德十分优秀，再则，长期寄人篱下的生活也让泽莱身心俱疲，他想在这个男人身上找到依靠，过真正属于自己的日子。

相识不到半年，1895 年 7 月 11 日，18 岁的泽莱迫不及待地与大她 22 岁的里奥德结婚。因为里奥德没有住房，两人婚后寄居在里奥德的姐姐鲁依茨家中。

泽莱憧憬的美好生活在婚后不久便支离破碎。泽莱渐渐发现，她的这位曾经离异的丈夫实在不是一个值得托付终身的人。里奥德不再像以前那样温柔地呵护妻子，他经常喝得醉醺醺的，回到家里对泽莱百般挑剔，非打即骂。为了保全来之不易的家庭，泽莱只好得逆来顺受。1897 年 1 月，泽莱生下儿子诺曼。同年 5 月，里奥德按军令前往东印度群岛爪哇岛复职。一家三口便移居到一个叫安巴拉瓦的小村子里。之后，泽莱又生下一个女儿。

满心指望丈夫复职后能够收敛以前的暴虐性子，可泽莱想错了。里奥德的脾气变得更糟糕，他不但对殖民地的百姓飞扬跋扈，回到家里也对泽莱颐指气使。不仅

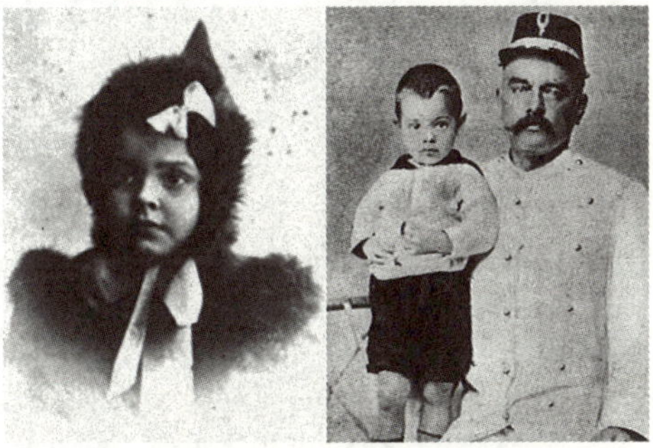

▌玛塔的孩子和他们的父亲。

1905年3月13日玛塔在巴黎吉梅博物馆表演印度寺庙舞蹈。

玛塔迷上“神湿婆”的印度舞蹈以及她的装束，图为印度神庙里印度教女神伯瓦尼的雕塑。

如此，里奥德还与家中的印尼保姆鬼混，并致对方怀孕。泽莱指斥丈夫不忠，可这个男人竟当众羞辱她、殴打她，还无耻地炫耀他成堆的情人。泽莱为了孩子，只好再次吞下眼泪默默忍受。

泽莱的隐忍并没有阻止噩运的再次袭来。1899 年 6 月 27 日是泽莱刻骨铭心的日子。这一天，那个对里奥德满怀仇恨的土著保姆竟毒死了他们刚刚两岁的儿子。（一说为两个孩子系食物中毒，女孩被抢救过来，而男孩不幸去世）看着惨遭毒手的儿子，泽莱流尽心中的最后一滴眼泪，彻底浇灭了本已微弱的希望火苗。

此后，万念俱灰的泽莱带着唯一的女儿苦熬着非人的日子。为了获得心里安慰，寻找片刻的欢乐，泽莱迷上了当地舞娘跳的一种舞蹈。泽莱是在爪哇岛上的一次节庆活动中看到这种名叫“神湿婆”的印度舞蹈。泽莱被那优美的动作、妖娆的舞姿深深吸引住了，以至于没有听到里奥德几次三番地呼叫自己，直到看到丈夫恶狠狠的表情她才如梦初醒。里奥德怒不可遏，将泽莱推倒在地，还威胁说要杀死她（一说为泽莱因与当地的一些男人打情骂俏而被丈夫嫌弃）。为保护女儿和自己，泽莱表面上对丈夫唯命是从，暗地里照样用心学习“神湿婆”舞，并根据自己的理解加以改进，将舞蹈的每一个动作烂熟于心，以达到炉火纯青的地步。

1902 年，泽莱又随里奥德返回荷兰。后来里奥德与姐姐发生严重分歧，他们争吵不休，里奥德因此变得更加烦躁，他不但酗酒，还在外赌博，彻夜不归。更不把妻子和女儿放在眼里。

1903 年，对丈夫和家庭已经绝望的泽莱选择了离婚。本来已经争取到女儿的抚养监护权，可里奥德竟绑架了女儿。失去孩子的泽莱怀着满腔悲愤只身离开了伤心之地荷兰。

玛塔近像。

二 奢华与堕落

1904年，花都巴黎街头熙攘的人群中出现了泽莱孤寂的身影。此时她已经不名一文。为了活下去，泽莱改名麦克劳德，在马戏团找到一份工作，成了这里的一名骑师。为了多赚些钱，泽莱还兼职做艺术模特。

微薄的收入难以维持生计，泽莱在艰难环境中度日如年。直到有一天，她再次身无分文。形影相吊的泽莱在街头徘徊，看着两边灯红酒绿的歌舞场所，泽莱心头一动。她敲开一家剧院经理办公室的门，毛遂自荐，称自己会跳舞，请求经理给碗饭吃。在经理不屑与轻蔑的眼神中，泽莱不容分说便跳起“神湿婆”舞。尽管没有伴乐，但那轻盈优美的舞步与灵动曼妙的身姿，加上那夺魂摄魄的眼神，经理被眼前的混血女郎惊得目瞪口呆。他看过的无数舞女跳的舞蹈，可像泽莱这样富于东方神韵与西方浪漫的舞姿他从未得见。

无须多言，剧场经理毫不犹豫地留下了泽莱。自此，泽莱开始了新的人生。

或许为了与不堪回首的往昔告别，或许还有对母亲与孩子的一丝眷恋，泽莱向剧场隐瞒了自己的身世。她称自己来自爪哇，是印度僧侣后裔，从小就开始学习印度教的神圣舞蹈。她还抛弃了泽莱这个名字，自称“玛塔·哈丽”，这在梵语中的意思是“神之母”，按照印尼语也可译作“黎明的眼睛”（意即“马来人的太阳”）。

1905年3月13日是玛塔·哈丽一夜成名的日子。这天晚上，她在巴黎吉梅博物馆举行了首次演出。玛塔·哈丽身裹轻纱，赤脚款步登台。白皙的脖颈上盘绕着珍珠项链，胸前的花结上点缀着五彩宝石，纤细的腰带由五条复链编就，三件套手镯映衬着玉笋般的小手，一对脚镯缀满铃铛清脆作响。

在迷离炫目的灯光下，在时急时缓的乐声中，玛塔·哈丽舒展玉臂，扭转腰身，将娴静与狂野、娇媚与粗犷、矜持与诱惑演绎得天衣无缝。婀娜的体态、火辣的身材，加上充满神秘气息的东方宗教仪式般的舞蹈，令台下观众叹为观止。

玛塔·哈丽的演出消息及巨幅艳照第二天登上巴黎所有报纸的头版。当时的《巴黎人报》报道称：“只要她一出场，台下的观众就如痴如狂。”《布克尔报》则赞叹：“她的舞蹈以其不可阻挡的魅力，给颓废的欧洲文化带来了一线生机。”

此后无论她在哪里演出，这些报纸都不惜版面进行连篇累牍的报道。玛塔·哈丽成为巴黎男人茶余饭后的谈资，她的名字也越来越为大众所熟识。玛塔·哈丽顿时成为一颗光洁耀眼的明星。她的每一次演出都艳惊四座，她的舞姿更是技压群芳。现场的男人们如醉如痴，向着玛塔·哈丽狂呼不止。这些挑剔的巴黎男人被眼前这个舞娘彻底征服了。

然而，功成名就的玛塔·哈丽不屑于总在酒吧、夜总会、小剧场这样的场合演

1907年满身珠宝的玛塔。

出，她不满足现有的荣耀，她向往更加奢华的生活。为了能登上诸如“天使剧场”“林荫道剧院”这样的巴黎大舞台，玛塔·哈丽要用柔软性感的肢体，敲开通往法国上流社会的大门。为此，她独创了脱衣舞——“七重面纱”。

“七重面纱”集合了“神湿婆”舞蹈的所有魅惑之处，也就是在表演时层层脱尽七层罩体的轻纱，最后呈现一位丰满的全裸女神。

不出玛塔·哈丽所料，“七重面纱”表演场场爆满。一些望族之后、政治家、富豪也纷纷拜倒在她的石榴裙下。盛名之下的玛塔·哈丽开始穿梭于游乐场、音乐厅、贵族沙龙及大企业主的私人聚会等场所，邀请函纷至沓来，有时竟让玛塔·哈丽难以招架。

名气带来了荣耀、地位与金钱。不久，玛塔·哈丽就在塞纳河畔购置了自己的豪宅，这里常常聚集一些达官显贵、豪商巨贾，他们经常在一起谈笑狂欢。而一些人只为一睹其芳颜，便与别人打赌施咒。巴黎一位自恃家财丰厚的年轻人与朋友打赌，说他可以轻松让玛塔·哈丽陪自己共度良宵。他为玛塔·哈丽送去高级礼品和镀金请柬，不曾想，哈丽连请柬都没拆，随即派人送给他一条旧内裤，上面写道：“我建设您买一条刺猬皮制的内裤穿上，赶紧收敛起那公羊般可怜的兽欲吧！”这个故事一时间成为笑柄。

玛塔·哈丽不但迅速红遍法国，成为上流社会的座上宾，还逐渐为欧洲许多国家的政界军界要员所熟识。其中不乏德国王储、荷兰首相及俄罗斯等国众多的贵族和将军，他们难以阻挡玛塔·哈丽妩媚的面容、热辣的舞姿和缠绵的拥抱，他们不吝千金，有的竟出价数千乃至上万法郎（那时 1 法郎相当于 0.2903225 克黄金。如果 1 克黄金价值 260 元人民币，那 1 法郎就是 75 元人民币），只为博得玛塔·哈丽回眸一笑和片刻鱼水之欢。德国的一个皇太子更是被玛塔·哈丽弄得神魂颠倒，他甚至带着哈丽去西里西亚参加军事学习。

然而，第一次世界大战的打响终止了玛塔·哈丽的巅峰时刻。整个欧洲笼罩战争阴霾，玛塔·哈丽的命运也再次随之改变。

三 欺骗与阴谋

在战火的炙烤下，各国的娱乐业渐入低谷。为躲避战火，玛塔·哈丽又回到处于中立状态的祖国荷兰。但在家乡，没有人对她的舞蹈感兴趣，玛塔·哈丽的生活也由奢华逐渐陷入困顿。为此，玛塔·哈丽不得不再次出国巡演。她来到德国为几个工业巨头即兴演出，而德军统帅部军官巴龙·米尔巴赫就在台下。米尔巴赫本来对玛塔·哈丽早有风闻，此刻看到了她妖艳的舞姿，之后又领教了她出色的交际手段，米尔巴赫感到这个女人绝对是块难觅的间谍好材料。于是，米尔巴赫找到哈丽，给他 2 万法郎，让她做德国间谍。

听到这样的消息，玛塔·哈丽又惊又喜。她不想错过这个千载难逢的机会。战前，玛塔·哈丽曾被世人认为是放荡不羁的舞女，随着战火蔓延，她逐渐声名狼藉，一时间她的名字成了“交际花”“高级妓女”的代名词。此外，想到巡演的辛苦，再考虑自己总有一天年老色衰，玛塔·哈丽对米尔巴赫点点头。

1914 年，玛塔·哈丽正式成为德国间

实业家埃米尔·吉梅为玛塔提供舞蹈服装，布裙和绣花紧身胸衣、面纱和首饰等，并建议她采取的艺名——玛塔（Matahari），在马来语中的意思是“太阳”（字面意思是“天眼”）。

谍。然后被派往位于安特卫普的间谍学校接受培训，由化名为“博士小姐”的埃尔斯佩特·施拉格谬拉向她传授进行间谍活动的基本常识和秘诀。几个月的培训过后，德国情报机关想测试一下这位新入行的女间谍。恰好此时俄国青年军官勒伯夫携带一份西线战事计划途经柏林，他们将截获此情报的任务交给玛塔·哈丽。

玛塔·哈丽在第一次执行任务中就表现出了她的间谍天赋。为配合哈丽的行动，德国情报机关迫使那位俄国军官乘坐的列车因晚点在柏林站停靠了许久。玛塔·哈丽趁机制造了与勒伯夫在包厢里的艳遇，之后在俄国军官与之销魂的时候悄然复制了那份作战计划。

牛刀小试便大获全胜，德国谍报系统对这个交际花不得不刮目相看。为获取更多的情报，玛塔·哈丽以巡演为名，频繁往来于法国、比利时、荷兰等地。与其欢宴的达官显要们常常通宵达旦，酒酣耳热之际，玛塔·哈丽便“无意地”抱怨起战争，在闲聊中捕捉德国需要的情报。这种获取情报的方式，最典型的例子要属“1917 战略方案”。这个方案就是德国总参谋部根据哈丽所获得的一些法国军官的谈话内容分析后做出的。方案的核心是，法国将进行战略防御，而非进攻。这些法国人做梦也不会想到，他们与玛塔·哈丽在酒桌上、枕头边说的话，竟会传到德国军部那里，给法军造成一定损失。

玛塔·哈丽的情报为德国赢得了战场主动权。比如，马恩河战役[①]前夕，玛塔·哈丽从一名法国将军那里得知了法军的出发地点，并把情报立即传递出去。德方据此推测出法军的进攻企图，便立即重兵伏击，致数千名法军阵亡。

1914 年下半年，战争初期的恐慌过后，巴黎的娱乐业开始回暖。玛塔·哈丽也回到巴黎，住在爱丽舍饭店 113 号房间。这次她将目光瞄准法国海军中将哥朗萨尔。见到玛塔·哈丽如此垂青自己，这位老色狼难掩心中的狂喜，他禁不住哈丽的三言两语，将许多机密炫耀似的说给她听。其中包括派他去俄罗斯协调法俄两军联合作战这样重大的军事机密。不仅如此，哥朗

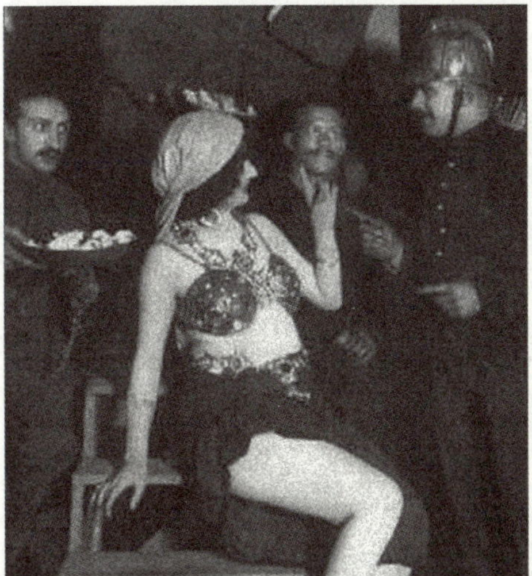

交际场上的玛塔·哈丽。

① 协约国与德国进行的两次战役，第一次战役发生在1941年8月，第二次发生在1918年7月。

萨尔还邀请玛塔·哈丽参观他的办公室，而办公室的墙壁上就挂着协约国海军作战地图和法国海军的造舰计划。玛塔·哈丽甚至还被邀请到法国排水量最大的“贝特罗”号巡洋舰上为军士们表演。海军中将的风流给法国造成难以估量的损失：“贝特罗”号巡洋舰被德军击沉，几百名法国海军随之葬身大西洋海底。

1915年，英国正秘密研究一种“19型”坦克。德国间谍获悉一份设计图藏在法军统战部高级机要官摩尔根将军家的绝密金库里。他们命令玛塔·哈丽尽快获取此图。于是，玛塔·哈丽精心策划了一个小型家庭舞会，并设法请来了摩尔根。哈丽本以为能从这个色鬼嘴里套取金库的秘密，但老奸巨猾的摩尔根只与其调情，对其他事绝口不提。不甘失败的玛塔·哈丽再次施展魅惑手段，她与摩尔根朝夕相伴，频频向其表达缠绵爱意，又提出到他家中继续寻欢作乐，鳏居的摩尔根欣然应允。

在与摩尔根同居的日子里，每当摩尔根外出，玛塔·哈丽就开始寻找绝密金库，终于在书房的一幅油画后面发现了它。但没有密码找到金库也是枉然。其后，德国情报部门告知哈丽密码是6位数，并命令她必须在24小时内将情报送出。当晚，玛塔·哈丽在摩尔根喝的葡萄酒里放进安眠药，待其熟睡后，玛塔·哈丽溜进书房，尝试了一组又一组数字，但金库的密码锁毫无反应。就在哈丽濒临绝望时，哈丽突然注意到，墙上的老式挂钟指针停在9时35分15秒。她曾听摩尔根讲过，这个坏钟因为有纪念意义，所以一直挂在这儿。玛塔·哈丽对着挂钟突发奇想，这或许是密码的提示？她又想起摩尔根经常在晚上9点左右到书房存取文件，而晚上9点正是21点——21点35分15秒——213515，正好是6位数字。想到这儿，哈丽再次拨动密码锁，金库应声打开。哈丽迅速用微型相机将坦克设计图及其他几份文件拍摄下来，随后将情报连夜送到指定地点。

玛塔·哈丽的情报给法国等协约国造成很大损失，像协约国准备于1916年转入进攻等情报都是她的杰作。可惜的是，德国情报部门对这一情报并不完全相信，否则协约国的损失会更大。

不仅如此，英法等协约国的一些军官也直接或间接死于玛塔·哈丽之手，其中影响最大的要数英国陆军大臣基钦纳的惨死。

1916年夏，为早日结束旷日持久的战争，英国决定派陆军总司令基钦纳秘密出

英国陆军总司令基钦纳。

访俄国，以协调各协约国共同对付德国。这一情报很快被德国谍报机构侦知，他们正设法获悉基钦纳具体的出访时间及出行路线。正在此时，基钦纳在出访前秘密来到巴黎，和法国商谈这次出访事宜，这又被德国间谍知晓。因此，查清此事的重任再次落在玛塔·哈丽身上。

熟门熟路的玛塔·哈丽故伎重演，这次她在希尔顿酒店租下一个豪华的房间，和法国的一些大人物继续着以往的情色交易。她很快就从这些人的口中探知到基钦纳的具体住址，原来老奸巨猾的基钦纳没有住在高级宾馆，而是住在法国国防部长家中，而这位好色的国防部长早就被玛塔·哈丽“俘获”。

一天晚上，打扮得妖艳时髦的玛塔·哈丽敲开了国防部长的家门。见美人亲自登门，部长喜出望外，他急忙请玛塔·哈丽上坐，还将基钦纳介绍给她。

在基钦纳面前，玛塔·哈丽施展浑身解数，将久不表演的“七重面纱”悉数献给这个老头。当乐声停止，玛塔·哈丽一丝不挂地展示自己美丽的胴体时，本以为基钦纳会心旌摇荡，当即将其揽入怀中，不料基钦纳犹如一株枯树桩，毫无表情。玛塔·哈丽色诱计划当即宣告破产。

首尝失败滋味的玛塔·哈丽心有不甘，只好另辟蹊径。她很快发现，基钦纳身边有一位年轻的侍从副官，他叫哈里斯，主要负责基钦纳的衣食住行，玛塔·哈丽打定主意，只要攻下他，就不难获取情报。

哈里斯上尉很年轻，精力充沛，此次随基钦纳出访法国，也想见识一下早有耳闻的巴黎花花世界。他被安排住在“芙蓉饭店”的一个高级套间里。得知这些情报，德国的间谍化装成饭店侍者，他主动向哈里斯介绍，巴黎有一位红极一时的脱衣舞女，问哈里斯是否感兴趣。哈里斯一听心花怒放，赶紧让侍者去安排。就这样，玛塔·哈丽与哈里斯在希尔顿酒店共赴巫山，他们共同度过了一个销魂的夜晚。哈丽从其嘴里套出了基钦纳将从海上出访的信息。最后，在德国间谍组织的努力下，终于搞清了基钦纳的具体航线，而等待基钦纳是粉身碎骨。或许基钦纳沉入海底的时候，也搞不清自己是怎么死的吧？

四 利用与抛弃

玛塔·哈丽的间谍身份很长一段时间不为英法等协约国所知。可久在河边走难免不湿鞋，终于在1916年的一天，玛塔·哈丽暴露了身份。

最早发现玛塔·哈丽与德国间谍有染的，是潜伏在巴黎的英国间谍。他们迅速将这一情况通报给法国二局反间谍部门的负责人拉杜上尉。拉杜派多名特工秘密监视玛塔·哈丽，而哈丽的一些位居高层的朋友很快将法国间谍的行动告诉了她。对此，玛塔·哈丽佯装不知，她暂时停止了间谍活动，所以法国间谍没有抓到她真正的把柄。相反，玛塔·哈丽还故意在书信和公开场合发表对时局的看法，她表示同情协约国，而对德国政府大加指责。见此情景，法国二局有人建议将玛塔·哈丽收入门下，令其为法国和协约国效劳。拉杜上尉心照不宣，他将计就计，将玛塔·哈丽发展为双料间谍。精明的玛塔·哈丽果真没有辜负拉杜的期望。不久之后她就引诱了一名德军上校，从其口中获取重要情报后传递到法国情报部门。事后，在德国谍报部门细查之下，找到了泄密的那个上校，进而顺藤摸瓜怀疑到玛塔·哈丽身上。

关于玛塔·哈丽做双料间谍还有一种说法。称其直接找到法国间谍机关头目，然后毛遂自荐，不过该头目起初并未当真，战争进入相持阶段后法国谍报机关才找到她并委以重任。于是哈丽向法国传递了很多德国情报，致使德军蒙受很大损失。

玛塔·哈丽后来回忆说，她的确在一个偶然的机会得以会见英国军情五处军官，并答应做法国间谍，只是法国军方从未正式确认过此事。

1916年，玛塔·哈丽以巡回演出的名义被德国派往中立国西班牙。这里密布着协约国和同盟国的谍报网。令人意想不到的是，玛塔·哈丽在这里竟爱上了德国未来的谍报大王卡纳里斯，两人甚至发展到谈婚论嫁的地步。

卡纳里斯在西班牙的公开身份是德国驻马德里大使馆的武官，但真正的任务是在西班牙建立庞大的间谍网。玛塔·哈丽是在马德里一家有名的罗卡特罗夜总会里与卡纳里斯相识的。当时哈丽的舞姿深深吸引了卡纳里斯。虽然卡纳里斯相貌平常，甚至有点丑陋，但独特的气质令玛塔·哈丽着迷，他们交谈甚欢，双双坠入爱河难以自拔。

卡纳里斯在西班牙的顶头上司是德国驻西班牙大使，也就是德国总参谋部情报部在西班牙的间谍总头目。大使交给纳里斯一个任务，令其尽快派一个女间谍到法国去完成一项重要任务。卡纳里斯最后想到了玛塔·哈丽。卡纳里斯虽然也知道哈丽正受到法国反间谍机构的监控，派她去巴黎无异于羊入虎口。但卡纳里斯别无选择。得知卡纳里斯真实身份后的玛塔·哈丽大惊失色，她先是执意不从，但难以拒绝爱人的苦苦哀求。早已厌倦逢场作戏的交际花生活的哈丽真的不想离开这个唯一心仪的男人，他们商定完成此次任务后就结婚。

一个月后，玛塔·哈丽觉得任务已经完成，便自行回到西班牙。但卡纳里斯并没有与其举行婚礼，而是斥其并未真正完成任务，要求哈丽再返巴黎。1917年1月，玛塔·哈丽只好再次悄悄返回巴黎，住进爱丽舍饭店。

在此期间，法国情报部门截获了一份柏林与马德里之间的密码电报，电报中写道："通知H21速回巴黎待命，克雷默将付给其15000法郎的支票。"几天后，又一份马德里与巴黎之间的密码电报被法国截获，电报中写道："领取你在比利时从事谍报活动的报酬，该款由巴黎中立国银行支付。"

如果玛塔·哈丽没有被爱情冲昏头脑，她就不必为自己轻易返回巴黎和化装后到巴黎的瑞士银行取钱付出生命的代价。她

当然更不知道，那两封被法国反间谍部门破译的电报是德国情报机构有意为之。他们故意使用了已被法国破译了的密码发报，目的是将玛塔·哈丽引回巴黎，让法国人将她置于死地。

德国情报部门之所以要借刀杀人，原因有三：其一，玛塔·哈丽向德国索取的报酬数额越来越巨大，德国情报部门已不堪重负；其二，玛塔·哈丽能够提供的有价值情报越来越少。况且其已被英法反间谍部门监视，今后获取重要情报的机会将更少，且极有可能被协约国所利用；其三，玛塔·哈丽一贯我行我素、狂妄自大，根本不把上级放在眼里，经常处于一种失控状态。

其实，德国做出这种决定也是很难的，因为很多德国政要，包括情报部长在内都是玛塔·哈丽的情人。只是国家利益至上，或者他们为了自己的乌纱帽不得不忍痛割爱。而玛塔·哈丽深爱的卡纳里斯也为了前途不惜葬送心爱的人。此后卡纳里斯果然官运亨通，至第二战爆发时，他已成为德国武装部队最高统帅部军事谍报局局长、海军上将了。

被捕时的玛塔。

法国反间谍部门终于认定H21就是玛塔·哈丽，便决定将其逮捕。1917年2月13日清晨，玛塔·哈丽离开象征着她地位的爱丽舍饭店113号客房，走进圣拉扎雷监狱12号监房（一说玛塔·哈丽是在荷兰驻巴黎的使馆前被捕的）。

五 审判与争议

玛塔·哈丽原来是德国间谍并入狱的消息轰动整个巴黎。许多熟悉她的人认为这绝不可能。他们宁愿相信哈丽只是喜欢冒险，或者贪图享受，顶多算一个狂浪的交际花，而不可能是真正的间谍。

1917年7月24日，玛塔·哈丽被带上法国军事法庭接受审判。法庭对哈丽的指控包括：长期从事服务于德国的间谍活动，导致17艘盟军船只被击沉，造成5万多名法国士兵阵亡。此外，玛塔·哈丽还出卖了6名法国秘密间谍，向敌方报告法、英军队的情报，骗取美国军官拟议中的盟军坦克应用方案，还促成英国巡洋舰在奥尼克群岛被击沉，海军元帅基奇纳勋爵同时遇难等等。

法国情报机构也在法庭上指控玛塔·哈丽是德国间谍。他们为了保全自己的名誉，刻意夸大了玛塔·哈丽为德国充当间谍刺探法国情报的事实，却只字不提自己利用其充当双料间谍的真相。

玛塔·哈丽的辩护律师克鲁内是她最后一位秘密情人。他据理力争，向法庭提交了哈丽曾为法国提供德军情报的证据。玛塔·哈丽也拒绝承认自己是间谍。但主审法官埃尔·波查顿却对此听而不闻，视而不见，审判两天后就做出了死刑判决①。而这正是法国政府希望的判决结果。因为在战争开始的头三年里，法军被德军打得节节败退，死伤几十万。面对国内的汹汹舆论压力，法国政府急需找到一个替死鬼，而玛塔·哈丽正好可以转移公众的视线和愤怒。

被审判犯有间谍罪的玛塔。

受审之初，玛塔·哈丽还以为那些曾和她有过一夜情的法国权贵能设法搭救她，可她哪里知道，这些人连自身都难保，唯恐避其不及，哪有心思营救她呢？

死刑判决做出后，虽然克鲁内律师四处为哈丽求情，甚至修书法国总统，但无济于事。而某些国家的权贵们也试图加以干预，如荷兰首相曾就此事与法国政府疏通，但终未能令玛塔·哈丽免死。

1917年10月15日执行枪决前的玛塔。

① 后来，一些史学家考证，波查顿原本是一位秉公执法、受人尊敬的大法官，因其妻“出轨”背叛了他，此后波查顿便憎恨所有女性，尤其像哈丽这样的“行为放荡的女人”，所以哈丽被判死刑也在所难免了，存疑。

玛塔·哈丽见无力回天，便索性“承认”了自己的间谍行为，她的供词令法国许多政要锒铛入狱，其中包括哥朗萨尔海军中将、前陆军部长梅西尼将军、前内务部长马尔维等人。

1917年10月15日，玛塔·哈丽走到了人生的尽头。行刑当日，哈丽精心地打扮了自己：头戴宽檐黑帽，手戴黑色羊皮手套，脚穿多次陪伴她登台表演的舞鞋。

玛塔·哈丽被带到巴黎郊外一块叫作“万森”的多边形空地上，当刽子手要用黑布蒙上她的眼睛时，她微笑着拒绝了。

最后的时刻到了。哈丽那双迷倒了无数男人的眼睛一动不动地盯着11个行刑队员黑洞洞的枪口，笑着对领刑军官说：“这是第一次有人肯付12法郎占有我。”（法语中，“法郎”和“子弹”是同一词汇）就这样，迎着呼啸的子弹，这位41岁的女人挺直胸脯，从容地迎接死神。

哈丽死后，她受刑的场面竟有很多的流言。

其一，玛塔·哈丽临死前给了行刑者一个飞吻，抑或是送给她的律师情人。她的遗言是：“谢谢，先生。”

其二，她故意解开上衣露出乳房迷惑行刑者。但1934年美国杂志《纽约客》的报道却是：“她穿着一身整洁的女士西服，双手戴一副崭新的白手套，一切都是专门为这个场合精心准备的”。

其三，玛塔·哈丽事先贿赂了行刑者，使用空弹壳代替真子弹，但最终未能实现。

其四，本来11名刽子手向其射击，但只有3颗子弹击中了她。而这3颗子弹也

香消玉殒的间谍交际花。

未能击中要害，只是左腿、小腹和右肩受了伤。玛塔·哈丽疼痛难忍，哭求刽子手帮忙。最后一个小伙子用双手掐住了她那白皙的脖子。而一位参加行刑的士兵说：“那天我根本就没有开枪。”

其五，玛塔·哈丽并没有死，她的一位有权势的情人给她找了一个替身。还有的说哈丽企图以肉体迷惑行刑官，让刽子手放空枪，然后她躺在棺木中，埋在土很浅且透气好地方……

其实，玛塔·哈丽绝没有活下来的可能。她被多方利用，又最终被多方所抛弃。从某一角度来讲，她也是战争的牺牲品。

据陪伴哈丽最后日子的两个狱中修女回忆，玛塔·哈丽临刑前给她在巴塔维亚的女儿写了一封信，告诫她长大后不要贪慕虚荣，要过平平淡淡的生活。然而造化弄人，哈丽的女儿班达长大后竟被美国招募为间谍，1950年死于非命。

玛塔·哈丽的尸体因无人认领被送往巴黎医学院成为教具。她的头颅经防腐处理后保存在巴黎阿纳托密博物馆。她依然如生前一样红唇秀发。但到2000年的时候，

巴黎吉梅博物馆。

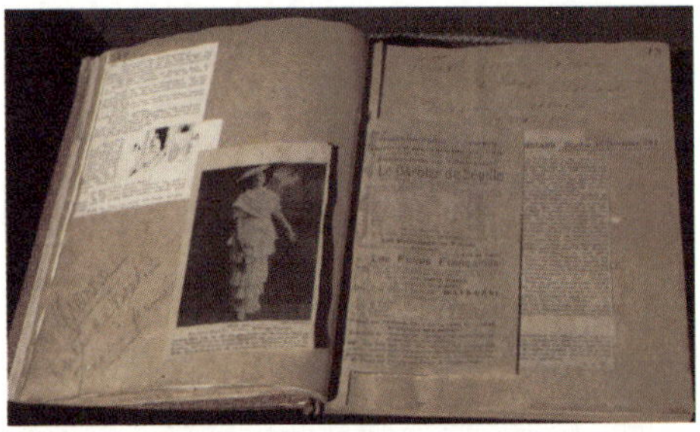

荷兰吕伐登的弗里斯兰博物馆保存的玛塔相册。

玛塔·哈丽的头颅不翼而飞，据说是被她的崇拜者盗走了。后来分析也可能是1954年该馆搬迁时发生了丢失。

值得一提的是，多年之后，人们再次审视玛塔·哈丽的经历，并对当时对她“叛国者”的定义加以质疑。2003年，法国历史学家菲利普·考勒斯经过考证后也呼吁为玛塔·哈丽“正名”。就在几年前，玛塔·哈丽基金会诞生了，她的故乡吕伐登还建了博物馆，许多妇女还把她当作反抗男性霸权的先驱加以纪念。

玛塔·哈丽到底是怎样一个人？该如何评价她的间谍行为？相信自会有公断。

皇家海军的“40号房间”

作者：郭廷春

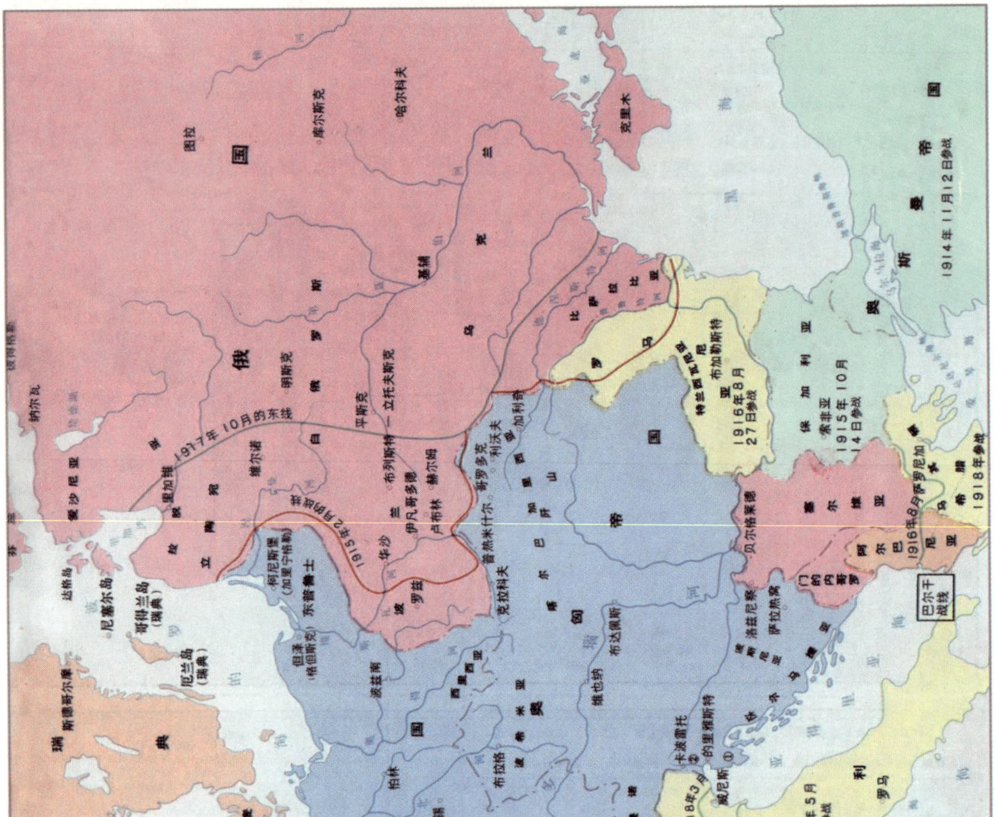
第一次世界大战欧洲战场
同盟国
后来加入同盟国的中立国家
协约国
后来加入协约国的中立国家
战争期间始终保持中立的国家
① 伊斯特里亚半岛
② 伊松佐河
③ 香槟
④ 阿杜瓦
⑤ 利斯河
1918年11月的战线
1914年9月德国进攻的态势
1917年10月的东线
巴尔干战线
意大利的前线
1915年5月23日参战
1916年8月27日参战
1915年10月14日参战
1914年11月12日参战

1908年萨拉热窝市民阅读被奥地利吞并的海报。

玛塔·哈丽的被捕其实与英国皇家海军一个神秘的机构有关。这个机构从1914年，一战爆发前其实就已经开始布局，其中更蕴含了飞速发展的现代科学技术，这就是神秘而著名的英国皇家海军“40号房间”。1914年夏季的欧洲注定是不安的。

6月28日，萨拉热窝一声枪响，犹如一根火柴扔进了汽油桶，欧罗巴顿时烈焰熊熊。

7月28日，奥匈帝国向塞尔维亚宣战；

7月30日，俄国出兵援助塞尔维亚；

8月1日，德国向俄国宣战；

8月3日，德国向法国宣战；

8月4日，德国入侵保持中立的比利时，比利时对德国宣战；

8月4日，英国向德国宣战；

8月6日，奥匈帝国向俄国宣战；

8月6日，塞尔维亚对德国宣战；

8月12日，英国向奥匈帝国宣战；

至此，第一次世界大战全面爆发。

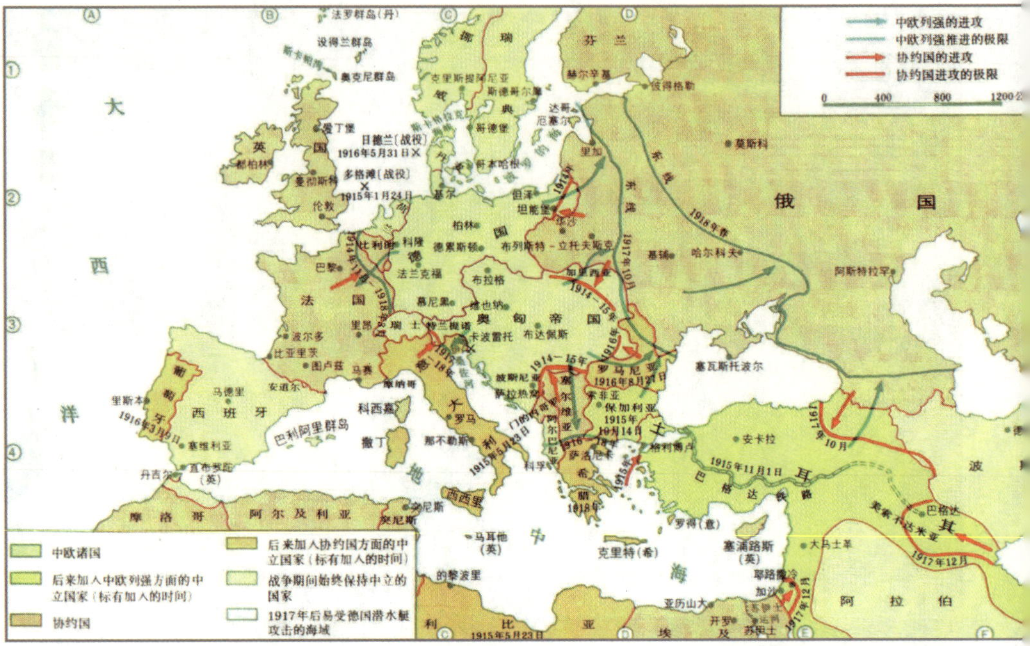

第一次世界大战期间的欧洲。

“40号房间”问世

按照英国国防委员会早在1911年就已制定好的计划，英国对德国宣战的当夜，英国“泰尔哥尼亚”号电缆船悄悄开往英吉利海峡，潜水员动作麻利地把德国在北大西洋的5根海底电缆全部切断。这样做的目的就是想让德国通讯中断。可这没难倒精明的德国人，他们将大量的通讯从电缆转向无线电。

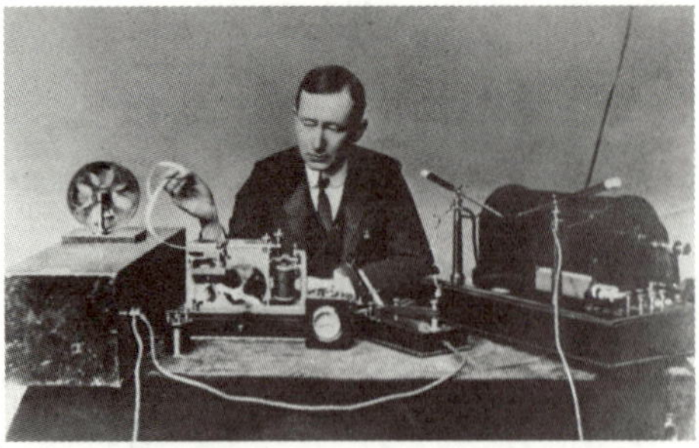

1901年马可尼发明了无线电报。

其后，英国海军部无线电站经常截获大量的德国电报，英国的电报公司也奉命送来很多类似的电报。可自1748年起，英国已有百余年未从事密码破译，密码学在英国似乎早已无人问津。海军情报处的人看着那些海量的电报，也只有干瞪眼的份儿。

1837年，美国人萨米尔·摩尔斯（1791—1872）发明了世界上第一台电报机。1839年，他又发明了摩尔斯电码（有资料称系其助手艾尔菲德·维尔发明），1844年摩尔斯从

普林茨的拘捕行动。

华盛顿到巴尔的摩拍发人类历史上的第一份电报。摩尔斯电码是早期的数字化通信形式，为一种时通时断的信号代码，即用一系列的电子点划完成电报通讯①。

20世纪初，无线电报通信的创始人意大利电气工程师马可尼发明了无线电接收机，实现了远距离通讯的即时传输。它的出现简化了工作程序，无须再铺设电线或类似设施，只需一个无线电台即可。

无线电技术使通信工具发生革命性变革，它也迅速被应用在战场上，成为军事家们的新宠。作战部队之间由此实现快速通讯，军事反应速度加快，从而掌握战场主动权。而无线电波传送出去的信息不仅传给了己方，也传给了敌方，这就迫使交战双方为自己的信息进行加密。于是，产生了以密码技术为核心、包括侦收、测向、信号分析、通信分析等一整套无线电信号侦察以及对抗这种侦察的信号保密技术。而第一次世界大战

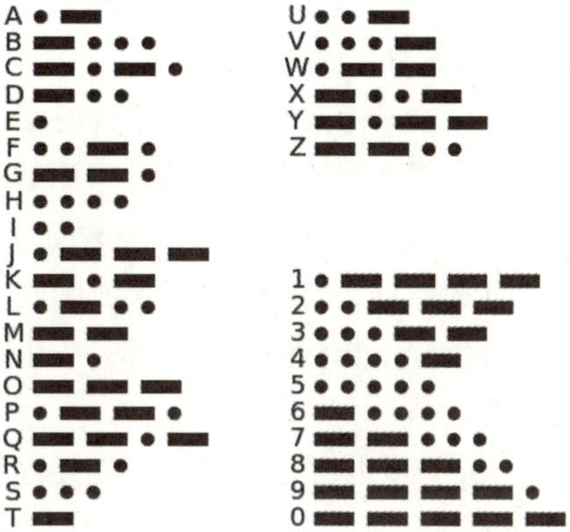

摩尔斯电码。

① 通过不同的排列顺序来表达不同的英文字母、数字和标点符号。

1914年6月28日，塞尔维亚民族主义者加夫里洛·普林西普在萨拉热窝暗杀了弗朗茨·斐迪南大公（奥地利皇储）和他的妻子索菲·霍泰克，这起事件是第一次世界大战的直接导火线。

的打响促使各交战国对密码和解码人员的需求急剧上升，敌我之间的秘密通讯战先于武器战开始了，且呈现白热化状态。

战争之初，隐文术与密码术同时活跃于战场，德国人对这些技术的运用比其敌国更加得心应手。法国军人总是纳闷，自己的驻防为何总是被德军如此精准地攻击。他们甚至怀疑，德国间谍或许都是千里眼和顺风耳。

一天，一位提篮子的德国农妇经过德法交界处的索姆河前线的法军哨卡，农妇被拦住检查。哨兵掀开篮子，发现里面都是熟鸡蛋，此外没有可疑之处。正要放农妇过关的哨兵开玩笑似的拿起一个鸡蛋抛向空中，孰料农妇惊慌万分，急忙用手把它接住。这一举动引起哨兵警觉，当他们把鸡蛋剥开时，发现了其中的奥秘，蛋白上全是字迹，原来是详细的英军布防图及各师旅番号。这就是用隐文术传递的情报。由一位德国化学家发明：先用醋酸在蛋壳上写字，待醋酸干了后再将鸡蛋煮熟，字迹便透过蛋壳印在蛋白上，而鸡蛋外观如常。

隐文情报虽然也在战场上立下战功，但缺点也很明显：传送时间慢、传送途中不安全因素多，且一旦被发现就彻底泄密。故此，作战双方将情报传递重点还是放在密码电报上。

一战期间，密码的使用情况往往决定

着战场上的胜负。1914年8月底，俄军的两支部队以钳形之势深入东普鲁士包围德军。由于俄军的密码系统低级，他们的情报被德军截获。德军迅速摧毁俄军，3万名俄军死亡或失踪，10万人成为俘虏。很显然，俄军失败的部分原因应归结于没有良好的密码系统。

1914年战争初期在火车上的德军士兵。

随着战事的推进，英国不时收到邮电局驻斯德哥尔摩电台截获的电报，他们坚信这是德国海军的秘密情报。可这些写满数字的电文只能静静地躺在办公桌上，一无所用。当时的英国海军情报处处长、海军少将奥利弗爵士（1865—1965年）为此忧心如焚，他无时无刻不想如何才能破译这些电报，唯其如此才会使英国在政治上和战略上占据巨大优势。

1914年澳大利亚墨尔本征兵。

忽然，奥利弗想起了一个人——海军训练处处长尤因爵士（1855—1935年）。此人熟悉密码，曾帮助海军部编制过供舰

1915年塞尔维亚军队的飞机。

1916年英国皇家阿尔斯特来复枪团士兵在索姆。

船使用的密码本，而且申请过“电磁波检测器”等专利。尤因还先后在日本东京大学和剑桥大学任教授。奥利弗马上找到他，令其牵头组建密码破译小组。

尤因立即招兵买马。他首先从达特港海军学校和沃兹伯恩海军学校抽调了 4 名精通德文的教员，并建立了第一个专业的低频侦收站，随后又相继建立 14 个海岸侦收站，所侦获的材料全部传给密码破译小组。

随着来报量日益增大，破译小组成员也逐渐增多。这里聚集了数学家、语言学家、棋类大师等一批优秀人才①。1914 年 11 月 6 日，破译小组搬进了海军军部大楼的 40 号房间。自此至一战结束，“40 号房间”（亦称海军情报处 25 科）便成为英国海军情报处密码破译机关的公开代号。

二 神秘的密码本

“40 号房间”组建之初，由于破译设备陈旧、专业水平滞后，加之德国反破译技术先进，致其密码破译进程缓慢。尤因及其手下虽然很努力，但对德军的密码电

① 另一说，英国海军情报处密码破译科是由英国海军教育部长米切尔创办的。他先是只身钻进大英博物馆的图书馆钻研密码，其后在不列颠大学招聘大学生担任破译员，存疑。

法军战壕。

1917年加拿大军队与英国的马克II坦克在维米岭。

报还是一筹莫展，破译工作一度陷入停滞。事情往往在不经意间出现转机。就在尤因束手无策之际，“40号房间”却收到了一件非常贵重的“礼物”——德军的密码本。

关于德国密码本的来历，说法很多。

第一种说法来自英国官方。当时还是英国海军大臣的丘吉尔（1874—1965年）在他的《世界危机》一书中谈到，密码本是俄国潜水员在德国“马格德堡”号巡洋舰上搞到的。

1914年8月25日（一说为26日），波罗的海上大雾漫天。德军轻型巡洋舰“马格德堡”号在海上游弋。当航行在爱沙尼亚海岸一带时突然触礁，无法继续航行，船上的士兵只得撤离到同行的船上。此时，大雾逐渐散去，附近的俄国舰队很快发现了德国军舰，便迅速驶来向德国舰队开火。无奈之下，德军奉命凿沉了“马格德堡”号，然后仓促逃走。俄军登上“马格德堡”号，搜查出两本编号分别为“151”和“974”的德国海军密码手册（一说：俄军抓获一名企图逃命的德国士兵，密码本就藏在他怀里）。俄军统帅部为此采取保密措施，掩盖了这一事实。所以，被俘的“马格德堡”号舰长和部分舰上官兵都对此事一无所知。

之后，英国海军部从俄国海军武官那儿得知此事（当时英俄是协约国），立即派军舰到阿尔汉格尔斯克去取这个重要的战利品。1914年10月10日，俄国人把编号为“151”的密码本交给了丘吉尔，后者又立即将它交给“40号房间”。

密码本的第二个来源与一个年轻的奥地利无线电工程师亚历山大·斯采克有关。

据称，斯采克的母亲是英国人。斯采克不知通过什么手段得以进入比利时首都布鲁塞尔的无线电发射台。而这个发射台就设在一位德国总督家里，在这里可以向那些德国外交官拍发电报。为了得到巨额的赏金，斯采克从这里盗出德国的密电码，然后跑到英国。然而，斯采克上交完德国

1917年公海舰队的无畏舰群。

的密码本之后就失踪了。战后，他的父亲曾找到英国的间谍机关打听儿子的下落，可他得到的回答是“无可奉告”。据猜测，为保密起见，斯采克可能早已被灭口。而据英国间谍格·朗道说，斯采克在荷兰边境被抓，被德国人作为越境犯枪杀。最后谍格·朗道带着斯采克拍摄下来的密码复本到达荷兰。

英国间谍埃·伍德霍尔提供的第三种说法颇具戏剧性。

伍德霍尔称，这个弄到德国密码本的人与他是老相识，伍德霍尔叫他斯密，说一口流利的法语、德语和佛来芒语。斯密原是法国外籍军团里的一名士兵，1915年底转到间谍机关工作。他被派到布鲁塞尔去搞德国的密电码。

一战时期的德国军舰。

一战时期德国潜艇。

英国“铁公爵”级战列舰。

斯密是通过跳伞进入布鲁塞尔的。他一身比利时农民打扮，顺利地进了城，跟几个在比利时的同伙接了头。斯密经常去一家咖啡馆，一来二去与店里一个名叫伊逢娜的比利时姑娘做了朋友。伊逢娜的未婚夫是一名德国军士，他在无线电台当报务员。斯密向伊逢娜表示自己非常爱好无线电，希望能向她的爱人请教。这个德国报务员是个实在人，他与斯密讲解时，无意间泄露了电码的主要部分。几个星期后，斯密记下了所获得的情报，然后穿着同伙弄来的德军制服平安地离开比利时。

斯密走后，几个德国人马上来到咖啡馆，原来伊逢娜的男友早就被德国间谍监视了。伊逢娜也与男友一起被捕，但她只承认窝藏过斯密，但并不知道斯密是间谍。最后伊逢娜被判长期监禁，而她的一个曾经帮助过斯密的女友也被判有期徒刑。

除以上三种来源外，英军获取德军密码本的途径还有很多。

1914 年 8 月 11 日，在英属澳大利亚的一个港口扣留了一艘德国“胡巴特”号汽轮船，船上搜出德国海军与德国商船之间通信用的密码本。

1914 年 10 月 17 日，英国海军舰队在敦刻尔克海岸附近击沉四艘德国驱逐舰，其中一艘编号为“S119”的驱逐舰在沉没

1918年U-155在伦敦塔桥。

1917年的西线局势。

的时候，船长把一个藏有机密文件的箱子扔下海。一个月后这只箱子被英国拖网渔船打捞出来，里面有一本密码本，包含了10万组5位数字。这是德国通过海外电缆在战船、海军武官、驻各国大使馆和领事馆之间秘密通信所用的。通过这个密码本，德国驻马德里、华盛顿、布宜诺斯艾利斯、北京和君士坦丁堡武官之间的秘密通信全部被英国侦知。

另一份德国密码本来自德国飞艇。这架齐伯林飞艇空袭英国后，在返回途中被法军击落。当时，一个美国军官正在飞艇残骸附近，他费了好大劲在一名死者身上找到一个密码本。英国得知后，派出专门的航空大队冲到事发地，弄到一份烧掉了一半的密码本。

1915年3月，英国意外获得了在中东积极活动的德国外交官瓦斯穆所用的德国外交部密码本。正是凭借这一密码本，“40号房间”得以破译“齐默尔曼电报”。

以上这些说法虽然真假难辨，但彼此并不矛盾，密码本来就可以同时通过不同途径获得。德国还是在战后才知道自己的密码本失窃。“40号房间”正是通过这些宝贵的密码本，破译了大量德军情报。而利用德军密码给德军下“作战命令”更是“40号房间”的得意之作。

1914年秋，由德国斯比海军大将指挥

的一支舰队在南美洲附近巡航，这个舰队的两艘巡洋舰“沙恩霍斯特”号和“格奈森瑙”号装备了远射炮，严重威胁协约国的船舶航行。为战胜敌舰，英国打算派两艘配备有大口径炮的新式主力舰前去迎敌。

为迷惑德军，英国迅速造出两艘主力舰“无敌”号和“顽强”号的木头模型，随后将这两只模型舰拖到爱琴海，以替换停泊在那里的两艘真正的主力舰。这两艘军舰原本是为了阻止德国巡洋舰“格别纳”号冲出达达尼尔海峡，开往奥地利海军基地普拉。夜幕掩护下，替换工作进行的很顺利，连德国和奥地利间谍也没看出破绽。就这样，两艘威力强大的主力舰悄悄离开了地中海，前去迎战斯比舰队。

1914 年 11 月 1 日，斯比舰队停泊在智利港口瓦尔帕莱索。此刻，斯比收到一封电报，令其到福克兰群岛去摧毁一座敌人的无线电发报站。其实，这封发自柏林的电报就是在“40 号房间”的导演下发出的。英国间谍先在电文纸上盖上窃取来的德国海军部收发处和检查科的印章，然后送到电报局拍发。1914 年 12 月 7 日清晨，按照“命令”前来的斯比舰队被英国那两艘主力舰上的大炮打得晕头转向，顷刻间灰飞烟灭。

英国反间人员还曾经干过“硬塞给”德国间谍“密码”的事儿，而德国人却以为如获至宝。做这件事的核心问题在于，要让敌人相信密码是真实的。

荷兰鹿特丹市的一家旅馆经常受到德国间谍的严密监视，因为那儿时常有英国人出入。而旅馆看门人也是德国间谍。“40 号房间”决定在这里入手。他们派来间谍加依·洛高克扮作外交官来到荷兰并住进这家旅馆，他拿着一只形影不离的旅行包，很快住进二楼的一个房间，然后将旅行包挂在衣架上。

第二天是礼拜日，下午旅馆又住进一个淡黄头发的太太，她住的房间与加依·洛高克的房间相隔不远。而此时夜色将暮，看到在大厅里翻看报纸的洛高克百无聊赖，旅馆看门人便建议他去一个娱乐场所打发时间，洛高克假意答应，好像很兴奋似得赶紧夺门而去，连那只旅行包都没来得及拿。

不久，洛高克房间的灯亮了，接着人影晃动。电灯熄灭后一切恢复平静，那个黄发女人随后也离开了旅馆。就是她将洛高克旅行包里的密码本全部拍摄下来，然后又放回原处。等“烂醉如泥”的洛高克跌跌撞撞回来的时候，那个看门人瞥着洛高克的背影，露出一丝狡黠的微笑。

接下来，英国人利用这个假密码本多次戏耍德军统帅部。1916 年 9 月，英国海军部给许多英国军舰下“命令”，要求这些军舰做好在德国登陆作战准备。德军急忙派兵防范，最后一刻才发现不是那回事儿。

有了德国密码本的“帮助”，“40 号房间”破译情报的速度大大加快，很多有价值的情报源源不断地送到英军指挥官手中，而德军却蒙在鼓里。随着破译量增大，“40 号房间”的人员进行了针对性分工，指定专人研究、整理、送发破译出来的材料。

同时，英国海军又建立了几个大型无线电测向站，可以很快测出德军舰位。1914 年 12 月，“40 号房间”根据破译情报判断出德军可能袭击英国海岸。德舰出

美国
加拿大
法国
大不列颠
意大利
比利时
罗马尼亚
希腊
塞尔维亚
俄罗斯
中国
巴西
葡萄牙
危地马拉
暹罗
（泰国古称）
尼加拉瓜
利比里亚
古巴
海地
黑山
洪都拉斯
巴拿马
圣马力诺
日本
哥斯达黎加

一战协约国国旗。

1917年在耶路撒冷的斯科普斯山英炮兵连。

动后70分钟就被“40号房间”确定了准确位置，英舰得以精准伏击。1915年1月23日，“40号房间”破译了德海军侦察多格滩的情报，随后，英军守株待兔击沉德舰。

这次海战之后，丘吉尔立即给予“40号房间”全权，尤因得以吸收更多优秀人才，使破译队伍一度超过50人，同时将侦测设施增加到50个，还对设备进行技术改进，提高了密码研究水平。更值得一提的是，1915年1月，德军更换密钥，“40号房间”一个通宵就还原了德军密表，兴奋的海军大臣丘吉尔亲自到“40号房间”祝贺。此后，德军3个月一换密钥，1916年起又变为每天午夜更换。即便如此，“40号房间”最短2—3小时内，最长9～10小时内即可破译。

1916年3月16日，德军“UC-12号”潜艇因爆炸沉没；4月14日，德军“UC-16”和“UC-5号”潜艇被英军俘获，从这些潜艇上缴获了德海军潜艇部队使用的密码本，使得“40号房间”加强了对德国潜艇密码的研破。自此，德军潜艇损失数量开始成倍增加，1915年18艘，1916年22艘，1917年猛增到63艘，德军妄图用潜艇战扼杀英国的企图彻底失败。

英国首相丘吉尔。

三 “齐默尔曼电报”

1916年10月1日，“40号房间”的创建者尤因由于年龄等原因，离开海军部就任爱丁堡大学校长。海军情报处长霍尔上校成了“40号房间”的新主人。“40号房间”的工作范围也从单一的军事情报侦察向外交和政治情报方面扩展，分设海军股和政治股，即“40A”和“40B”。

威廉·雷金纳德·霍尔精力充沛，果断刚强。他身材精瘦，鹰钩鼻，大嘴巴，小眼睛，因有神经性眨眼习惯，绰号“眨巴眼”。在密码界，霍尔可谓大名鼎鼎。在入主“40号房间”之前，就将勾结德国的英国驻爱尔兰执政官罗杰·凯斯门特送上断头台。

其实，凯斯门特早就被英国政府怀疑，但苦于没有证据。1916年4月12日，“40号房间”收到一份发自柏林、代号为“OATS”的海底电缆电报。霍尔破译出这封电报的内容，里面透露了凯斯门特乘坐德国潜艇的时间和地点。根据这个情报，英国于4月14日在爱尔兰海特雷利湾海域的一艘潜艇上将凯尔门特抓获。

霍尔的另一个杰作是抓获女间谍玛塔·哈丽。

玛塔·哈丽是荷兰籍妓女，在欧洲名噪一时，后来她成为德国间谍，被送到法国执行任务。玛塔·哈丽用色相迷惑了许多法国军政要员，为德国窃取很多高级情报。为此，英国情报部门正设法除掉她。

霍尔破译了玛塔·哈丽发给柏林的一份电报，得知哈丽准备到香榭丽舍大街上去会见一个法国政界要员。霍尔的间谍跟踪哈丽，随后将其抓获。

这两件事霍尔立下战功，可与他此后破译的“齐默尔曼电报”比起来，可就是“小

1916年8月27日，中立的罗马尼亚也加入了战争，图为霞飞路元帅视察罗马尼亚军队。

巫见大巫"了。

1917年，一战已经进行了3个年头，英德之战也进入僵持阶段，双方伤亡惨重。西线战场，双方正进行激烈的拉锯战。北海地区，日德兰战役后，英国虽然包围了德国舰队，但大西洋北部的德国潜艇仍不断击沉英国商船。德国想用饥饿来困死英国，英国不得不向美国求援。

尽管1915年美国的远洋客轮"露斯塔尼亚"号被德军击沉，但只要德国对其潜艇的行动加以限制，想坐收渔利的美国仍无所作为，他们不想马上卷入战争，仍然保持中立。

英国急于想让美国参加对德作战，而德国与英国的想法恰恰相反。

为了拖住美国，德国也是煞费心机。他们的一个招数就是阻止美国对协约国部队的物资供应。德国先是使用潜艇，这对较小的货轮或许奏效，但仍无法阻挡大规模军备供应。无奈，德国使出最后一招：破坏美国港口。即便不能完全阻止美国军备远涉重洋，至少也可以大大增加其装运困难。

1915年3月，德国派出间谍弗兰茨·林杰伦到美国纽约执行破坏任务。在一些德国籍的船主和工业家帮助下，林杰伦开设了一家"商行"，在进出口事务所招牌的掩护下，林杰伦采纳德国化学家舍列博士的新发明——"雪茄烟"。这是一根外表看来很普通的铝管，当中隔着铜片，铜片两头装有三硝基酚和硫酸，只要这两种药品一接触就会起火燃烧。由于铜片一被硫酸腐蚀掉就会引起燃烧，因而调节铜片的厚度，就能事先计算出起火时间。林杰伦借助他结识的一些海员之手，把这些铝制"雪茄烟"扔在美国装运军火物资的货船上。由于"雪茄烟"燃烧后不会留下痕迹，因而很长一段时间，那些开往欧洲的美国货轮经常起火的原因始终是个谜。

仅靠这些破坏还远远不够。为继续阻止美国参战，轮到德国外长齐默尔曼（1864—1940年）出马了。

经过冥思苦想，齐默尔曼制订了一项绝密计划。因为涉及德国驻美国大使，为确保万无一失，齐默尔曼设计了两条他认为既稳妥又快捷的发报线路。

第一条是"绕道瑞典"线路（"40号房间"所起代号）。这条线路起点在柏林，穿越波罗的海，大西洋的加纳利群岛、佛得角群岛和阿森松岛，最后抵达阿根廷布宜诺斯艾利斯的德国大使馆，从这里又分出两条专线，分别通往墨西哥城和华盛顿。这一线路迂回曲折，总长7000英里。

第二条线路是美国的外交通信电缆。这条线路从柏林出发，经哥本哈根穿越大西洋直达纽约和华盛顿。这原本是一条美国外交专线，但美国却允许德国使用。

齐默尔曼先将密电先发给德国驻美国大使贝伦朵尔夫，然后再转给德国驻墨西哥大使艾克哈尔特，解密后交给墨西哥总统瓦律斯提阿诺·加汉扎。电报发出去后，齐默尔曼很快收到德国驻美大使馆的回音，他自以为得计，露出久违的笑容。

1917年1月16日，"40号房间"在美国截获了齐默尔曼的这封德国最高级别的"0075"加密电报。这一密码系统有10000

1917年11月7日列宁带领布尔什维克发动十月革命，建立了世界上第一个社会主义国家。

十月革命胜利之后与德国签订布列斯特-立陶夫斯克停战条约。

个词和词组，与 1000 个数字码群对应。霍尔指示手下奈杰尔、德格雷迅速破译。由于他们过去对“0075”密本已经研究了几个月，经过一个通宵的奋战，黎明前两人猜译出电报中的一些字词。他们兴奋地把译文送给刚刚起床的霍尔。电文如下：“01588075 柏林外交部 1 月 16 日。极机密。阁下本人参阅。发致 2479 的帝国公使。拟于 2 月 1 日开始无限制的潜艇战。以迫使英国在几个月求和。收电后即报收到。齐默尔曼。”

虽然译文残缺不全，但霍尔还是抑制不住内心的欣喜。这封电报太重要了，它证实了英国一直担心的事情，德国确实准备出动潜艇阻止美国参战。

霍尔带着电文兴冲冲地去见英国外交大臣鲍尔弗，不想遭到冷遇。由于电文不完整，鲍尔弗不以为然地将电文抛给霍尔，让他视情况自行处理。被泼了一瓢冷水的霍尔回到“40 号房间”，他发誓一定要将电文全部译出来。

半个月后的 1917 年 2 月 1 日，德国果然发动了无限制潜艇战①。这与霍尔破译的电报内容完全一致。

由于事先未做任何防范，无限制潜艇战给协约国造成巨大损失。1917 年夏初，英国海上运输趋于瘫痪，战争所需物资吃紧，城市居民疯狂抢购食品。英国政府不得不在国内紧急实行配给制。居民要凭食物

① 即德国潜艇可事先不发警告而任意击沉任何开往英国水域的商船。

从左上角顺时针方向：1915年在喀尔巴阡山脉、1918年3月德国士兵在基辅、1917年10月俄罗斯战舰、1914年俄罗斯步兵、罗马尼亚步兵。

证购买食品，豪华旅馆和饭店也都被限制。市民将花池改成菜畦，甚至网球场上的草地也种了土豆。英国一度陷入困厄之中。

尽管美国在德国发起无限制潜艇战的第二天即召回驻德大使，并把德国驻美大使驱逐出境，并与德国断绝了外交关系，但却没有像英国期待的那样对德宣战。

要想促使美国发动对德战争，唯一的办法是将齐默尔曼的阴谋计划告知美国。这就需要“40号房间”拿出那封高密级电文全部译文。霍尔盯着电文中一句话冥思苦想：“发至 2479 的帝国公使”，“2479”指的是何地？凭借长期的破译经验，霍尔猜测可能是指墨西哥。

霍尔感到，他应该先把这种猜测变成确凿的证据，但还需要一种掩盖英国获取情报真实手段的方式。霍尔想到：倘若“2479”的确是指墨西哥，那么德国驻美大使定会将齐默尔曼电报转给德国驻墨西哥领事馆，而领事馆内一定有这份电报的副本。

作为谍报高手，霍尔深谙情报界的所有情况。当时外交机构使用西联电报公司的商业电报电缆，这些电缆从华盛顿直通墨西哥。而电报局对所有经其线路传送的电报都保留一份副本。因此，墨西哥城电报局一定有霍尔想要的东西。

有了这个念头，霍尔立即通知在墨西哥的英国间谍前去执行盗窃电报的任务。就这样，一个代号为“T”的英国间谍夜里潜入毫无严密防护的墨西哥城电报局，在电报档案柜里找到了齐默尔曼电报的拷贝。

“T”窃取的电报令霍尔喜出望外，因为他发现这封电报用的竟然不是高密级的“0075”密码，而是密级较低的“13042”密本，而这个密本是“40 号房间”早已解译的，所以破译这份电报对霍尔来说易如反掌。

为什么墨西哥收到的齐默尔曼电报与英国在美国截获的那个不是同一个密级的电报呢？关于这个问题有两种不同的版本。

第一个版本是：由于墨西哥领事馆不属于德国高级驻外机构，因此齐默尔曼没有给那里的领事配发绝密的“0075”密本。德国驻华盛顿大使发电报用的是驻墨西哥领事能够解译的普通密级“13042”密本。这种密本作为常用密码在“绕道瑞典”的电缆线路上已经使用多年。

第二种版本是：由于德国驻美国大使犯了个致命的错误：他将接收到的齐默尔曼电报用新的“0075”密件本译出，然后又用老的密件本“13042”加密后传给墨西哥城。是他的失误帮了“40 号房间”的大忙。因为霍尔的手下在此之前还不是特别了解德国的新电码，这样一来，“40 号房间”经过新旧密码对照，完全搞清了德国的新加密电码。

无论哪种说法正确，霍尔的猜测都成了现实：“2479”这一关键密码组正是指的墨西哥。霍尔看完破译的电文后简直欣喜如狂，他仿佛已经听到美国总统对德宣

美国第28任总统威尔逊。

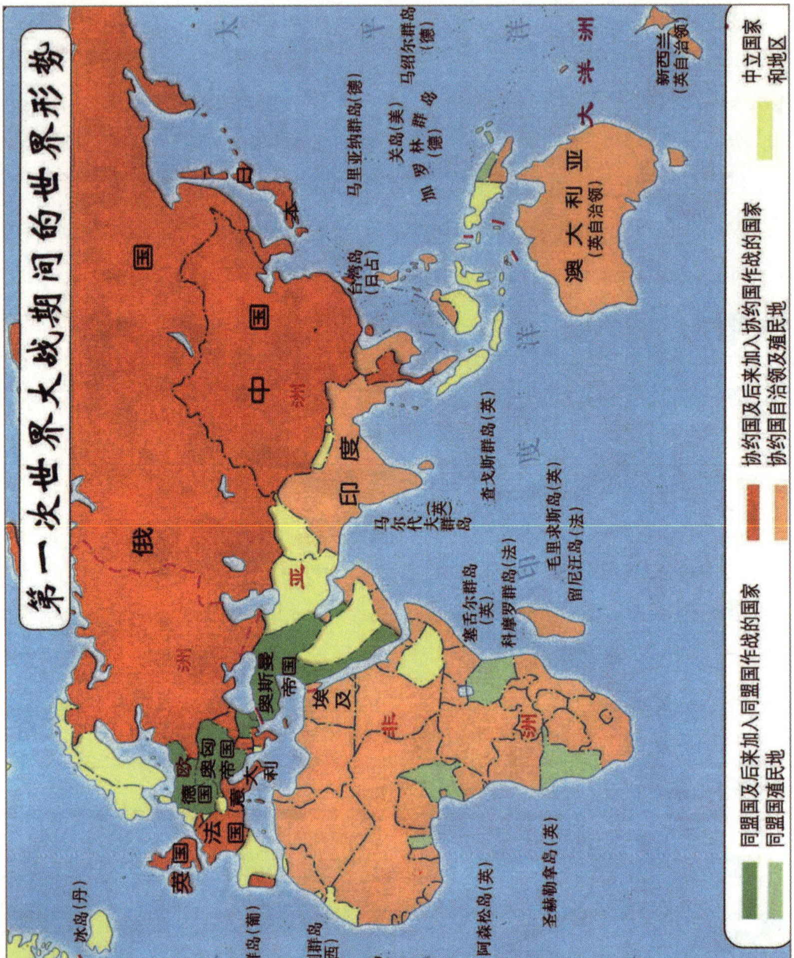
第一次世界大战期间的世界形势
同盟国及后来加入同盟国作战的国家
同盟国殖民地
协约国及后来加入协约国作战的国家
协约国自治领及殖民地
中立国家和地区
俄国
中国
日本
印度
亚洲
欧洲
非洲
北美洲
南美洲
大洋洲
德国
法国
英国
奥匈帝国
意大利
奥斯曼帝国
埃及
澳大利亚（英自治领）
新西兰（英自治领）
加拿大（英自治领）
美国
巴西
秘鲁
智利
阿根廷
冰岛（丹）
格陵兰岛（丹）
纽芬兰（英自治领）
密克隆群岛（法）
百慕大群岛（英）
亚速尔群岛（葡）
加那利群岛（西）
佛得角群岛（葡）
阿森松岛（英）
圣赫勒拿岛（英）
塞舌尔群岛（英）
科摩罗群岛（法）
毛里求斯岛（英）
留尼汪岛（法）
马尔代夫群岛（英）
查戈斯群岛（英）
台湾岛（日占）
马里亚纳群岛（德）
关岛（美）
加罗林群岛（德）
马绍尔群岛（德）
太平洋
大西洋
印度洋

1918年4月10日埃斯泰尔战役中被催泪瓦斯攻击的英国第55步兵师的士兵。

战的声音！

电文中，齐默尔曼建议墨西哥与德国结成军事联盟，共同对抗美国。齐默尔曼还说，德国要在1917年2月1日重新开始无限制海战，为让美国原地不动，齐默尔曼怂恿墨西哥向美国挑战，讨还被美国所占领土，重新宣布得克萨斯州、新墨西哥州和亚里桑纳州归墨西哥所有。德国还让墨西哥说服日本进攻美国，而德国将向其提供军事和资金援助。

这时，霍尔可以放心大胆地将齐默尔曼电报原文发给美国总统威尔逊（1856—1924年）了。他此前的做法也让美国感到这封电文的确是在墨西哥搞到的，而不是在美国截获的。如果不是这样，那英国就难以摆脱自己对中立国特别是美国电报侦收及破译的嫌疑。

1917年2月19日，霍尔先与美国驻英使馆秘书通电，随后正式将电报由外交大臣转交美国驻英大使佩奇，进而报告总统。

可美国总统威尔逊的反应出乎霍尔等人意料，他怀疑这是英国人耍的花招。威尔逊要求英国提供更为充足的证据。

这倒没有难倒霍尔。他告诉美国，齐

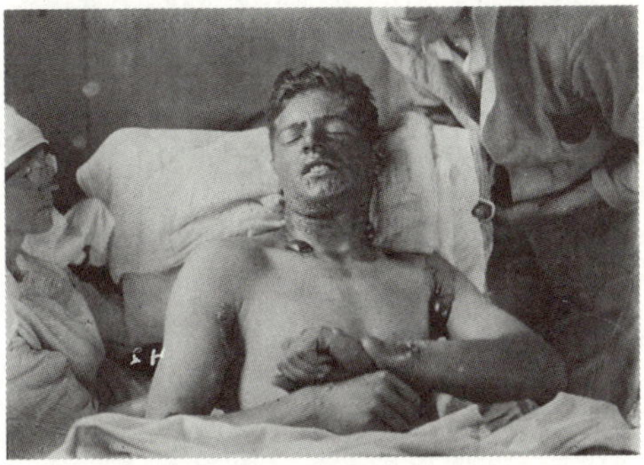

约1917—1918年被芥子气烧伤的加拿大士兵。

默尔曼电报是经美国外交通信电缆发出的，因此在美国必定能找到这份电报的副本。威尔逊闻言迅速派人去查询，果然在美国国务院电报档案里找到了。这下美国人被激怒了，自傲的德国人居然向墨西哥发送了一份阴谋毁灭自己的电报！威尔逊对此再无话可说。

2月27日，威尔逊与国务卿商定公开发表这份电报。就这样，3月1日，齐默尔曼电报的内容在美国各大报纸头版头条刊登出来。看到这惊人的消息，美国上下顿时义愤填膺，他们是绝不会让德国将美国的土地拱手送给墨西哥的。

美国终于在1917年4月2日正式向德宣战。威尔逊在国会发表演说："德国最近的行为事实上等于向美国政府和人民进行战争。请国会声明，国会正式接受已经强加于它的交战国状态。"4月6日，美国宣布参战。当然，美国的参战绝不仅仅是因为齐默尔曼的这封电报。在历次的对外战争中，美国都是为了攫取更大的利益。

值得一提的是，齐默尔曼的计划最后并没有得到墨西哥的认同。当时的墨西哥总统瓦律斯提阿诺·加汉扎曾委派一名将军去研究计划的可行性，最后认为墨德联盟不可行。

墨西哥的想法是：为收复失地与军事力量强大的美国开战，墨西哥居于下风。即使德国给予军事和财政援助真的那么慷慨也无济于事，因为美国拥有南北美洲区域内唯一具有规模的武器制造商，即使墨西哥再有钱，也无法买到军火，所以德国的财政支持不值一文。退一步讲，因为英国皇家海军长期控制大西洋航线，德国也无法为墨西哥提供足够打击美国的武器弹药。再者，即使成功收复被美国占领的领土，墨西哥还将面临新的困难和考验：如何容纳或安抚当地讲英语的人口？基于种种考虑，1917年4月14日，加汉扎总统正式拒绝了齐默尔曼电报内的提案。

四 耻辱的一页

英国皇家海军"40号房间"在第一次世界大战中所起的重大作用不言而喻，它破译的电文曾改变了战争的进程。有材料估计，从1914年10月到1919年2月，霍尔与他手下的谍战精英截获和破译的德国密码电报至少1.5万份。

"40号房间"的故事是精彩的、传奇的，但它绝对不是常胜将军，它也曾有过令人沮丧的败笔。这就是曾轰动英国的陆军大臣基钦纳勋爵之死事件。

霍雷肖·赫伯特·基钦纳（1850—1916年）是英国历史上最具影响力的名将之一。时任英国陆军元帅。绰号"首领""王中王"，他是喀土穆伯爵，一位管理天才。基钦纳起初任皇家工程兵军官，1883年在中东服役，1892年任埃及陆军总司令。1898年在恩图曼镇压马赫迪苏丹军，成为该国总督，阻止了法国在苏丹的扩张。第二次布尔战争中，

1918年，美军的履带牵引式火炮。

他采取“三光”政策，残酷镇压游击队；1902—1909 年在印度任职，期间因与印度总督寇松不睦而致寇松辞职。1914 年起任英国陆军大臣，未经内阁同意竟私自组建了 300 万大军。

1916 年 5 月，英法为早日打败德国等同盟国，决定派基钦纳前往俄国协调各协约国在东西两线的军事力量，以便统一行动。基钦纳的行程定于 6 月份，将乘坐英国皇家海军前不久刚刚下水的“汉普郡”号巡洋舰。该舰排水量 1.9 万多吨，航速 27 海里，装有 8 门 280 毫米口径的大炮。

基钦纳的秘密出访计划被德国女间谍玛塔·哈丽通过色诱手段侦知，但航行路线尚不明朗。

1916 年 5 月 26 日，德国海军情报处挪威籍破译员兰格截获一封英国人的电报，破译后得知这是一艘英国驱逐舰发给英国海军部的，电报内容是：奥克尼以西航道上的水雷已经全部扫清。

起初，因为感觉电报内容无关紧要，并没有引起兰格的注意。可当他再次检视电报时，突然感到不对劲儿：按惯例，英舰在海上执行任务只需向陆上基地报告即可，这次为何一反常态，而要直接向海军部报告？高度的职业感令兰格意识到，这件看似平常的扫雷小事竟然惊动英国海军部，里面大有文章。兰格继续侦听，结果其后一个小时内又截获 4 份内容相同的电报。兰格坚信自己的判断，立即向上级报告了这件事。

德国海军部同样很重视兰格的报告，

霍雷肖·赫伯特·基钦纳。

他们联系基钦纳出访的情报，分析后认为英国一定有重大的军事行动，便立即派出布雷潜艇，以最快的速度在奥克尼以西1000米的几条航道上重新布雷。

6月的一天，基钦纳勋爵乘坐那艘“汉普郡”号巡洋舰驶在奥克尼西海岸的一条航道上。突然，一声巨响，“汉普郡”号迅速下沉，基钦纳和舰上一千多名海军官兵全部葬身海底。

其实，基钦纳之死，“40号房间”的主人霍尔难脱干系。

起初英国人的密码本也曾落到德军手里，与德国人不同的是，“40号房间”很快明白真相，却假装不知，而且还想利用这个被他们作废的密码本好好涮德国人一顿。霍尔就是基于这个想法而犯下不可换回的错误，为“40号房间”涂上耻辱的一页。

当时，德国企图派出10余艘潜艇前去截击基钦纳乘坐的“汉普郡”号，并诱使英国舰队前来救援，从而一箭双雕消灭之。但德国海军未曾料到，他们的计划已被“40号房间”侦知。霍尔于是决定实施反间谍手段。据英国海军上将詹姆斯事后说，霍尔和海军扫雷处处长普雷斯印刷了一份假的水雷已扫除的安全航道表，霍尔又通过间谍故意将此“情报”兜售给德国间谍。此举意在诱使德军在无关紧要的航道部署水雷，以消耗其水雷的作战能力。之后，霍尔又用德国人已获知的密码连续发出假情报，也就是被兰格截获的那几份电报。

德国人果真“上当”了，但霍尔却疏忽了一件事。出于保密考虑，霍尔并没有将自己的想法通知海军作战部。而海军部恰恰决定基钦纳乘坐的“汉普郡”号走奥克尼以西航道，因为在他们看来这条航道最安全。就这样，聪明反被聪明误，基钦纳就这样稀里糊涂地死在霍尔手里。后来，为应对议会质询，霍尔拟定了一份含糊其辞的报告，将自己的责任推卸的一干二净。

第一次世界大战结束后，考虑到战后的情报工作，英国内阁设立了秘密工作委员会。1919年11月1日，该委员会将“40号房间”和陆军情报处的1科合并，称政府密码学校（GCCS）。至此，“40号房间”完成了它的历史使命。

苏维埃俄国的铁腕“契卡”

作者：虎符

打响十月革命第一炮的"阿芙乐尔"号巡洋舰。

第一次世界大战，摧毁了沙皇俄国、德意志、奥匈和奥斯曼土耳其这四个老牌帝国，也催生了一个新国度——苏维埃俄国。

1917年11月7日，俄国十月革命爆发。涅瓦河上"阿芙乐尔"号巡洋舰的一声炮响，轰开了人类政治制度史上一块亮丽的蓝天。当晚，世界上第一个社会主义国家政权宣告诞生。

一 "火与剑"的反击

由于布尔什维克与资本主义剥削阶级在意识形态上的格格不入，苏维埃政权自诞生之初就倍遭仇视。在国内，高尔察克、尤登尼奇、彼得留拉、邓尼金、弗兰格尔等前沙俄将领们率领一支支白匪军粉墨登场，与红军展开大战，俄国土地上一度同时存在过十几个反布尔什维克的"政府"。在国际上，红色俄国与德国单独媾和退出一战，使协约国阵营极度不满，"共产主义革命"这个名词更是让各国发自内心地感到恐惧。为了惩罚俄国扑灭革命，1918年英国、加拿大、北洋政府、日本、意大利、美国组成干涉军进入俄国远东地区，一时间这个新生的社会主义国家内外交困。

除了军事上的包围，反苏大联盟的各路势力广泛勾结在一起，对于新生红色政权所

第一次世界大战东线局势图。

进行的颠覆阴谋活动极其猖獗。白匪探子、东正教反动神职人员、农村反对余粮征集制的地主带路党、英国、波兰等铁杆反共国家的间谍上蹿下跳，苏维埃政权走出的每一步都会遭到资产阶级反动分子的各种暗中破坏。

在立国之初，苏维埃政权和其领导人们因为自身意识形态问题，对暴力有着先天性的厌恶。列宁在他的《国家与革命》一书中说“将来不会有警察局的存在，秘密警察更不必说了。”他认为：“剥削者若没有实施其目的极为复杂的机器是无法镇压人民的，而人民甚至只要有很原始的机器或在几乎没有任何机器、没有专门的机构的情况下，通过武装起来的人民的普通组织就能镇压剥削者。”在1917年，苏维埃政府曾经天真地颁布过《取消死刑法令》，这种可笑的法令换来的不是反动势力的感激与妥协，反而使得他们更加有恃无恐，变本加厉的进行各种反革命阴谋活动。

翻开有关俄国国内革命战争的历史文献，里面充斥着诸如“高尔察克，邓尼金和协约国间谍试图炸毁彼得格勒自来水厂”“白军拆毁铁路，试图断绝莫斯科和彼得格勒的粮食供应”“在搜查资产阶级住宅和外国大使馆时发现并没收了很多武器，对于形迹可疑的人则从彼得格勒驱逐

▌俄国内战时期。从上起顺时针，1919年的顿河军、1920年的一支白军步兵部队、红军第一骑兵军、1918年的托洛茨基、1918年在叶卡捷琳诺斯拉夫被奥匈军绞死的农民。

1918年1月，南俄的反布尔什维克志愿军。

出境”“发现了白军‘民族中心’与国外间谍机关的秘密联系”等等记载。

在描写那个时期的文学作品中，有关白匪军与沙俄遗老遗少们对苏维埃进行颠覆活动的描写更是数不胜数。反动分子暗杀干部，袭击红军征粮队，发动武装叛乱、消极怠工、破坏生产设备、煽动群众无所不用其极，白色恐怖氛围空前严重。面对各方反俄反共势力的疯狂反扑，苏维埃不得不将自己曾经深恶痛绝的秘密警察制度从历史的垃圾堆里翻捡了出来，以“火与剑”的手段对反革命势力进行回击。

出于俄罗斯人酷爱组建“某某委员会”的习惯，1917 年 12 月 20 日，“全俄肃清反革命及怠工非常委员会”紧急成立，总部位于莫斯科卢比扬卡大街 11 号，这个委员会初期构架简单，下设“情报局”“组织局”“行动局”，外加一个“军事革命委员会”，由苏维埃中央执行委员会委员捷尔任斯基担任首任主席。它的使命是“在全国范围内消灭制止反革命和怠工行为，

契卡的徽章。

白俄军的宣传海报“为了统一的俄国”，把布尔什维克描绘成倒下的巨龙，把白军比作十字军骑士。

1918年8月，协约国武装干涉俄国内战期间在符拉迪沃斯托克的美军。

将其积极分子交由法庭处理，同时还进行前期侦查和预审"。这个机构冗长的名字可能不被大家所熟悉，但其俄文缩写读音"契卡"绝对是大名鼎鼎。

在契卡成立之初，其工作要接受司法人民委员会、内务人民委员部、彼得格勒苏维埃主席团的监督，逮捕令必须由司法人民委员签署才能生效。这种体制有效控制了契卡的权力，但从另一面看也束缚住了肃反工作者们的手脚。在敌人颠覆破坏活动愈演愈烈的1918年，迫于压力的苏维埃开始放开了限制。2月23日，契卡发布了通告，认为全俄肃反委员会以前过于宽大仁慈，"在革命危急时刻，对于反革命分子、间谍、暴徒、流氓、投机商人和其他寄生虫，除了在犯罪地点就地无情消灭外，没有别的斗争方法"，自此契卡拥有了不经审判便可对专政对象执行枪决的权力，一头猛虎被放出了笼子。

日本干涉军开进海参崴。

但我们不得不承认，在动乱时期，宵小之辈不会感激谁的宽大，也不会在乎什么法律，他们最害怕的就是铁腕。在黑暗中经过敌对势力周密策划，环环相扣的阴谋诡计往往适合用简单暴力的手段快速化

1922年饥荒的受害者。

解。1918年，针对布尔什维克的暗杀风潮在8月30日列宁遇刺重伤那天达到顶峰。愤怒的苏维埃政府在9月5日通过了《关于红色恐怖》的法令，契卡充当了“红色恐怖”的急先锋，进行了一系列针对社会革命党人、贵族阶级的代表、金融阶层、旧沙俄军人的严打。以逮捕、关押、强制劳动、处决的方式快速稳定了国内局势。

阴暗的审讯室，潮湿的地牢，叼着莫禾烟的特工，穿着皮风衣的行刑队，鲜血淋漓的墙根，一具具全身赤裸、前额带着弹孔的尸体，这类画面几乎就是当代西方文学影视作品中对于肃反委员会的全部印象，叙事套路比样板戏还要固定。这种有意无意误导形成的固有印象让很多人忘记了契卡实际上是红色苏维埃的谍报单位，搞肃反只是副业，对敌对势力进行情报战才是其本职。

国内革命战争时期，契卡除了通过“红色恐怖”手段镇压反革命，还积极派遣敌工人员渗透反革命组织，从内部挫败他们的反革命活动。

1918年初，契卡派遣一位名叫格鲁别夫的敌工人员假称自己是前沙俄军官，成功渗透进了一个名为“同布尔什维克斗争并向卡列金（将军）派兵同盟”的组织，暗中收集组织人员名单，记录他们的秘密接头地点。在两个月内，这个拥有上千成员的反革命集团就被彻底肃清。受此鼓舞，契卡敌工人员越战越勇，在8月30日列宁遇刺后的短时间内，一举破获了涉及英、法、美等国的外交官和秘密间谍的“洛克哈特阴谋”。直到今天，俄联邦的情报人员都将契卡前辈成功破获这次针对列宁的暗杀阴谋视作俄国谍报史上最重大的胜利。

二 间谍莱利

罗伯特·布鲁斯·洛克哈特，英国人，在俄国十月革命期间担任英国驻莫斯科代理总领事一职，代表英国负责同布尔什维克政府进行非正式接触，试图说服苏维埃政权继续留在协约国序列中对德作战，毫不意外地被拒绝。此事使得洛克哈特觉得颜面大失，被外交部那帮尖酸的同僚们好一阵挖苦。布列斯特合约的签订，彻底磨灭了洛克哈特说服苏维埃在东线采取军事行动的希望，恼羞成怒的他立即放弃了亲布尔什维克的立场，站到了苏维埃政权的对立面。提出了一个“在协约国部队空降之夜除掉所有布尔什维克的领导人，并建立一个真正军人专制政府”的可笑计划，

“007系列”中“邦德”的原型就是西德尼·莱利。

得到英国军情一处的大力支持，不仅从英国国内派出一批情报军官加入计划，军情一处驻俄负责人埃内斯特博伊斯也直接参与了行动。

西德尼·莱利。

在军情一处派来支援暗杀计划的间谍中，表现最抢眼、后世最知名的当属一位名叫“西德尼·莱利”（Sidney George Reilly）的特工。此君经历可谓传奇，连他的身世都众说纷纭，一说是俄国妇人与奥地利犹太医生的私生子，一说是爱尔兰船长之后，一说是出生于俄属波兰的一个富裕犹太人家庭。他生性狡诈风流，“拥有十一份证件和同样多的妻子”，精通暗杀，极其善于撒谎，具备高超的应变能力，属于天生的间谍，传说是詹姆斯邦德这位银幕特工的现实原型，在潜入俄国之前就已经有着非常丰富的谍报经验，长期做着多

日本海军夜袭旅顺的浮世绘。

面间谍的买卖。

在日俄战争前，莱利在俄国结识了传奇情报人员、日本驻俄公使馆附武官明石元二郎大佐。在明石的建议下，以商人身份潜入中国东北窃取俄军情报出卖给日本。在伊朗，他扮作传教士通过诱骗手段为英国争取到了一片油田。在德国时，他先以德国汉堡船厂驻彼得堡业务经理的身份弄到了德国海军造舰计划，使得英国皇家海军对德国公海舰队的实力了若指掌，认为其还不足以动摇大英帝国的海上霸权，随即制定了咄咄逼人的海军战略，将公海舰队牢牢封锁在德国港口。

德国舰队自沉斯卡帕湾。

果然，莱利提供的情报相当准确，日德兰大海战成为了看似强大的德国公海舰队的最后挣扎。虽然此战中，英国皇家海军的损失几乎比公海舰队重了一倍，但伤筋动骨的依然是德国海军，此后舍尔海军上将再也不敢在大西洋上与英国争夺制海权，公海舰队成为了海权理论中典型的“存在舰队”。直到1919年6月21日上午10点半，整个公海舰队随着旗舰“埃姆登”号发出的那一声莫尔斯码——“彩虹”，

19世纪80年代青年时期的莱利。

全体扭开海底阀门，自沉于英国斯卡帕湾，完全泯灭在了历史长河中。

一战爆发后，莱利又混进著名的军火巨头企业埃森克虏伯工厂做了一名电焊工，在生产线上发现了大量毒气弹（是原始的氯气钢瓶还是真正的芥子气炮弹现在不得而知）。为了弄清楚这批特殊武器的成分和制造数量，他伺机潜入车间杀掉两名警卫人员后盗取生产计划，倍受当时英国情报部门负责人温斯顿·丘吉尔的赏识，洛克哈特也盛赞其"同时具备犹太人演员的气质与爱尔兰人那种天不怕地不怕的勇猛"。

1918年春，代号"CTI"的莱利再次被派遣到俄国，胆大包天的他没有与洛克哈特联系就踱到克里姆林宫门口，面对接待人员自称是英国首相劳合乔治的特使，要求同列宁会面，企图当场刺杀列宁。这种唐突的非正式会面要求显然不符合外交礼仪，忙于工作的列宁没有接见他，但是派来了重要助手、最高军事委员会委员弗拉吉米尔·邦奇布鲁耶维奇将军询问莱利会面目的，同时外交委员会工作人员打电话到英国领事馆核实莱利此人是否真是英国首相特使，莫名其妙的洛克哈特差点当场说"根本没有什么特使，那人不是冒充英国人的俄国人就是个疯子！"事后，洛克哈特才从博伊斯处知道莱利是英国特工人员，他将莱利叫到办公室大骂了一通，此后莱利装扮成一个旅居的希腊人潜伏下来，开始认真准备刺杀列宁的阴谋。

在洛克哈特与莱利的阴谋开始酝酿时，契卡也开始了他们的行动。1918年6月，捷尔任斯基向彼得格勒派遣了两名拉脱维亚族敌工人员扬·布伊基斯和扬·斯普罗基斯。两人自称是施密德肯和布雷迪斯，扮成了两个在寻求同协约国联系的反革命地下组织的代表。他们见到了英国领事馆的海军武官P.H.克罗米大尉，克罗米同时又将布伊基斯和斯普罗基斯介绍给了莱利。

这两个人向莱利反映说，驻莫斯科的

伦敦晚报的间谍大师系列漫画中的莱利伪装成契卡成员通过苏联红军岗哨。

契卡工作人员的工作证。

拉脱维亚族士兵对现状日益感到不满。二人的言论使得后者似乎在拉脱维亚人身上看到了推翻共产主义制度的契机，得出了这样的结论："莫斯科的士兵都是些拉脱维亚人，谁控制了拉脱维亚人，谁就控制了首都。拉脱维亚人不是布尔什维克，但他们在为布尔什维克效力，因为他们无处可去。他们都是些外国雇佣军，而外国雇佣军为的就是钱。谁出钱多，他们就跟谁走、我若是能收买了拉脱维亚人，那我们的问题也就迎刃而解了。"

8月中旬，两位契卡敌工人员又来到莫斯科洛克哈特的代表处，获取了后者信任。在此后的第二次见面中，另一位名叫别尔津的契卡间谍也加入了进来，洛克哈特并不以为意，还为他们引荐了法国驻莫斯科总领事费尔南·格列纳尔。别尔津吹嘘拉脱维亚族士兵都准备参加反布尔什维克的"起义"，并且在五六个星期内所有事宜都可以准备妥当。根据洛克哈特的建议，他们决定由莱利承担同拉脱维亚人的谈判工作，大约于8月20日开始的几次谈判，都是在肃反委员会监控的地点进行的。莱利给了别尔津120万卢布做起义经费，后者则将这笔钱交给了肃反委员会。

此后，美国驻莫斯科总领事在美领馆召集了协约国的间谍们进行会面。在这一帮阴谋分子里，很不幸的再次渗透进了一位拥有法国身份的契卡间谍列涅·马尔尚。契卡针对国外反革命分子的大网正在不声不响的收拢，而这帮人却浑然不知，依然忘我地在那儿策划阴谋，卖力为自己的脖子编织着一条条结实的绞索。

"猫捉老鼠"的游戏在8月30日意外地提前结束了。这天，彼得格勒契卡领导人乌里茨基遇刺。同日，列宁在一个工人集会上遇刺。那个名叫"芬妮·卡普兰"的女性无政府主义者枪手，在后世被别有用心的人架上神坛，被树立成"理想与革命"的化身。实际上，芬妮·卡普兰很可能只是精神失常或者有毁灭异见者肉体的行为倾向。

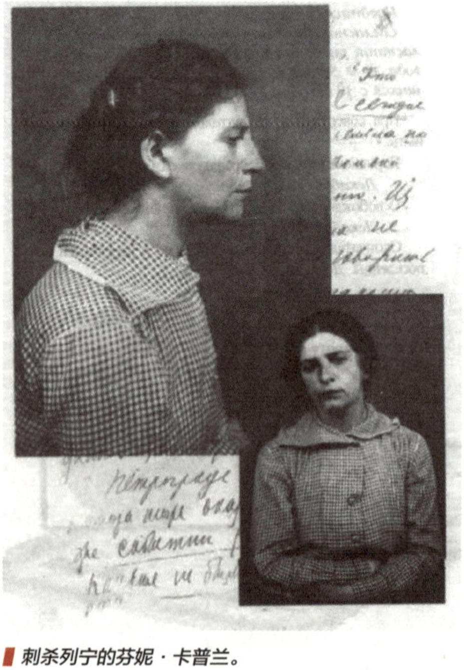

刺杀列宁的芬妮·卡普兰。

卡普兰刺杀列宁现场还原图。1.列宁所在的位置；2.被子弹击中并倒下的一名工人的位置；3.司机斯捷潘.吉尔，他目击了枪击；4.凶手由此位置向列宁开的枪。

在喝完不知剂量的伏特加后，芬妮·卡普兰鬼使神差地跑去集会现场，对着列宁开了三枪。一颗子弹透衣而过，一颗打中了肱骨，另一颗则打穿了列宁的肺叶，停留在颈部皮下，引起了大出血，子弹差一两毫米就要了这位伟人的命。

这起双方都没有想到的暗杀事件起到了“打草惊蛇”的效果。狡猾的莱利见势不好立即出逃，迫使契卡提前展开了行动。第二天凌晨三点半，洛克哈特在自己床上被契卡敌工人员用手枪顶着鼻子抓了起来。心里本来就有鬼的洛克哈特完全慌了神，连自己的外交证件都忘了出示。同时，洛克哈特同谋们也被契卡逮捕，住宅被搜查，在法国间谍德·维迪曼的住处起获了大量炸药。在化名“谢尔波夫斯基”的美国间谍卡拉马蒂亚诺的住宅中找到一个罐子，里面的纸条上写有他们转交给俄国间谍的款项，可谓铁证如山。此次事件后，共有十八名外国间谍被逮捕并枪决，英国军情一处派驻俄国的情报人员几乎被一网打尽。

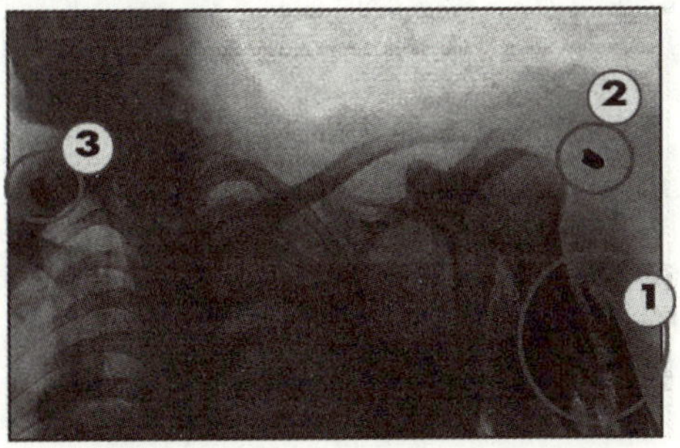

列宁中弹后的透视照。1.骨折部位；2、3.为子弹。

三 令西方胆寒的契卡

在历史上，苏联情报机关的威名绝不只是靠着肃反和在国内抓几个间谍便能轻易成就，它外派的特工人员从来都是令西方国家心惊肉跳的存在。从契卡建立开始，它的情报工作就是对内对外双管齐下的。

1918年1月，契卡派遣敌工人员阿列克谢·弗罗洛维奇·菲利波夫前往芬兰，调查当地政治形势。利用布尔什维克党人广泛的群众基础，深入了解驻扎在芬兰的前帝俄波罗的海舰队官兵对于革命和以后自身前途的看法，并且成功将波罗的海舰队司令拉兹沃佐夫争取到了革命阵营中来，使旧帝俄海军波罗的海舰队得以顺利地改编为红海军波罗的海舰队。这支被苏维埃情报人员策反的舰队在穿越冰区辗转回国的征途中，又相继救出了236艘军舰和运输船。在俄国国内革命战争中，这支红海军与红军密切配合，并肩战斗，为战争的最终胜利发挥了重要作用。

在与国内白军势力的斗争中，契卡人逐渐意识到国内反革命活动的猖獗与国外势力的支持密不可分。在契卡特别处处长

1917年苏维埃政府所在地斯莫尔尼。

捷尔任斯基（居中者）。

会议上，明确指出了国内反革命活动受到国外领导，各路白匪在国外进行随心所欲的、不间断、系统的活动的影响，所以契卡有必要将战线延伸到国外。

1920 年，契卡在特别处编制内成立了一个新部门——国外科，专门负责对外情报活动。国外科工作细则规定，凡是与苏联有外交关系的国家，必须在各驻外代表处设立情报站。对于那些没有与苏维埃建立外交关系的国家，则以秘密派遣特工人员的方式进行情报收集。

到 1920 年 12 月，全俄肃反委员会主席捷尔任斯基发布了关于"组建契卡国外处"的 169 号命令，国外科正式由特别处下属单位升格为平级单位。同时国外处还成为契卡与外交部、外贸部等外事部门沟通的唯一管道，可见契卡对于国外处的重视程度。国外处成立之初就设有办公室、签证室，并且继续管理各驻外情报站。每个情报站包括 1 名站长，1 ~ 2 名助手，这些人在代表处内都有正式的官方身份作为掩护，只有代表处负责人才知道谁是情报站领导。这些情报站的主要任务为查明在国外从事反对苏维埃活动的反革命小组的活动情况，对所有从事针对苏维埃的谍报活动的组织进行侦察，搞清每个国家的政治路线及经济状况，获取相关文件资料。

因为在十月革命后苏维埃很快与德国媾和签订了布列斯特条约，两国快速地建立起了外交关系，第一个特别处情报站就建立在德国。并且以这个情报站为中心指挥着对法、奥、英、意等国的情报收集。在 20 世纪 20 年代初，这个情报站获得了诸如彼得留拉匪帮动向，法国间谍在喀琅

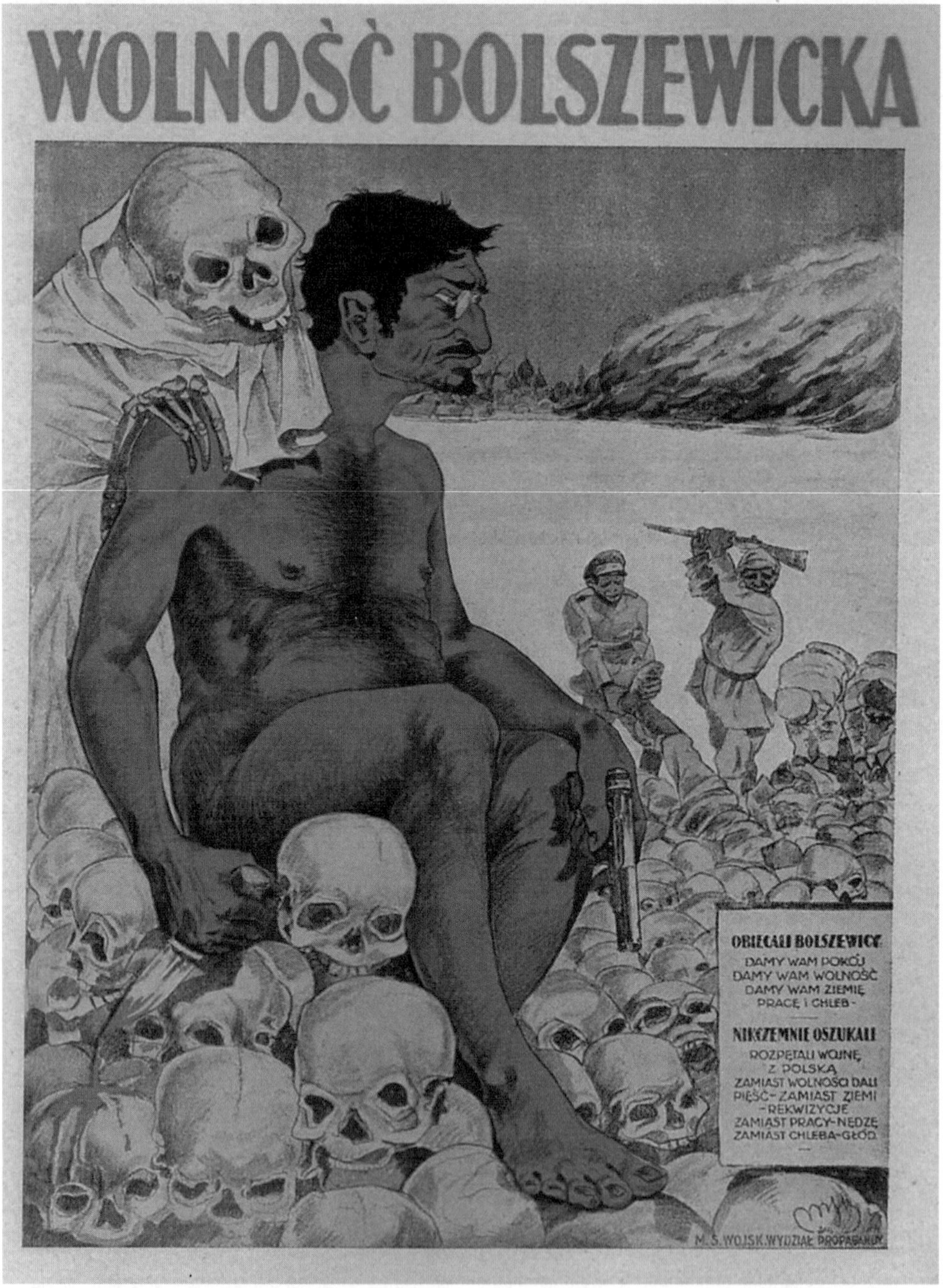

波苏战争时期列夫·托洛茨基的波兰政治宣传画。

哈尔科夫契卡总部外的万人坑。

施塔得的行动，欧洲各国对热那亚会议态度，反动势力阴谋对热那亚会议代表进行暗杀等重要情报。

此后，许多国家相继与苏维埃建立了外交关系，契卡国外处情报站的数量越来越多，触角遍及各国，为了加强管理，国外处处长特里利塞尔把驻外站分成6个区，即北方区、波兰区、中欧区、南欧与巴尔干区、东方区与美洲区。

北方区情报总站设在瑞典首都斯德哥尔摩，负责管理在丹麦哥本哈根、芬兰赫尔辛基、拉脱维亚里加和波兰卢巴瓦设立的分站。波兰区情报总站设在华沙，负责但泽、东普鲁士、加里西亚和乌克兰喀尔巴阡等地区的分支机构。巴黎、罗马、伦敦和布鲁塞尔的情报工作则归设立在德国柏林的中欧情报总站管理。南欧和巴尔干地区的情报工作由设在奥地利维也纳的南欧情报站负责，下辖布拉格、布达佩斯、贝尔格莱德、索菲亚、布加勒斯特等分站。东方区负责对中国、日本和美国部分地区开展活动。美洲区则在纽约和蒙特利尔设有情报站。此外，在近东、中东和北非，契卡也分别在土耳其的君士坦丁堡，埃及开罗和阿尔及利亚的阿尔及尔开设了情报站。一张密集的情报网络逐渐成形，为以后数十年的苏联对外情报工作打下了坚实的基础。

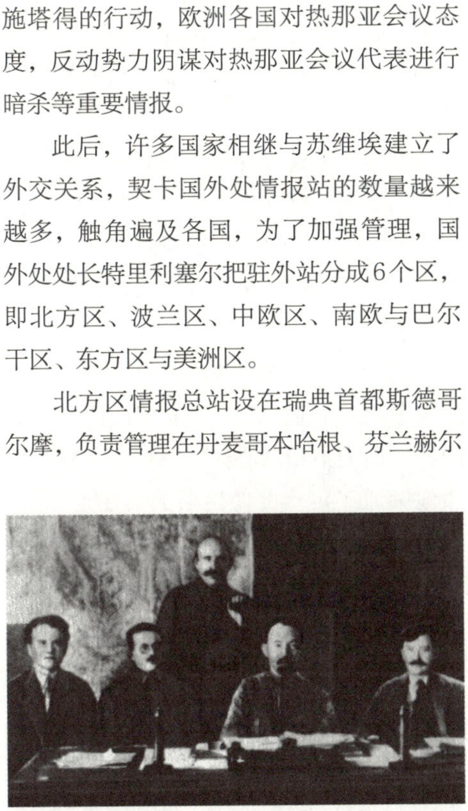

1921年契卡主席团成员。

驻外情报站的纷纷建立，理所应当地成为了契卡展开对外行动的坚实保障。契卡的肃反工作者们曾经凭空编造了一个所谓的"俄罗斯保皇组织"，用以对流亡国

红色恐怖中遇难的俄罗斯南部灾民。

外的白匪团体进行钓鱼执法，行动代号“托拉斯”。1921年，随着国外处工作的顺利开展，这个虚构组织亮相的条件得以成熟，逐渐为人所知。由反间谍处特工亚历山大·亚库舍夫所扮演的“俄罗斯保皇组织”成员顺利与境外的“最高保皇协会”“俄罗斯军人联合会”两个反动组织接上了头。以此为媒介，契卡反间谍处的特工们开始不断渗透到那些国外白匪组织中，诓骗这些组织成员回国自投罗网，顺便还捎带引诱一下芬兰、波兰等国的情报间谍。这些人的卧底行动是如此成功，据记载至少有8位乔装的苏维埃敌工人员获得过西方情报机构的奖励。

绘有捷尔任斯基头像的邮票。

也不知是冤家路窄，还是天网恢恢，在“托拉斯”行动中，苏维埃的特工们再次遇到了在1918年列宁遇刺案中逃脱的西德尼·莱利，不过这次莱利的好运气似乎到头了。

从1924年开始，参与“托拉斯”计划的国家政治保卫总局（由契卡改组而来）的特工们为莱利精心设了个局，他们先成功地骗取了可怜的博伊斯的信任①，使后者感觉自己马上就可以做出一番惊天动地的大事，兴高采烈地邀请远在纽约的西德

① 说他可怜，是因为这已经是这位老实人第二次上苏维埃特工的当了，此人就是1918年参与刺杀列宁阴谋的埃内斯特·博伊斯，军情一处驻莫斯科情报站站长，曾被契卡特工们耍得团团转。事发后，因其拥有外交人员的表面身份，最终被释放。

纪念拉脱维亚陶格夫匹尔斯在红色恐怖中受害者的石碑。

尼·莱利前来共襄盛举。

1925年9月21日，在热心肠的博伊斯先生积极穿针引线下，莱利来到维堡与"俄罗斯保皇组织"的"对外联络人"亚库舍夫会面，后者利用莱利的虚荣心理，邀请他前往俄国同"组织的主要领导人"会面，"共同决定下一步行动"。觉得自己倍受重视的莱利果然上钩，愉快地与亚库舍夫向俄芬边境出发了，这一去再也没能回来。根据苏联官方的说法，西德尼·莱利在1925年11月3日被人民法庭依据1918年12月做出的缺席死刑的判决结果执行枪决。

在苏维埃政权建立初期，全俄肃反委员会的确是苏维埃对付反革命势力的一只铁拳，它以细致果敢的作风干净利落地粉碎了国内外反动势力针对红色政权的一次又一次阴谋，对红色俄国所做出的贡献绝不容忽视。但是，在唯物主义辩证法中，任何事物都是有其两面性的。苏联作家尼古拉·奥斯特洛夫斯基在他闻名遐迩的《钢铁是怎样炼成的》一书中，提到过一首名叫《小苹果》的歌曲，里面有句歌词是“嘿，小苹果，你往哪儿滚，滚到肃反委员会的院子里可就出不来啦！”这个反间谍机构的那种连自己人都害怕的威武霸气可见一斑。“卢比扬卡的地下室”在某个特定的时期会让人想想都浑身哆嗦。

在革命危机时刻，苏维埃政权的领导人们果断下放权力，使得肃反委员会放开手脚对付国内外一切阶级敌人，这种措施对巩固革命政权确实起到了很积极的作用。但是，这种放权只能作为非常时期的非常办法，当局势缓和后，苏维埃没有及时地将肃反委员会那种生杀予夺的大权收回，一些领导人因为尝到了铁腕专政的甜头，放任这种状态的延续，忽略了法制才是治国的根本。

在捷尔任斯基时期，因为部门领导的正直垂范，契卡的肃反工作者们尚能对自己的行为进行约束。但是在这之后呢？当一个具备对内行使专政权力的情报机关失去法律与制度的约束，沦为少数人手里的暴力工具时，必然会发生畸形膨胀，成为一头可怕的怪兽。缅任斯基、亚戈达、叶若夫、贝利亚、梅尔库洛夫、阿巴库莫夫等等一长串名字，几十任领导，有几个流芳百世？几个能得善终？契卡特工那种阴森森的银幕形象并不完全都是歪曲，大清洗时代政保总局所犯下的罪孽更是被后来的苏联政府所盖棺定论的，历史耻辱柱上永远也洗不掉那些凶手的名字。

刺杀“纳粹谍王”海德里希

作者：迷之人物

第一次世界大战到第二次世界大战的和平岁月往往被后人认为不过是两次世界大战间的休战期。就在这段休战期中，催生了一个可怕而邪恶的怪物——纳粹德国。“盖世太保”和党卫军保卫处这两大纳粹德国的间谍机构，后来也为人所熟知，而这两个机构又与一个人的命运息息相关。他就是莱因哈德·特里斯坦·欧根·海德里希。

一 海德里希其人

1940年海德里希代理波希米亚和摩拉维亚保护国总督。

盖世太保首脑希姆莱。

1931年6月，两封书信被送到了时任纳粹党冲锋队参谋长的恩斯特·罗姆办公桌上。巧合的是，这两封书信都和同一个人有关：莱因哈德·海德里希。这两封书信，一封是海德里希自己加入冲锋队的申请书，另一封则是在纳粹冲锋队担任要职的易伯施坦因男爵为其所写的推荐信。

莱因哈德·海德里希这个名字，对于罗姆来说并不陌生。他于1922年加入德国海军，在1928年便已获得中尉军衔，但却在1930年因一次艳遇而被送上了操守法庭，最终因为“品行不端”这个理由被海军开除。罗姆不知道该怎么安排这个被开除的海军军官，于是把海德里希的申请转给了纳粹党内的另一位高官，担任党卫队总指挥的海因里希·希姆莱。

1931年夏天的党卫队已经成为德国右翼激进青年趋之若鹜的组织。自从1929年1月海因里希·希姆莱出任党卫队总指挥以后，两年多的时间党卫队从280人发展到1万多人，而且吸收了大批社会精英。此时的党卫队10%的头目具有贵族血统，而希

1933年，设在柏林的国家行政秘密警察盖世太保总部。

姆莱的参谋长是荷兰女王和威廉二世的侄子，原诸侯国太子约西亚斯亲王。

在海军服役多年的海德里希其实对冲锋队并不感冒。在海德里希的眼里，以酗酒和斗殴出名的冲锋队只是一帮乌合之众，他更希望自己能够进入更具有精英气质的党卫队（此时的党卫队仍然隶属冲锋队）。而海因里希·希姆莱正竭力将党卫队打造成一支血统纯正、纪律严明的精英队伍，海德里希典型的北欧人长相先就让希姆莱心生好感。罗姆将海德里希的申请书转交给希姆莱的行为，无疑让海德里希和希姆莱都大喜过望。

希姆莱对海德里希履历上的无线电官员一项颇感兴趣，因为他刚接到希特勒的命令，准备筹建党卫队情报机构。显然希姆莱并不知道无线电官员和情报官员根本就是两码事。1931年6月17日，希姆莱在自己的家中面试海德里希，开门见山地说明他打算招募一个情报官员，让海德里希在20分钟内写下开展党卫队情报工作的

1939年5月海德里希（中）、希姆莱（左）、卡尔·沃尔夫（右）和赫尔曼·埃塞尔。

1934年慕尼黑，时任SS旅队长、SS少将（旅队领袖）、巴伐利亚警方和SD的负责人的海德里希。

想法，后者这才恍然明白希姆莱是张冠李戴了。面对机遇，海德里希没有退缩，他绞尽脑汁地回想在海军修过的情报课程，以及闲暇时看过的关于英国军情机构的书籍。他写的答复准确使用了相关的军事术语，还附有一张机构设置图。虽然海德里希对情报工作没有半点经验，但小学校长出身的希姆莱同样对此一无所知，反倒大喜过望，认为自己“终于找到了一直在苦苦寻求的可用之材”。1931年7月14日，海德里希正式加入党卫军。

此后海德里希的仕途可谓是一帆风顺。1931年8月10日，他被任命为党卫队旗手，开始在慕尼黑党卫队总部办公；同年12月1日即升任党卫队突击队分队长；12月25日又被任命为党卫队二级突击中队长；到1934年9月30日，他已经摇身一变登上了党卫队总队长的宝座，成了纳粹党内的实权人物之一。

仕途上的步步高升背后，实际上掩盖着在当时并不为人所知的秘密：从被授予党卫军突击队中队长头衔之后，海德里希就带着希姆莱交给的几本卷宗，搬进了被称为“褐色大厦”的纳粹党总部，从事除了他以外再也没有第二个纳粹分子适合干的事业，极权主义秘密警察的生涯。很幸运，他选择了最适合自己的工作——对于他个人而言；很不幸，他选择了最能发挥自己能力的工作——对于社会而言。

因为考虑到自己的工作性质，海德里

希很快又将自己的办公室从褐色大厦中迁出，搬到慕尼黑土耳其街23号一所有两个房间的屋子里。在这里，海德里希很快扩大了自己的僚属机构，他将党卫军各单位的谍报人员和密探抽调出来，置于自己领导之下，由此产生了第一个党卫军特别机构，即党卫军保安处（SD）。新机构仍是党卫军的一个单位，它们好像影子一样紧附在党卫军各区域之下。保安处人员的任务是，侦查纳粹党内部的反党分子，以及监视敌对党派的活动。每一点具体情况、每一次监视活动、每一个人物履历，都详细记入专门制作的卡片，然后保存在慕尼黑楚卡里街4号保安处新总部。海德里希精明强干，心细如发，上任不久就挖出了慕尼黑警察局政治处安插在党卫队总部的一个间谍，他对此人软硬兼施，成功地将他转变为双重间谍，于是从1931年11月开始，海德里希能定期得到慕尼黑警察当局动向的情报。

海德里希的保安处并不是纳粹此时唯一的情报机构。1931年夏天党卫队地区宣传干事劳歇和助手舒曼建立了一个隶属纳粹党中央的情报机构，不但收集敌对情报，而且展开主动出击干扰敌对势力的活动。与此同时，冲锋队总参谋长罗姆命令慕尼黑律师杜穆林博士筹建冲锋队情报处，打探敌对党派的行动。但劳歇和杜穆林不注意保密问题，没有建立独立可靠的情报网，而是依靠冲锋队各地的头目收集情报开展工作，导致没过多久两个情报机构就被慕尼黑媒介曝光，杜穆林还惹了一身官司。海德里希谨小慎微的性格使保安处始终包裹在一团迷雾里，在不知不觉中发展壮大，也因此获得了纳粹党高层领导们的赞赏。

初露头角的海德里希非常了解英国情报机构，因为他们雇佣大批知识分子和社会精英，遍布世界各地的情报员都是分文不取，基于信仰和道义责任感提供服务。吸取了英国人的经验，从1932年4月开始，海德里希到德国各地招募情报人员，唯才是举，挑选的人几乎全是专业人士，很快就在整个德国建立了一个由工程师、律师、会计师、经济学家和国防军退役军官组成的庞大网络。这些人都是各自社区、团体的头面人物，完全基于信仰为海德里希义务工作。保安处的核心成员也和党卫队其他部门大相径庭，体现出高学历、高智力的特点。保安处曾经的二号人物贝斯特博

1941年海德里希（左）与卡尔·赫尔曼·弗兰克在布拉格城堡。

新巴伐利亚政治警察局。

士是行政法学的专家；负责调查天主教党派的帕丁拥有神学和法学两个博士；负责国内事务部的霍恩博士曾经是柏林大学宪法教授；负责犹太团体和共济会的西克斯博士也曾是柏林大学外国研究教授。海德里希还挑选了一个25岁的政治法律学者加入保安处，此人名叫“瓦尔特·施伦堡”，后来成为著名的德国谍报大王。所谓物以类聚，纳粹党能够吸引来的最优秀人才几乎全都进了海德里希的保安处，使得他能够组织一个极为强大的间谍情报网络。

盖世太保军官服装造型。

1933年，希特勒上台执政，纳粹党各头目瓜分了德国政府的关键职位，海德里希入主慕尼黑警察局六处，也就是政治处，后来在此基础上扩张成为巴伐利亚州政治警察署。与此同时，担任普鲁士部长会议主席的戈林开始在普鲁士内务部的基础上组建一支秘密警察，也即后来声名狼藉的“国家秘密警察”，简称“盖世太保”（Gestapa，后改为 Gestapo）。如此一来，纳粹党便拥有两套并行的政治警察系统，那就是希姆莱的党卫队保安处和戈林的盖世太保。但这种情况并不利于情报工作的开展，反而导致了互相之间的攀比和干扰，因此保安处和盖世太保势必要合并，唯一的问题就是如何合并。盖世太保成立之初希姆莱就和戈林商谈合并事宜，遭到冷拒。但在时任帝国内务部长的弗里克的支持下，希姆莱和海德里希接管了普鲁士以外其他各州的政治警察系统，形成和盖世太保分庭抗礼的态势。随着时间的推移，海德里希的保安处展现出比盖世太保高出甚多的效能，最终导致戈林不得不妥协：1934 年 4 月 22 日，希姆莱正式出任国家秘密警察总监，而海德里希代表希姆莱接管了盖世太保总部。

二 盖世太保

此时的盖世太保还仅仅只是一个秘密警察组织，但随着纳粹政权的需要，盖世太保渐渐发展成为无所不在、无所不为的恐怖统治机构，以确保纳粹对德国及被占领国家的控制。在 1934 年 6 月 30 日的“长刀之夜”行动中，海德里希的秘密警察崭露头角，迅速果断地将准备谋反的冲锋队领导层一网打尽。他起家的党卫队保安处也迅速发展壮大，吞并了外交部“内部情报处”，成为纳粹党唯一的情报机构。1934 年底，保安处搬进柏林威廉大街 102 号，和盖世太保的各级部门紧密结合，保安处负责收集情报，而秘密警察根据情报采取行动，庞大的间谍情报网络终于覆盖了整个德国上空。

海德里希在德国遍布特务，仅在 30 年代就雇有 10 万名兼职密探。此外，保安处还有 3000 人的专职密探和 3 万名兼职密探。在纳粹上台后的几年中，成千上万的左派人士、知识分子、犹太人、工会运动者、过问政治的教士，都不经法律程序被投入集中营。白色恐怖下使人的心态曲扭。当时一位驻柏林的美国记者写道：“你的儿子、你的父亲、你的妻子、你的表亲、你的好友、你的上司、你的秘书，都可能是海德里希的组织的告密者。”最终，在 1936 年 6 月 17 日，希特勒签署“帝国元首关于任命德国警察总监的命令”，海德里希成为安全警察总监，主持秘密警察（盖世太保）和刑事警察，拥有侦查、情报、审讯和处决的全部权力。在他的领导下，德国的间谍和特工们大肆活动，所布下的天罗地网逼得敌对势力无藏身之地，纷纷转移到国外；而党卫队保安处紧跟不放，逐渐将触角从德国国内伸向海外。

在海德里希的指挥下，以盖世太保和党卫军保安处为主力的纳粹党情报人员大肆活动。除了惯例的搜集情报和对外国情报系统进行破坏之外，海德里希还策划了一系列的“特殊任务”，这其中最成功的战绩出现在 1936 年底：尽管从 1922 年起德国和苏联就在《拉巴洛条约》的框架下

WHW
1941
Tag
der Deutschen
Polizei
ORDNUNGSPOLIZEI UND SICHERHEITSPOLIZEI IM KRIEGSEINSATZ

1939年11月8日慕尼黑刺杀希特勒时间调查会议。从左至右为弗朗茨·约瑟夫·胡贝尔、亚瑟、希姆莱、海德里希和海因里希·穆勒。

开始合作，并于1926年签订了《苏德互不侵犯和中立条约》；但抱持反对共产主义态度的希特勒上台后，两国间的关系一度降到了冰点。虽然从1933年4月后，两国关系又逐渐回温，但苏联军事力量的膨胀却一直使纳粹党人感到忧虑。

出于这种担忧，海德里希认为有必要及早铲除苏军指挥系统中的优秀将领和其他人才。为此，他策划出一个大胆的欺骗计划，编造出苏联副国防人民委员米哈伊尔·图哈切夫斯基元帅与德国情报机构合谋反对斯大林的故事，也就是著名的“R”档案。为了使这个故事更加逼真，显然需要一些逼真的证据，于是海德里希将目光投向了军事情报局所保存的一些信件，这些信件是图哈切夫斯基元帅于20世纪20年代初苏德合作蜜月期时与几位德国将军通信时留下的。但军事情报局一直将海德里希和他的手下当作竞争对手看待，于是严词拒绝了党卫队保安处索要这些信件的要求，恼羞成怒的海德里希干脆派人潜入军事情报局档案大楼偷出这些信件，同时放了一把火烧掉大楼毁灭证据。

靠着模仿信件上的笔迹，海德里希指使部下伪造了带有图哈切夫斯基元帅签名的反斯大林活动文件和接受德国巨款的收条。当一切准备停当之后，德国情报人员四处散布关于此事的谣言，一时间世人皆

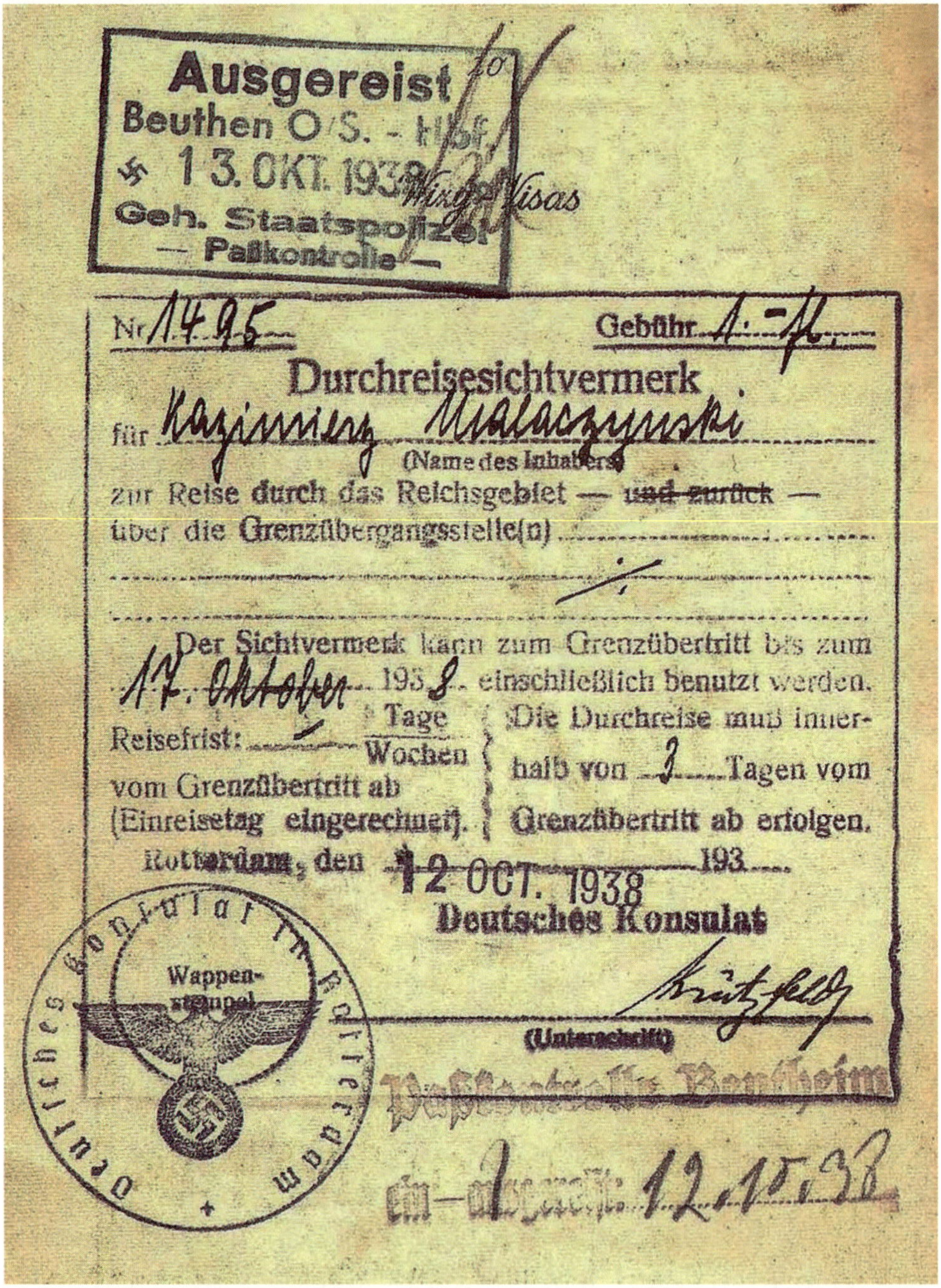
Ausgereist
Beuthen O/S. - Hbf.
13. OKT. 1938
Geh. Staatspolizei
— Paßkontrolle —

Nr. 1495 Gebühr 1.- fl.

Durchreisesichtvermerk

für Kazimierz Mialaczynski
(Name des Inhabers)
zur Reise durch das Reichsgebiet — ~~und zurück~~ —
über die Grenzübergangsstelle(n) ./.

Der Sichtvermerk kann zum Grenzübertritt bis zum 17. Oktober 1938 einschließlich benutzt werden.

Reisefrist: — Tage/Wochen vom Grenzübertritt ab (Einreisetag eingerechnet).

Die Durchreise muß innerhalb von 3 Tagen vom Grenzübertritt ab erfolgen.

Rotterdam, den 12 OCT. 1938

Deutsches Konsulat

(Unterschrift)

Deutsches Konsulat in Rotterdam
Wappen-stempel

ein—ausgereist: 12.10.38

1938年盖有盖世太保边检印章的西里西亚进入德国边境文件。

相貌英俊的海德里希。

知这桩"阴谋"。德国人的骗局十分成功，连法国总统都委婉地向苏联大使暗示，"可能有一些将会导致苏联国内动荡的问题出现"。捷克总统贝奈斯甚至在卧底的鼓动下，打算从德国情报人员手中买下这份情报再送给斯大林作为礼物。但此时斯大林所派出的特别代表已经到达了柏林，最终德国人的假情报卖出了300万卢布的高价。生性多疑的斯大林本来就对旧军官出身的图哈切夫斯基元帅抱有成见，当他拿到这些证据之后，倒霉的图哈切夫斯基元帅有口难辩。以此为契机，一场苏联历史上最残酷的政治清洗开始了，苏联军队高层的中坚力量遭受毁灭性的打击：5名元帅中有3名，15名集团军司令中有13名，85名方面军中有57名，195名师长中有110名，406名旅长中有22名，以及所有的军区司令，都在这场阴谋中丧生。最终因此丧生的军官数量高达三万五千名，几乎占到了苏军军官团的一半。这些被清洗掉的军官大都年富力强，他们的死使得苏联军队的指挥系统陷入了青黄不接的窘态，这不能不说是几年后的苏德战争初期苏军惨败的直接原因之一。

领教了海德里希的手段之后，作为党卫队保安处竞争对手的军事情报局不得不主动向其示好。不久，双方达成一系列协议，划分彼此的责任范围，这些协议被戏称为

盖世太保管辖的诺德豪森集中营约有400万人惨遭杀戮。

“十诫”。根据协议，军情局负责国外谍报工作，而党卫队保安处负责调查国内的政治案件和任何涉及叛国的行为。由于军情局没有自己的行动机构，海德里希许诺必要时将会由盖世太保为其提供警力协助。然而这种和谐关系是注定不能长久的，因为军情局和党卫队保安处在政治信仰、操作方法和用人原则等等方面都南辕北辙。而另一方面，野心勃勃的海德里希根本不受这些条条框框的限制，在他眼里这些协议的唯一作用是限制自己的竞争对手——对他来说，哪里有德国的敌人，他的情报网就会扩展到哪里。从1937年开始，“十诫”被不断修改，每一次改动都使党卫队保安处获得更多的权力，也使海德里希的权柄更加膨胀。

但海德里希并不满足于仅仅掌握情报机构。其强硬的作风、铁石心肠和雷厉风行的手段一直颇为希特勒所欣赏，同时也符合希特勒心目中日耳曼人种统治者的形象。在一些当时的记录中对海德里希有着如下描写：

“年轻，自信，不为传统所束缚，且凶残无比，使世人战栗……眼里闪烁着傲慢的光芒和猛兽般残忍的自恃……钢铁般的臂膀下推动的是残酷和恐怖的统治。”

可以确定的是，希特勒是有着将海德里希培养成自己接班人的打算的，海德里希也因此获得了“第三帝国的黑王子”这样一个绰号。尽管海德里希并不像其他纳粹高官那样有着表现得十分明显的权力欲，但在扩大自己权势方面他同样也是不遗余力。在早年海德里希就参加过反犹太主义的活动，在加入以反犹反共为重要行动宗旨的纳粹党之后，他在这方面更是大显身手，赢得了希特勒等纳粹党高层的赏识。在纳粹德国开始对犹太人的迫害行动之后，他的行动变本加厉：在1941年5月召开的普雷希会议上，海德里希组建了四支专事屠杀苏联犹太人的特别行动队。从1941年6月开始，这四支队伍在一年多的时间内，杀害了近百万名苏联犹太人，其中大部分是妇女、儿童和老人。海德里希行动的高效使得希特勒大为高兴，于是在1941年7月3日，希特勒亲自下令要海德里希主管清洗犹太人的任务，而后者则趁机提出希望前往波西米亚和摩拉维亚担任职务：“鞭策捷克人，使之成为德国的兵工厂”，同时也可以向希特勒展示其领导公共事务的突出才能，为进一步谋求更大的权柄做铺垫。

当时，捷克流亡政府正在呼吁本土工人消极怠工，这个号召立刻获得了广泛的、积极的响应，短时间内工业企业的生产效率大幅度降低；抵抗组织的破坏活动也变得异常猖獗，“破坏分子”对通讯、交通以及战略资源生产的干扰迅速增加。这一切都使得希特勒大为忧心。因此在经过一番思考之后，海德里希的自荐被接受了。1941年9月他被任命为波西米亚和摩拉维亚的副行政长官——也就是事实意义上的摄政总督。在任命书所附带的信件中，希特勒这样写道：“你去布拉格的首要任务是尽快地、严厉地打击那些‘反对派分子’，确保我们在捷克的军工企业和战争物资储备的安全，你有全权采取适当的紧急措施来达到这一重要目的。”由此可见希特勒对这位富有经验的盖世太保领导者抱着多大希望。

三 海德里希治下的捷克

同一时间，英国人和捷克流亡政府正在策划如何干掉捷克的头号卖国贼——布拉格傀儡政府的总理阿洛伊斯·埃利亚斯。而他们所选择的方法和海德里希的“R”档案计划异曲同工，都是计划通过伪造的信件来栽赃陷害，主持这一工作的英国安全协调局局长史蒂文森认为，可以依靠德国间谍机关对傀儡政权高官的监视来实现这一目标。在他的授意下，安全协调局首先给阿洛伊斯·埃利亚斯起了“犹大”这样一个代号，然后由伪造专家精心编写了一些给“犹大”的信。这些信都由“犹大”的情妇“安娜”署名——这名情妇当然也是虚构出来的——并从智利寄到布拉格，然

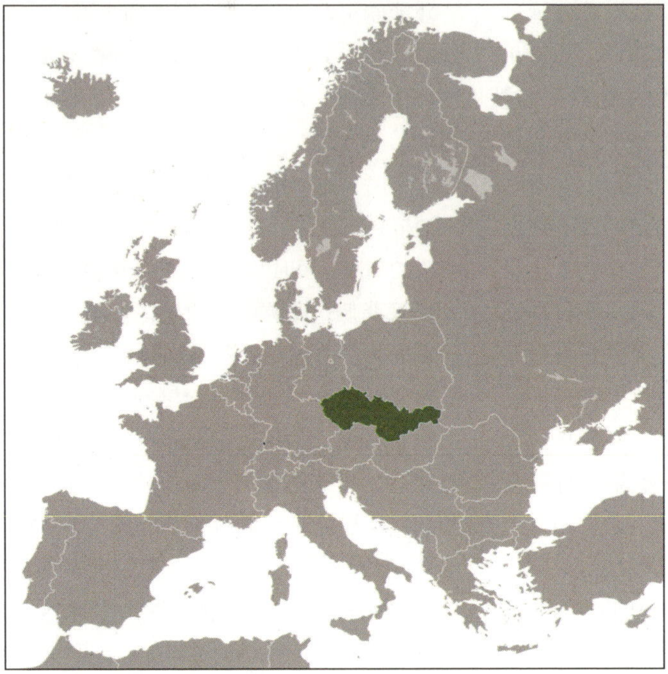

1945年捷克斯洛伐克的地图。

后理所当然地被监视着阿洛伊斯·埃利亚斯的盖世太保所截获。

和德国关系密切的智利一直都是德国间谍和盟军间谍斗智斗勇的地方，这些陆续从智利寄来的假信件自然立刻引起了德国人的注意。安全协调局故意在信中安插了一些看上去像是暗号的短语和数字，比如“17日星期三父亲钓到了75条鱼。兄弟身体欠安，但也抓到82条”，又如“注意马克，不用管波兰兹罗提”，发现这些“暗号”之后，德国人大为恼怒，认为阿洛伊斯正在和英国间谍互通情报。阿洛伊斯自然对此矢口否认，但他无论如何也无法解释诸如“我给卡尔织了一件毛衣，用14股线，每股长60英尺，不过有两股只有28英尺”这样的句子的含义——实际上就连伪造这些信件的英国安全协调局特工自己都无法解释这些看上去煞有介事的“暗语”的含义，因为它们本来就是随意捏造的！

捷克斯洛伐克流亡政府领袖爱德华·贝奈斯。

但在德国人的眼里，这些意义不明的“暗语”显然就是阿洛伊斯通敌的证据。倒霉的阿洛伊斯有口难辩，尽管他拼命否认自己认识所谓的“安娜”，但更多的“暗语密信”一封接一封被寄到他手上。这位神秘的“安娜”似乎对阿洛伊斯非常熟悉，在信中不光提起他前妻的生活习惯和他兄弟死于非命的经历，还对他本人的情况也颇为关心，更有一次甚至寄来了阿洛伊斯喜欢的雪茄。如此种种，使得盖世太保认定阿洛伊斯必然和英国特工有着不可告人的联系。

这样一起案件理所当然地引起了海德里希的注意。因为英国人的手法和他策划"R"档案时的手法太过相似，因此海德里希认为阿洛伊斯也许是冤枉的——但同时他又认为，阿洛伊斯是否真的和英国人有所勾结，其实并不重要。此时的捷克斯洛伐克局势十分复杂，工人们消极怠工，抵抗组织四处开展破坏活动；而除此之外，一些诸如贝赫尔博士领导的"同志联盟"等极端民族主义组织也在制造各种各样的麻烦。因此海德里希认为有必要展示一下自己的铁腕手段，来达到一种杀鸡儆猴的效果，而阿洛伊斯显然就是那只倒霉的"鸡"。

1941 年 9 月 27 日，海德里希抵达布拉格，原本已经处于盖世太保控制下的阿洛伊斯立刻被正式逮捕。为了最大限度地产生震慑效果，在海德里希的授意下，盖世太保于 10 月 1 日组织了纳粹党历史上第一次公开审判，由捷克人民法庭第一分庭对阿洛伊斯进行起诉和公开审判，迅速的将其判处死刑并立即执行。

以对阿洛伊斯的逮捕为开端，海德里希和他指挥下的盖世太保开始对捷克的"破坏分子"进行严厉打击。9 月 27 日当天捷克的主要城市就开始戒严，大量抵抗组织成员、破坏活动领导者和反对派被早有准备的盖世太保迅速逮捕。短短几个星期内，

1938年3月阿道夫·希特勒、希姆莱和海德里希在维也纳。

捷克境内的抵抗组织几乎被一扫而光，诸如"同志联盟"的头目贝赫尔博士等一些麻烦制造者也被投入监狱。身穿黑色制服的盖世太保如同一道恐怖龙卷风席卷整个捷克，戒严整整持续了三个月，期间一共有 4000 多人被逮捕，404 人被判处死刑，其中包括前捷克军队的 6 名将军和 10 名上校，另外有五千多人被送进集中营。海德里希的雷霆手段立刻为自己赢来了"金发的野兽""铁石心肠的人""纳粹的斩首官""死亡的追随者""纳粹魔王""布拉格屠夫"等一系列令人不寒而栗的绰号。

尽管盖世太保的扫荡行动战果辉煌，但单纯的高压手段只能进一步激起当地人的反抗，海德里希也深知这一点。而在他

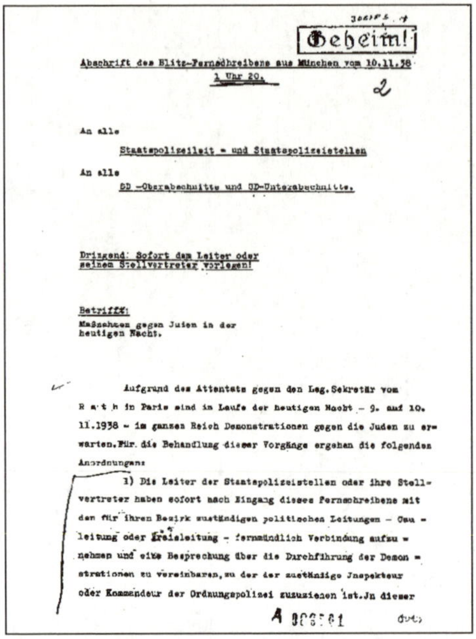

Geheim!

Abschrift des Blitz-Fernschreibens aus München vom 10.11.38
1 Uhr 20.

2

An alle
Staatspolizeileit - und Staatspolizeistellen

An alle
SD -Oberabschnitte und SD-Unterabschnitte.

Dringend: Sofort dem Leiter oder
seinem Stellvertreter vorlegen!

Betrifft:
Maßnahmen gegen Juden in der
heutigen Nacht.

Aufgrund des Attentats gegen den Leg.Sekretär vom R a t h in Paris sind im Laufe der heutigen Nacht - 9. auf 10.11.1938 - im ganzen Reich Demonstrationen gegen die Juden zu erwarten. Für die Behandlung dieser Vorgänge ergehen die folgenden Anordnungen:

1) Die Leiter der Staatspolizeistellen oder ihre Stellvertreter haben sofort nach Eingang dieses Fernschreibens mit den für ihren Bezirk zuständigen politischen Leitungen - Gauleitung oder Kreisleitung - fernmündlich Verbindung aufzunehmen und eine Besprechung über die Durchführung der Demonstrationen zu vereinbaren, zu der der zuständige Inspekteur oder Kommandeur der Ordnungspolizei zuzuziehen ist. Jn dieser

A 063[illegible]61

1938年海德里希签署的屠杀犹太人命令。

的计划中，上述杀鸡儆猴的做法只是最简单的第一步。在对“破坏分子”的大规模打击基本结束之后，海德里希首先恢复了军事法庭，而后让自己以新的“保护长官”和“慈善家”的面目出现。在这段时间他主要做了以下几件事：

一、宣布结束高调进行的政治搜捕；

二、废除捷克人民“二等公民”的规章条例；

三、政治上通过政府的宏观调控与强制管理实现德国式的国家社会主义；

四、通过提高工农的待遇和增加社会各阶层的福利，官方的立场上支持工农阶层，暗地里使用国家机器低调的处理反对分子，这里的低调意指“不得公开扰民”。

“捷克的工农阶层是利用对象，这些贫苦的，长期遭到资产阶级贪官污吏与不法奸商盘剥的穷人，必须给予他们德国式的民族主义思想矫正，把劳动人民中潜在力量的积极性通过矫正提高到极度统一的要求，同时要通过彻底执行种族主义思想，以肃清一切不符合人民的、因而也起破坏作用的伪力量。”

海德里希对各部门负责人的对话中显露出这位年轻的“波希米亚代理”的管理理念：“专制”与“民主”、“恐怖”与“怀柔”的并存。显然此时的他已经将捷克当成了展示自己领导公共事务的突出才能的一个舞台，以便向希特勒证明自己确实具备成为其接班人的潜质。

为了进一步展现自己“亲民”的形象，海德里希开始经常身着便装进出各个工厂的车间。按照他的话来说：“一位管理者和执政者，应该经常亲自身处人民当中，他必须切身地体会到劳动人民的生活细节，了解他们需要的是什么，反对的又是什么，而不是像柏林的那些‘金发碧眼的笨蛋’坐在舒适的皮沙发上将问题搞得一团糟。”每次来到一家工厂，海德里希周围很快就会聚拢了车间内的工人，随从这个时候一般都会紧张的站出来阻止这种情形，可是他却毫不在意，他会微笑着伸手摸摸某个年轻小家伙的脑袋，然后愉快地聊上几句家常，当然也会热心地对那些年长的或生活条件较差的工人嘘寒问暖。最后，他往往会站在一个凳子上向周围的工人大声宣布“全体工人增发一周薪水！”或者类似的消息，于是整个车间立即爆发出雷鸣般的鼓掌声和欢呼，兴奋的工人们甚至会把海德里希从椅子上抬起来向空中抛去……

海德里希的目的就是利用这些工人来对付资产阶级知识分子，因为他认为那些长久以来养尊处优的得利益者是抵抗运动主要的滋生温床。短短的几个月时间，捷克这副烂摊子在海德里希的管理下竟然奇迹般地恢复了正常，“一切都井井有条的运转”。海德里希的“新政”完全改变了捷克的政治气氛，被收买的捷克总工会在1942年的五一劳动节发表文章，提醒工人们捷克共和国时代谈论了十几年都未能实现的“社会主义”，在海德里希的管理下“只花了半年就实现了”，并且“今天捷克工人的福利达到史无前例的高度，在他（海德里希）无与伦比的举措之下，深刻的社会变革已经得以贯彻，这些变革在过去总是因为财政困难和政府低能而束之高阁”。大街上随处可见驻捷克的纳粹宣传机构的歌功颂德般的海报，这些海报上常常是一个标准的纳粹男子形象，还配有“为捷克劳工打拼”这样的标语。就连希特勒也对此表示满意，他在1942年5月20日的一次讲话里声称：“看来只要给那些捷克人双倍的食物配给，不送他们到东线去打仗，就可以把他们转变为帝国狂热的追随者。然后他们就会在军火生产上投入两倍的努力，并当作自己神圣的责任。”

一时间捷克境内局势大好，在绥靖手段和盖世太保的双重打击下，地下抵抗组织居然失去了生存的土壤。不光地下抵抗组织处境艰难，英国派驻捷克的间谍网络也被老练的海德里希全部铲除干净，使得英国军情局和在伦敦的捷克流亡政府都心急如焚。德占领区风平浪静，使得流亡政府处境变得极为尴尬，因为波希米亚和摩拉维亚的居民对德国统治者愈是持容忍态度，流亡政府在和盟国的谈判中就愈是难以保持自己的地位。唯有德占领区积极开展抵抗运动，流亡政府才能名正言顺地要求自己的盟友，在解决战后问题时充分考虑捷克的利益。但是只要德国人和“暴君海德里希”坚持有弹性的占领政策，就始终不可能出现他们需要的那种此起彼伏的抵抗运动局面。最后捷克流亡政府得出了一个现实的结论：必须干掉海德里希。只有刺死掌握大权的德国帝国摄政，才能引起德国人行凶肆虐，这样才能再次激起捷克国内的反抗组织浪潮。

四 代号“类人猿”

尽管对捷克流亡政府所提出的刺杀计划有一定的兴趣，但英国人却在是否对海德里希实施刺杀一事上犹豫不决。不少人认为，尽管暗杀掉作为德国情报机关重要领导人的海德里希，可以有效地打击德国的情报工作，但这种行为过于恶劣，而且历史上没有先例。就在双方各执一词争执不休的时候，一些新的情报让他们改变了

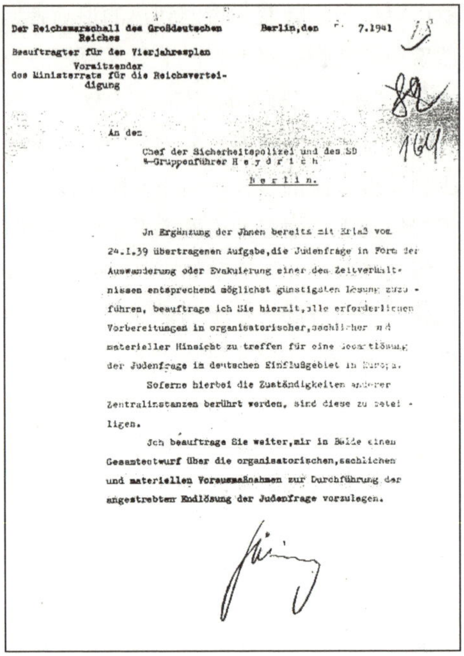

Der Reichsmarschall des Großdeutschen Reiches   Berlin, den   7.1941
Beauftragter für den Vierjahresplan
Vorsitzender des Ministerrats für die Reichsverteidigung

An den
Chef der Sicherheitspolizei und des SD
SS-Gruppenführer H e y d r i c h
B e r l i n.

Jn Ergänzung der Jhnen bereits mit Erlaß vom 24.1.39 übertragenen Aufgabe, die Judenfrage in Form der Auswanderung oder Evakuierung einer den Zeitverhältnissen entsprechend möglichst günstigsten Lösung zuzuführen, beauftrage ich Sie hiermit, alle erforderlichen Vorbereitungen in organisatorischer, sachlicher und materieller Hinsicht zu treffen für eine Gesamtlösung der Judenfrage im deutschen Einflußgebiet in Europa.

Soferne hierbei die Zuständigkeiten anderer Zentralinstanzen berührt werden, sind diese zu beteiligen.

Jch beauftrage Sie weiter, mir in Bälde einen Gesamtentwurf über die organisatorischen, sachlichen und materiellen Vorausmaßnahmen zur Durchführung der angestrebten Endlösung der Judenfrage vorzulegen.

1941年7月海德里希写给戈林的“最后解决方案”（Final Solution）信件。

看法。

1942年1月20日，海德里希与希姆莱主持召开了万塞高级官员会议。在这次会议上，提出了罪恶昭著的“最后解决方案”，该计划以处置患病或因其他原因无法工作的犹太人为名，实际上突出了屠杀欧洲1100万名犹太人的疯狂计划。海德里希是这一计划的始作俑者，并在会议期间与希姆莱商定了的具体的实施计划。在该实施计划上，海德里希这样写道：“经过长时间的思考，元首已经决定：对于那些反对第三帝国或者被占领地区反对占领军的罪犯必须从严处理。元首认为，对这样的犯人，判处徒刑或者终生劳役过于宽宏大量，只有死刑或者采取使家属和居民对犯人的命运无法捉摸的措施，才是比较有效的和有威慑性的办法。”

很快该解决方案得到希特勒的首肯并付诸实施。1941年2月开始，海德里希开始执行“最后解决”。他下令逮捕几百万犹太人做劳工，让他们在劳动中累死，少数活下来的干脆枪毙。这年夏天，为了加快这个“最后解决”，他指示特别行动队，一下子枪杀75万波兰和苏联的犹太人。

而与此同时，针对捷克境内依然有为数众多的抵抗组织活动的情况，海德里希还拟定了一份计划从根本上摧毁捷克人民族性、根绝抵抗活动温床的方案，呈报给了希特勒。对此希特勒做出了如下答复：

“我同意你关于摧毁捷克人民族性的计划。但这个计划必须保证以下三点：一、使尽可能多的捷克人日耳曼化；二、驱逐或者消灭那些不可能归化的捷克人和敌视帝国的知识分子；三、采取这些措施后腾出来的地方，用于安置有优良血统的德国人。在此基础上，我命令，对那些从种族观点看可疑的捷克人或者对帝国采取对抗态度的人，必须排除在同化范围之外，务必斩尽杀绝。”

英国安全协调局的破译中心通过截获的德国通讯电文，获得了这些对犹太人和捷克人进行“清理”的情报，这使得刺杀行动获得了道义上的支持，于是原本的反对者再也无法说什么了。事实上，英国特种作战部门（Special Operations Executive，SOE）早在于1941年10月20日就开始筹划准备对海德里希的刺杀行动，代号定名为“类人猿”（ANTHROPOID），

刺杀现场的照片，图中最左侧为已经被炸毁的海德里希座车。

而现在这个行动终于可以付诸实施了。

实际的刺杀行动由前捷克军情处负责，捷克流亡政府初到英国伊始，就开始招募前捷克军人组成特别行动队，纳入盟军编制，接受战时训练以备执行特殊任务。陆军准尉约瑟夫·盖伯瑟克和上士卡罗·斯

被炸毁的海德里希座车。

弗波达被选定执行暗杀任务。计划原定于1941年10月28日执行，那天同时也是捷克斯洛伐克的独立纪念日。但斯弗波达在受训时头部受伤，旋即由詹·库比兹代替。由于这个意外，作战必须延期执行，而其他原因也使得行动时间一再推迟，最终刺杀小组出发时间被确定为12月28日。

1941年12月28日晚间10点，盖伯瑟克与库比兹登上英国皇家空军138中队的海利法克斯轰炸机，和他们一起登机的还有另外七名流亡英国的捷克军人，刺杀小组就由这九人组成。刺杀小组原计划在皮尔森实施伞降，但飞机驾驶员在判断方位时出了问题，使他们的降落地点变成了布拉格东边的内维兹第，一行人只好在落

突击队员们最后藏身的教堂，现在已经成为一处纪念地。墙壁上的累累弹痕展示着当时战斗的激烈。

地后继续往皮尔森前进。他们在皮尔森与盟军的接应人员取得联络，随后直驱布拉格准备展开暗杀行动。

由于难以获得海德里希活动的准确情报，加上英国方面对是否实施刺杀一直存有争议，因此刺杀小组在长达 5 个月的时间内一直无所事事。一直到 1942 年 5 月初，刺杀小组才接到由英国情报部门和捷克流亡政府共同签发的刺杀命令，“类人猿”计划终于进入了最终的实施阶段。

为了避免自己精心营造的亲民形象受到伤害，也是出于对自己管理下捷克局势的自信，海德里希在出访巡视时一律不携带警卫人员。这一点很快被刺杀小组加以利用。一名捷克抵抗组织成员以钟表匠的身份打入了海德里希的住处，并于 1942 年 5 月 23 日向刺杀小组提供了未来一周内海德里希的活动计划和路线。在经过一番研究之后，刺杀小组决定选择 5 月 27 日海德里希由乡村别墅前往布拉格住所的途中实施袭击。伏击的地点被选在海德里希必经之路上一处弯道，因为弯道呈急促的“U”字形，所以任何一辆汽车行驶到该处都必须减速；同时，该弯道附近还有一个电车站，行刺人员在周围闲逛也不会引起怀疑，可以说是非常理想的刺杀地点。

5 月 27 日上午 9 点，盖伯瑟克与库比兹在弯道就位，一位名叫瓦瑟克的捷克抵抗组织成员则在弯道前负责瞭望和通报情况。盖伯瑟克携带着一支斯登冲锋枪，而库比兹则携带了两颗反坦克手榴弹。因为海德里希的出发时间临时延后的缘故，刺杀小组焦急的等待了一个多小时。10 点 30 分时，海德里希乘坐的敞篷轿车从公路上出现，瓦瑟克立刻用口哨向刺杀小组发出信号，特工们立刻按照预演的方案对海德里希实施攻击：首先是盖伯瑟克使用斯登冲锋枪向轿车开火，然而意外的是冲锋枪却卡壳了！注意到路边刺客的海德里希一边掏出手枪还击一边高声命令司机加速冲过危险地带，但经验不足的司机在惊慌之下却踩到了刹车，使得汽车停在距离刺杀小组不远的地方，于是库比兹抓住机会向轿车投掷了反坦克手榴弹。装填了大量高爆炸药的反坦克手榴弹滚进轿车车底爆炸，将轿车底盘炸出一个大洞，使得海德里希多处受伤。但海德里希并未当场倒下，而是继续用手枪向刺杀小组开火，并下车试图进行追赶。见此情景，刺杀小组认为任务失败，便在驶来的电车掩护下撤离了现场，海德里希则被闻讯赶来的警察迅速送往布洛夫卡医院。

当年一代魔头的葬身之处，今天已然是一派安宁祥和的田园风光。

在被送进医院后，海德里希的神智仍然完全清醒，但医生的检查发现他的伤势比看起来更重：皮坐垫和钢丝弹簧的碎片嵌进了他的胯骨和横隔膜；坐垫的毛料填充物的纤维甚至侵入了脾脏，医生认为必须为他进行手术。在布拉格最好的外科医生、德国籍的赫尔鲍姆教授的主持下，海德里希体内的弹片被成功取出，看起来一切情况都好，而随后数日内海德里希的情况也似乎在逐渐好转，甚至可以少量进食。但到 6 月 3 日其身体情况突然恶化并陷入休克，于第二天抢救无效死亡，对其死亡原因，一般认为是伤口感染所导致的败血症。

希特勒对海德里希的死大感震惊，为海德里希举行了盛大的国葬仪式，并亲自主持。在葬礼上希特勒情绪激动，只说了寥寥几句话，便黯然离去。他评价海德里希“拥有钢铁般意志的男人”。在希特勒的直接命令下，盖世太保对刺杀小组活动过的地区进行了残酷的报复。根据希特勒的授意，但凡有嫌疑犯的地方，按照如下方法处置：第一，枪毙所有的成年男性公民；第二，将所有女性公民关入集中营；第三，将儿童集中在一起，合格的送到帝国党卫军队员的家中接受德国化教育，余下的不适合进行德国化教育的儿童要进行其他形式的教育；第四，在消防队的帮助下将嫌疑地点烧毁，最好夷为平地。

依照这些命令，被怀疑有为刺杀小组提供掩护的利迪策村被彻底摧毁：199 名 16 岁以上的男性村民被杀害，195 名女性村民和95名儿童被送进集中营。儿童当中只有8人是金发碧眼，被认为是值得接受德国化教育，其余的孩子则从此再无踪影。战后才从德国档案中得知，这些孩子大多数在波兰切姆诺毒气室被害，最终生还者仅有17人。

屠杀结束后，整座村庄被付之一炬，推土机铲平了所有的痕迹。几百人的小村庄从此荡然无存，“利迪策”的名字也在土地登记表上被永远地抹掉。

另外一座名为“雷扎基”的村庄也遭受了同样的厄运。所有这一切都被帝国电影公司全程记录，作为对其他地区的警告公开播放。参与刺杀的突击队员也没能从搜捕中逃脱。根据告密者提供的情报，党卫军帝国师包围了他们藏身的教堂。所有的突击队员要么战死，要么自杀，无一人幸免。

成功地暗杀海德里希，使原本如日中天的德国情报机关从此一蹶不振。再也没有一名继任者能具备如同他那样的才能和领导能力，这导致盖世太保和党卫队保安处逐渐衰落，盟军方面得以重新组建原本被破坏的情报网。

ENIGMA

破译德军“恩尼格玛”密码

作者：迷之人物

二战期间的秘密战领域，已经不仅仅是暗杀与间谍，科技所起到的作用也越来越大，也越来越现代化，这其中最明显的体现就在于一个古老的秘密战利器——密码。

已知人类使用密码的历史，最早可以一直追溯到古巴比伦人的泥板文字。不管是古埃及人、古罗马人、古阿拉伯人还是古代中国人，几乎世界历史上所有文明都涉及过密码。军事和外交一直是密码应用最重要的领域。国王、将军、外交官以及阴谋分子等，为了在通讯过程中保护自己的信息不被外人所知，使用过形形色色的密码；而为了刺探竞争对手的秘密，他们又绞尽脑汁地试图破译他人的密码。加密与解密一直是密码学这枚硬币互相对抗又互相促进的两面。

密码的改良

直到第一次世界大战结束为止，所有密码都是使用手工来编码的——说得更通俗一点，就是铅笔加纸的方式。在我国，直到20世纪80年代初，邮电局电报编码和译码工作中还在使用这种手工方法。

手工编码的方式给使用密码的一方带来很多不便。首先，这使得发送信息的效率极其低下。对于民用电报编码来说，因为无须考虑保密问题，可以使用固定的编码方式，即是摩尔电码，因此编码和解码的速度只取决于发报员的熟练程度；但如果使用密码通讯的话，那么明文（就是没有经过加密的原始文本）就必须由加密员人工一个一个字母地转换为密文，然后才能进行发送。同一种明文到密文的转换方式如果使用次数太多的话，很容易被敌人通过字母频率分析法破解，因此一套成熟的密码往往拥有很多套密码转换方式。

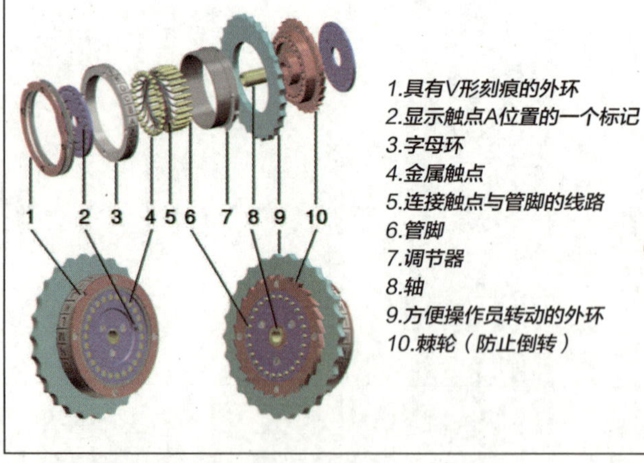

恩尼格玛密码机转子的结构。

相邻排列的三个转子。

美国国家密码博物馆展出的一些恩尼格玛密码机。它们从左到右分别为：1.商业用恩尼格玛密码机、2.T型恩尼格玛密码机、3.G型恩尼格玛密码机、4.未知型号、5.德国空军版恩尼格玛密码机、6.德国陆军版恩尼格玛密码机、7.德国海军版恩尼格玛密码机，即M4型。

转换通常是采用查表的方法，所查表又每日甚至每次都不相同，这也就意味着加密人员并不能像民间发报员那样把转换方式牢记于心，所以解码速度极慢。而接收密码一方又要用同样的方式将密文转为明文，进一步降低了信息传递的效率。其次，这种手工操作的效率十分低下，也使得许多复杂的、保密性能更好的加密方法不能被实际应用，而简单的加密方法根本不能抵挡现代数学理论支持下解密学的威力。

解密一方当时正值春风得意之时，几百年来被认为坚不可破的维吉耐尔密码的变种（Vigenere）也被破解，一时间所有的密码似乎都在解密学面前失去了作用；而无线电报的发明，又使得截获密文易如反掌。于是，对新式加密方法的要求突然变得迫切起来，因为无论是军事方面还是民用商业方面，都需要一种可靠而又有效的方法来保证通讯的安全。

1918 年，德国发明家亚瑟·谢尔比乌斯和他的朋友理查德·里特创办了谢尔比乌斯和里特公司。这是一家专营把新技术转化为应用方面的企业。谢尔比乌斯负责公司产品的研究和开发，他曾在汉诺威和慕尼黑研究过电气应用。他的一个想法就是要用 20 世纪的电气技术来取代那种过时的铅笔加纸的加密方法，而他所开设的这家公司所推出的第一件产品，就是被称为 ENIGMA 的电子加密机械，也即后来大名鼎鼎的恩尼格玛密码机。

整个恩尼格玛密码机看起来就是个放满了复杂而精致的元件的盒子，可以将其简单分为三个部分：键盘、转子和显示器。键盘一共有 26 个键，键盘排列和现在广为

二战中使用的恩尼格码密码机。

1943年使用中的恩尼格码机。

使用的计算机键盘基本一样，但为了使通讯尽量地短和难以破译，空格、数字和标点符号都被取消，只有字母键。键盘上方就是“显示器”，实际上是标示了同样字母的 26 个小灯泡，当键盘上的某个键被按下时，和这个字母被加密后的密文字母所对应的小灯泡就被点亮，算是一种近乎原始的“显示”方法。在显示器的上方是三个直径 6 厘米的转子，它们的主要部分隐藏在面板下，是“恩尼格玛”密码机最核心关键的部分。当按下键盘上的一个字母键，相应加密后的字母在显示器上通过灯泡闪亮来显示，而转子就自动地转动一个字母的位置。举例来说，当第一次键入 A，灯泡 B 亮，转子转动一格，各字母所对应的密码就改变了。第二次再键入 A 时，它所对应的字母就可能变成了 C；同样地，第三次键入 A 时，又可能是灯泡 D 亮了。同一个字母在明文的不同位置时，可以被不同的字母替换，而密文中不同位置的同一个字母，又可以代表明文中的不同字母，这不是简单的字母替换，因此字母频率分析法在此毫无用武之地。这种加密方式在密码学上被称为“复式替换密码”。

但是如果连续键入 26 个字母，转子就会整整转一圈，回到原始的方向上，这时编码就和最初重复了。而在加密过程中，重复是最大的破绽，因为这可以使破译密码的人从中发现规律。于是谢尔比乌斯又增加了一个转子，当第一个转子转动整整一圈以后，它上面有一个齿轮拨动第二个转子，使得它的方向转动一个字母的位置。假设第一个转子已经整整转了一圈，按 A 键时显示器上 D 灯泡亮；当放开 A 键时第一个转子上的齿轮也带动第二个转子同时转动一格，于是第二次键入 A 时，加密的字母可能为 E；再次放开键 A 时，就只有

恩尼格玛密码机的转子及其分解结构。

两个相对的恩尼格玛密码机转子。

第一个转子转动了，于是第三次键入A时，与之相对应的就是字母就可能是F了。因此只有在26×26（即676）个字母后才会重复原来的编码。

而事实上“恩尼格玛”有三个转子（二战后期德国海军使用的“恩尼格玛”有四个转子），那么重复的概率就达到26×26×26（即17576）个字母之后。转子的初始方向决定了整个密文的加密方式。如果通讯当中有敌人监听，他会收到完整的密文，但是由于不知道三个转子的初始方向，他就不得不一个个方向地试验来找到这个密匙。问题在于17576这个数目并不是太大。如果试图破译密文的人把转子调整到某一方向，然后键入密文开始的一段，看看输出是否像是有意义的信息。如果不像，那就再试转子的下一个初始方向……假设试一个方向大约要一分钟，而他二十四小时日夜工作，那么在大约两星期里就可以找遍转子所有可能的初始方向。如果对手用许多台机器同时破译，那么所需要的时间就会大大缩短。这种保密程度显然是不太足够的。

恩尼格玛密码机的三个转子和一个轴。

为此，谢尔比乌斯给密码机增加了一道保障安全的关卡，在键盘和第一个转子之间设置了一块连接板。通过这块连接板，可以用一根连线把某个字母和另一个字母连接起来，这样这个字母的信号在进入转子之前就会转变为另一个字母的信号。这种连线最多可以有六根（后期的“恩尼格玛”甚至达到十根连线），这样就可以使6对字母的信号两两互换，其他没有插上连线的字母则保持不变。当然连接板上的连线状况也是收发双方预先约定好的。除此之外，“恩尼格玛”密码机的三个转子也可以拆卸下来并互相交换位置，这样一来初始方向的可能性一下就增加了六倍。假设三个转子的编号为“1”“2”“3”，那么它们可以被放成“123”“132”“213”“231”“312”“321”这六种不同位置，收发密文的双方除了要约定转子自身的初始方向，还要约定这六种排列中的一种。转子的初始方向、转子之间的相互位置以及连接板的连线状况就组成了“恩尼格玛”密码机的三种自动加密方式，经过这样处理，要想通过“暴力破译法”还原明文，需要试验的数量高达一亿亿次，即便能动员大量的人力物力，要想靠“暴力破译法”来逐一试验可能性，也几乎是不可能的。而收发双方，则只要按照约定的转子方向、位置和连接板连线状况，就可以非常轻松简单地进行通讯了。这就是“恩尼格玛”密码机的保密原理。

1918年谢尔比乌斯申请了“恩尼格玛”密码机的专利。在他看来，既然自己的发明能够提供优秀的加密手段，又能拥有极高的加密解密效率，一定能很快就畅销起来——然而过高的售价却使得买家们望而却步。但就在这时，一个意外拯救了他的发明：英国政府发表了两份关于一次大战的文件。其中一份是1923年出版的温斯顿·丘吉尔的著作《世界危机》，其中有一段提到了英国和俄国在军事方面的合作，指出俄国人曾经成功地破译了某些德军密码，而使用这些成果，英国的海军情报处40室[①]能够系统性地取得德军的加密情报。德国方面几乎是在十年之后才知道这一真相。第二份文件同样是在1923年由皇家海军发表的关于第一次世界大战的官方报告，其中讲述了在战时盟军方面截获（并且破译）德军通讯所带来的决定性的优势。这些文件构成了对德国情报部门的隐性指控，他们最终承认“由于无线电通讯被英方截获和破译，德国海军指挥部门就好像是把自己的牌明摊在桌子上和英国海军较量。”

为了避免再一次陷入这样的处境，德军对谢尔比乌斯的发明进行了可行性研究，最终得出结论：必须装备这种加密机器。从1925年开始，谢尔比乌斯的工厂开始系列化生产“恩尼格玛”密码机，次年德军开始将这些密码机投入使用。接着政府机关，比如说国营企业、铁路部门等也开始使用“恩尼格玛”密码机，在接下来的十年中，德国军队大约装备了三万台“恩尼格玛”密码机。谢尔比乌斯的发明使德国具有了最可靠的加密系统，在第二次世界大战开始时，德军通讯的保密性在当时世界上无与伦比。

① 即“40号房间”，负责破译密码的间谍机构，详细情况另见文。

1941年恩尼格玛机键盘。

二 破译“恩尼格玛”

一个恩尼格玛密码机转子的左侧，此图显示了平整的金属触点。一个V型刻痕位于左侧。

这个转子的右侧，此图显示了它的金属管脚。罗马数字V标明了转子的线路。

在第一次世界大战期间，英国的情报机关非常严密地监控了德国方面的通讯，丘吉尔的书和英国海军部的报告中透露的消息只不过是一鳞半爪。一个最著名的例子，1917 年齐默尔曼（1916 年起任德国外交部部长）给德国驻美大使发送密电，通知他德国将要和墨西哥结为联盟共同对付美国，然而这封电报迅速被英国人截获和破译，这使得美国最终决定对德宣战。但是英国人巧妙地运用了一些障眼法，使德国一直以为是墨西哥方面泄漏了秘密。

战后英国仍旧保持着对德国通讯的监听，并保持着很高的破译率。但是从 1926 年开始，他们开始收到一些不知所云的信息——“恩尼格玛”密码机开始投入使用。德国方面使用的“恩尼格玛”密码机越多，英国人破解不了的电文就越多；法国人碰到的情况也一样，他们都对“恩尼格玛”密码机一筹莫展。德国从此拥有了世界上最为可靠的通讯保密系统。

英国人和法国人很快就放弃了破译这种新型密码的努力，也许是出于自信，在他们看来，凡尔赛条约约束下的德国已经造成不了什么危害。这种看法不能不说有一定的道理：1919 年 6 月 28 日签订的凡尔赛条约让德国失去了 13.5% 的领土、12.5% 的人口、16% 的煤产地及半数的钢铁工业和所有的海外殖民地，海军和空军都被解散，陆军的数量也被限制在 10 万人以下，甚至连重炮、坦克和重机枪都不能装备。苛刻的凡尔赛条约让德国这个昔日欧陆强国变成了一只没有牙齿的老虎，也

这是恩尼格玛密码机转子组。三个转子位于右边的固定接口和左边（标着B）的反射器两个装置之间。

难怪英国人和法国人对其不以为然。

但实际上，德国并不甘于被他们认为过分苛刻的凡尔赛条约所束缚和羞辱。德军总参谋部虽然在形式上被解散，但其核心仍以“部队局”的形式存在和运作，并依据一战的经验继续完善德军军事学说、组织训练；另一方面，根据1922年4月16日和苏联签订的拉帕洛条约，德国也一直悄悄地在苏联训练装甲兵、飞行员及其他军事人员，研制凡尔赛和约严禁的坦克和飞机等武器。1933年纳粹党上台后更是变本加厉的对凡尔赛条约表示反对，1935年3月希特勒宣布恢复兵役制并扩充德国军队，包括建立原本禁止德国拥有的海军武器、装甲部队和空军，凡尔赛条约终于被彻底撕毁了。

尽管德国公然撕毁了凡尔赛条约，但是出于牵制苏联的目的，英法不约而同地采取了绥靖政策：法国只是象征性地提出了口头抗议，而英国甚至和德国签订了《英德海军协定》，规定德国可以拥有皇家海军35%的海军实力——这反倒为希特勒扩张海军披上了合法外衣。和对德国的所作所为听之任之的英法不同，另一个国家则一直密切地关注着德国的行动，那就是在一战灰烬中浴火重生的新独立的波兰。

在科学的其他领域，我们可以说失败乃成功之母；而在密码分析领域，我们则应该说恐惧乃成功之母。普法战争造就了法国一代优秀的密码分析专家，而第一次世界大战中英国能够破译德国的通讯密码，对失败的极大恐惧产生的动力无疑起了重要推动作用。现在，历史又一次重演。

对于波兰来说，在西面，是对失去旧日领土耿耿于怀的德国，而在东面，则是要输出革命的红色苏联。关于这两个强邻的情报是有关生死存亡的大事，波兰的密码分析专家不可能像他们的英美法同事那样爱干不干——他们必须知道这两个大国都在想什么。在此情况下波兰设立了总参二局密码处，这是一个高效率的破译机构，刚成立后不久便在1919-1920年的波苏战争中发挥了重要作用。在对西面德国通讯的监控方面，波兰人也一直进行得非常顺利——直到1926年“恩尼格玛”密码机的登场。

波兰人想方设法搞到了一台商用的“恩尼格玛”密码机，大致弄清楚了它的工作原理。但是军用型的转子内部布线和商用型的完全不同，没有这个情报，想要破译德军的电报可谓难如登天。为此波兰人使出了浑身的解数，甚至连请教占卜大师的方法都用上了，当然没有任何结果——在讲究实打实的密码破译面前可没有神秘学的容身之地。在毫无头绪地折腾了一段时间之后，绝望的波兰人几乎已经要放弃对破译这种“有史以来最为可靠的加密系统”的尝试了，然而就在这个时候事情出现转机。

汉斯－提罗·施密特是德军通讯部门长官鲁道夫的弟弟，而鲁道夫就是正式命令在军队中使用“恩尼格玛”密码机的人。尽管施密特本人就是一名在德国密码处工作的职员，但他却对德国十分厌恶。1931年11月8日，施密特化名为艾斯克和法国情报人员在比利时接头，在旅馆里他向法国情报人员提供了两份珍贵的有关“恩尼格玛”密码机操作和转子内部线路的资料，得到一万马克。靠这两份资料，盟国就完全可以复制出一台军用的“恩尼格玛”密码机。

不过事情并不像想象的那么简单。要破译恩尼格玛密码，靠这些情报还远远不够。德军的一份对“恩尼格玛”密码机的评估写道：“即使敌人获取了一台同样的机器，它仍旧能够保证其加密系统的保密性。”就算有了一台“恩尼格玛”密码机，如果不知道密钥①的话，想破译电文，就要尝试数以亿亿计的组合，这是不现实的。“恩

在法国的战役中海因茨·古德里安与恩尼格玛密码机。

① 所谓的密钥，就是转子自身的初始方向、转子之间的相互位置以及连接板连线的状况。

连接恩尼格玛密码机的打印装置，有了它，操作员就不用辛苦地抄下显示板上的字母了。

尼格玛”密码机的设计使得搞到了它的秘密的法国人也一筹莫展，最终法国密码分析人员断定这种密码是不可破译的。当然也有很大一部分原因是对德国人的轻视心理作祟，由于看不到破译德国密码的必要性，同盟国的密码分析专家都变得懒散下来，干这一行的头脑似乎也变得越来越平庸：他们甚至根本就懒得根据搞到的情报去复制一台“恩尼格玛”密码机。

1921 年，波兰曾经与法国签订了一个军事合作协议，因此他们反复向法国提出索要所有关于“恩尼格玛”密码机的情报的要求。如此三番之后，不胜其扰的法国人将从施密特那里买来的情报交给了波兰人，反正在他们眼里这些情报也毫无用处。但和法国人不同，破译“恩尼格玛”密码机对波兰来说至关重要，就算死马也要当作活马医——现在他们总算能迈出最初的一步了。

在施密特提供的关于“恩尼格玛”密码机的情报中，不仅有关于 ENIGMA 构造和转子内部连线的描述，还有德国人使用“恩尼格玛”密码机进行编码的具体规定。根据这些情报，波兰人成功地复制出了“恩尼格玛”密码机，到了 1934 年，他们手里的“恩尼格玛”密码机已经增加到了十几台之多。通过精心建立的数学模型推演和大量的实际试验，波兰人花了整整一年时间，终于成功地建立起一套密钥档案，并以此破译了数量惊人的密码电文，掌握了很多德国方面的情报。据估计，在 1933 年 1 月到 1939 年 9 月这六年多的时间里，波兰方面一共破译了近十万条德方的消息，其中最重要的有德国在包括苏台德地区兵力重新部署的情报，这对波兰的安全是极大的威胁。对“恩尼格玛”密码机的破解即便在总参二局领导层内部也属最高机密，军官们会收到标有“维奇尔”（Wicher，破译“恩尼格玛”密码行动的代号）的情报，他们被告知这些情报绝对可靠，但来源绝密。

由于波兰人的保密工作得当，德国人并不知道自己的密码已经被破译了，但这并不妨碍他们继续改进“恩尼格玛”密码机。转子的连线顺序被修改了，这使得波兰人花了一整年功夫才建立起来的密钥“指纹”档案变得毫无用处，但是后者并没有再次重复之前的做法，因为他们现在有了更好的创意。波兰人在“恩尼格玛”密码机的基础上，设计了一台能自动验证所有 26×26×26（即 17576）个转子方向的机器，为了能够同时试验三个转子的所有可能位置的排列，需要同时使用 6 台这样的机器，如此就可以试遍所有的转子位置和初始方向（高达 17576×6=105456 种之多）。所有这 6 台机器和为使它们协作的其他器材组装在一起，组成了一个大约一米高的解密机，能在两小时内找出当日密钥。也许是因为这台解密机运转起来所发出的刺耳噪声的缘故，波兰人将其命名为“炸弹”，这是人类历史上第一次实现密码分析机械化。

在整个 30 年代后期，除了偶尔因为故障不得不接受维修之外，“炸弹”机始终在不停地解析德国人的密电。不过有趣的是，这段时间里其实波兰人一直掌握着德国人的密码：在提供了两份极其重要的关于“恩尼格玛”密码机的情报后，施密特还在继续向法国情报机关提供关于德国通讯的情报。在 1931 年后的七年中，他和法国情报人员接头二十次，每次都提供若干德国通讯用密码本，上面记载着一个月中每天使用的当日密钥。施密特总共提供了 38 个月的密码，而这些密码实际上都被法国密码处共享给了波兰同行们。

幸运的是，波兰人一直认为自己的破译队伍应当习惯于单独工作，以便在将来得不到密码本的时候，也能同样破译德国人的密码。这种想法使得破译人员一直承受着相当大的压力，也正是这些压力使得他们不断探索更加科学高效的破译方法。1938 年 12 月是“恩尼格玛”密码破译工作的又一个转折点，德国人加强了“恩尼格玛”密码机的加密能力：每台“恩尼格玛”密码机增加了两个可供选择的转子。原来三个转子不同的排列方式只有 6 种，现在则从五个转子中选取三个装入机器，组合方式立刻增加到了 60 种之多。这就意味着要达到原来的效率，“炸弹”中同时运转的机器数量也要增加到 60 台，建造这样一台解密机的价格是密码处总预算的十五倍！而到了 1939 年 1 月，德国人又把连接板上的连线从六根增加到十根，这样就只剩 6 个字母不会被交换——如此一来密钥的总数达到了 15900 亿亿个，是原来的 15900 倍！

尽管波兰数学家们成功地推断出了第四和第五个转子中的连线状态，但原有的破译方法已经不再适用。这本该是施密特提供的密码本派上用场的时候，然而就在这种节骨眼上，施密特停止了和法国情报部门的接头。过去的七年中施密特不断地提供的那些秘钥，都是波兰人仅靠自己的力量就能破译的；现在波兰人急需这些密钥，他们却再也搞不到了。

这对波兰是一个致命的打击，因为此时的德国人已经开始磨刀霍霍。继 1938 年 3 月吞并奥地利之后，德国又于 1939 年 3 月占领了捷克斯洛伐克除苏台德地区的其余部分，然而这仍并未使德国人得到满足：1939 年 4 月 27 日德国撕毁同波兰签订的互不侵犯条约，侵占了苏台德地区；而同一时间的德国国内，反波兰的声浪也在纳粹党的蓄意煽动下不断高涨。在这种情况下，波兰人认为不久就会遭到来自德国的入侵，而在无法破译德国密码通讯的情况下，对入侵的预警和被入侵后的抵抗都是毫无希望的。考虑再三之后，波兰人决定把严格保密中的“恩尼格玛”密码机破译方法向盟国同行公开，以便在波兰遭到入侵后，拥有更大的人力、物力、财力的盟国还可以继续对破译工作的进一步研究。

三 “超级机密”

在此之前，英国人实际上也开展过对“恩尼格玛”密码的破译工作。1938 年 6 月，英国情报六处的副处长孟席斯上校接到了他安排在东欧的一名特工——吉布森少校的报告。一名拒绝说出自己真实姓名的波兰犹太人通过英国驻华沙大使馆同吉布森接触，声称他曾在柏林制造“恩尼格玛”密码机的秘密工厂当过技术员和理论工程师，后来因为自己的犹太人身份被驱逐出德国。这名犹太工程师提出可以凭自己的记忆为英国制造一部最新式的军用“恩尼格玛”密码机，但他要求英国情报当局支付一万英镑的酬劳，及给他及其亲属颁发英国护照，并允许他们去法国居住。

接到这个情报后，孟席斯上校向英国情报当局作了报告。经过 1 个月的调查和甄别，英国情报局认为这个犹太人的话是可信的，决定答应他的条件。英国情报人员为这名犹太工程师安排了一个秘密住处，并为其复制密码机的工作提供了必要的条件。不久之后，一台“恩尼格玛”密码机果然被复制了出来。

一开始，这台密码机确实帮了英国人的大忙，但随着德国人对“恩尼格玛”密码机的改进，它很快就失去了作用，英国人又陷入了和之前一样毫无头绪的困境之中。

而同一时期的法国人则一直在依赖施密特提供的密码本，但这一情报来源也因为施密特不再和法国情报人员接头而中断了。就在这时，波兰情报部门发来了邀请，希望英法两国的密码专家前往华沙紧急讨论有关德军新式密码的事项。因为对波兰

在俄国前线使用中的恩尼格码密码机。

人的成果全然不知的缘故，到达波兰密码处总部之后，英法密码分析专家对这次会谈的目的非常茫然；而更为讽刺的是，到会的人员不得不使用德语来进行交流——这是唯一的在场所有人都懂的语言。但当他们见到波兰人所制造的“炸弹”解码机之后，无不被惊得目瞪口呆，并立刻察觉到了波兰人工作的价值。英法密码分析专家认为波兰在密码分析方面比世界上任何国家先进至少十年；法国人尤其吃惊，因为他们以为自己得到的情报用处不大，所以才很慷慨地把它们转给了波兰人，而波兰的同行却获得了如此的成就。

而波兰给了英、法密码分析专家更大的惊喜，宣布给两国各赠送一台“恩尼格玛”密码机的复制品及“炸弹”解码机的图纸。赠给法国的样机和图纸被法国密码处的贝特朗少校伪装成普通打字机和无关的机械图纸通过外交邮包寄往巴黎；赠给英国的样机经历则惊险得多，为了避开无所不在的德国间谍的监视，英国密码专家将其交由一对毫无官方背景的夫妇携带，这对夫妇就是英国作家沙夏·居特里和女演员依弗娜·普林坦普斯。英国人的举动完全出乎了德国人的意料，因为他们的注意力都在那些有政府背景的官员身上。于是当时英国最高的机密——那台“恩尼格玛”密码机样机，就这样骗过了德国间谍的眼睛，藏在一个普通的旅行箱里安全来到了伦敦。

而就在两个星期后的1939年9月1日，德国正式发起了对波兰的入侵。正如战前所料想的那样，失去了情报支持的波军在德军咄咄逼人的攻势前不断溃败。9月28日德军进入华沙，波兰宣告投降，然而在此之前他们已经将复仇的利剑递到了英国人的手里。

从1926年开始一直到1939年，英国人和法国人都以为“恩尼格玛”密码机是

二战期间，解密专家在布莱切利园曾破译了包括恩尼格玛密码机在内的不少轴心国的密码与密码文件系统。正因如此，布莱切利园附近一度成为解密中心。

不可破译的，但波兰人的成功重新鼓起了他们的勇气。尽管德国人已经改进了密码机的安全性能，然而波兰人的实践表明，通过建立合理的数学模型、分析对方电文格式和密码机操作方法中的漏洞，“恩尼格玛”密码机并没有德国人认为的那样可靠。为此，英国密码局专门设立了名为政府代码及加密学校（GC&CS，Government Code and Cipher School）的机构，这所位于白金汉郡布莱奇雷庄园里的“学校”集中了英国最顶尖的密码分析专家，以及大量从牛津大学和剑桥大学招募来的数学家和数学系学生。在布莱奇雷庄园里，一大堆小木屋如同雨后春笋一样拔地而起，这些新建的木屋就是密码分析人员的工作场所。各种信息在担负不同任务的小木屋进进出出，比方说，6号木屋是负责破译德国陆军的密码电报，从那里出来的明文由3号木屋翻译并进行综合情报分析；8号木屋专门负责对付德国海军的密码机——这是一种特别复杂的“恩尼格玛”密码机，和普通型不同，有四个转子——他们破译的情报则由4号木屋中的情报人员翻译和分析。一开始在布莱奇雷庄园工作的只有大约二百人，可是到了1945年战争结束时，这里的工作人员已经有7000人之多！

英国人迅速吸收了波兰同行们的技巧和经验。由于人力和资金上比波兰密码处充裕得多，因此破译能力比波兰人高出足足十倍——正好抵消因为德国人改进密码机而增加的工作量。很快，大量珍贵的情报开始从布莱奇雷庄园源源不断的送出。比如说1940年4月德国入侵丹麦和挪威之前，布莱奇雷庄园就取得了一份德军详细的军事计划；同样在英伦战役之初，密码分析人员准确预告了德军轰炸的准确时间和地点，并且获得了关于德国空军的极为宝贵的情报，比如飞机的损失情况，新飞机的补充数量和速度等。这些情报被送往M16的总部，再由那里转送战争部、空军部和海军部。从这里发出的情报一律使用一个代号——“超级机密”，为了保住这一情报渠道的安全，英国情报部门从一开始就采取了一系列极其严格的保密措施。

一台接近完成的“炸弹”机复制品。

布莱奇雷庄园是绝对机密的地方，除了战时内阁和军方少数几个决策人物外，没有人了解其中的内幕。战时内阁甚至明确规定，“超级机密”情报只能口头向英军作战的指挥员传达，不得以任何文字形式出现在战场上，以防止德军缴获可能暴露“超级机密”这一情报来源的文件。除少数几个高级将领外，其他指挥官都不知道战争情报的来源，他们只是知道这是绝对可靠的情报。

然而好景不长，1940 年 5 月 10 日，德军启用了新的密码传递规则，通过原有的方法获取密钥变得非常困难，这使得布莱奇雷庄园破译的电文量急剧下降。所幸的是，在此之前，基于传奇数学家、逻辑学家、后来被称为计算机之父和人工智能之父的图灵所提出的新理论，功能更强大的新式解码机已经开始建造了。这种新式解码机的绰号仍叫“炸弹”。从 1940 年 8 月 8 日开始，第一台可供实用的“炸弹”开始运行。接下来的 8 个月里，布莱奇雷庄园里的“炸弹”激增到 15 台之多，一般上一台“炸弹”可以在一小时里找到一个密钥。

可能会有人存在这样一种错觉，即所有的“恩尼格玛”密码机都是一样的，而密码分析人员在找到破译的方法以后每天按部就班地进行破译工作。但事实上，德军内部有好几个不同的通讯网络，每个通讯网络都使用不同的密码机和密钥。比方说，北非军的密码本就和在欧洲的德军不同，而德国空军则使用跟陆军不同的转子设计、接线板和密码本。德国海军通讯网的保密性是最强的，他们使用专门特制的“恩尼格玛”密码机，有八个转子可供选择，这样转子的初始位置数就几乎是五个转子情况的六倍，于是布莱奇雷庄园破译它所需要花费的时间也几乎是普通情况的六倍。另外海军密码机的反射器是可以转动的，于是密钥的可能性就是原来的二十六倍。有一些海军型“恩尼格玛”密码机甚至有四个转子。

德国空军和陆军的“恩尼格玛”密码都能比较顺利地被破译，但正是因为前面所说的这些原因，英国密码分析人员在破译德国海军的电文时遇到了极大的困难，以至于为之付出了巨大的代价：德国潜艇部队使用“狼群战术”来对付英国的海上运输线，这一战术首先将众多的潜艇分散在大西洋广阔的海域中，试图寻找合适的目标；如果其中有一艘潜艇发现目标，它就会通知其他潜艇赶来增援；一旦在此海区中潜艇数量足够，它们就向目标发动进攻。很显然，在这种需要高度协作的战术中，保密和快速的通讯起着决定性的作用，而

接线板位于恩尼格玛密码机前部键盘的下方。当用到接线板时，操作员最多可以在上面接13条线。在此图中，接线板上共有两对字母被连接起来（S–O和J–A）。

如果英国方面不能及时破译这些通讯内容，所遭受的打击是毁灭性的。

在1940年6月到1941年6月一年间，盟军平均每月损失50艘船只，而且建造新船只的能力已经几乎不能够跟上损失的步伐；与此相联系的还有巨大的人命损失——在战争中有高达五万名水手葬身大西洋底。当时英国所必需的食品弹药几乎完全依靠从大西洋上海运输入，如果不能有效对付“狼群战术”，海上运输线的安全就得不到保障，这意味着整个欧洲都将在和德国的战争中失败，如此可怕的结局是盟军方完全不敢想象的。

因为需要先进的数学理论和数学模型支持的缘故，此时的解密学俨然已经变成了“数学家的战争”。但尽管如此，在布莱奇雷庄园的破译工作进展缓慢的前提下，军事和间谍手段依旧要发挥重要的作用。前文所述的汉斯－提罗·史密特就是一个很好的例子。既然难以使用破译的手段来取得密钥，那么间谍、渗透以至于窃取等手段也成为必需。英国皇家空军有时采取一种名叫“播种”的手段来协助布莱奇雷庄园的破译工作，他们在某个特定的海区布撒水雷，迫使在附近的德国舰艇向其他舰艇发送有关雷区的情报。这个情报里必定包含着对此雷区所在方位等的描述，而这是英国人早已知道的，于是就可以在一定程度上为密码破解提供帮助。但是为了避免德国人的疑心，这样的花招不能时时使用，所以还需要许多其他的方式。

派间谍直接偷取密码本当然是方法之一，但不管是密码机还是密码本肯定都会被严加看管，盗取难度可想而知——而且即使得手也往往会被察觉，只要对方一更换密钥，辛辛苦苦到手的密码本就宣告作废。当时在英国情报部门工作的扬·弗莱明，也就是后来大名鼎鼎的“007系列”小说的作者，甚至策划了这样一个代号“杀无赦”的计划：让一架被俘的德军轰炸机在英吉利海峡中的德国舰艇附近坠毁，等到德国舰艇赶来救援时，机上假扮成德国飞行员的英国谍报人员趁机混上德国舰艇以窃取密码本。这个异想天开的计划只能用疯狂来形容，然而当时几近走投无路的英国人却差一点将之付诸实施，只是最后由于种种原因才没有执行。

除了要获得密码本外，了解德国海军特制ENIGMA机尤其是它的转子线路无疑也是破译密码所必需的。1940年2月德国潜艇U-33在苏格兰附近海面被击沉，英国情报部门从残骸中打捞出海军用“恩尼格玛”密码机上的三个转子，使得密码分析人员能对这种特别的密码机有所了解并对截获的密文作部分的破解；同年4月在挪威，盟军俘获了一条德国拖捞船，从上面取得了几份关于“恩尼格玛”密码的资料并送交图灵研究——但是在还没有取得任何进展之前，德国人就改换了转子结构，密文重新又变得牢不可破了。1941年3月4日在盟军特种兵对挪威罗弗敦群岛的突袭中缴获了两台海军用“恩尼格玛”密码机，于是盟国重新能够部分破译德海军情报。幸运的是这一次邓尼茨元帅相信了他的密码专家的夸口，认为“恩尼格玛”密码不可破译，没有再次改变密码机的设置。

当盖子盖上后，恩尼格玛密码机就可以开始使用了。转子的外缘从盖子内伸出，使操作员能够改变它的位置，而且这些转子现在的位置（RDKP）可以通过一系列小窗让操作员看见。

好运一直眷顾着英国人，1941 年 5 月 7 日，在一次高度机密的行动中，英国皇家海军俘获了德国气象船“慕尼黑”号，取得了 6 月的密码本。两天后，在一次巧遇中，英国驱逐舰“斗牛犬”号迫使德国潜艇 U-110 浮出水面并投降，潜艇船员误以为潜艇很快就要沉没，忙于逃生而没有及时销毁艇上的密码机和密码本。在德国人醒悟过来之前，一支英国水兵小分队登上潜艇，顺利的缴获了这些重要的战利品。在六月份英军又俘获了一艘德军气象船“劳恩堡”号，取得 6 月和 7 月的密码本。这些进展使得布莱奇雷庄园对海军型“恩尼格玛”密码机有了比较充分的了解。虽然直至战争结束，德国人仍不时改进他们的加密系统，但一般来说英国方面总能用各种方法跟进：包括上面所说的军事和间谍手段，或者提高解码机的数量和威力。密码分析人员的经验也在不断增加，其数量也是一样。虽然如此，这样的变化总会为密码破译带来暂时的困难，从而可能遭遇严重的问题。

最大的此类危机发生在 1942 年 2 月 1 日，德军潜艇通讯网开始使用前面提到的四个转子“恩尼格玛”密码机，新增加的这个转子使得布莱奇雷庄园的破译工作暂时陷入僵局，于是盟军的损失大量增加。

但幸运的是由于同时期美国正式参战，德军潜艇开始在美国东海岸实施袭击并频频得手，这使得德军总部难以把近期的胜利和密码机的改进联系起来。

无论如何，通过军事、情报和密码分析人员的努力，盟军终于能够掌握德国潜艇的动向，从而为运输船队选择一条安全的航线。不仅如此，反潜部队还能主动出击，寻找德军潜艇并将其击沉。不过正所谓兵不厌诈，虽然通过对德军密码的破译，盟军能够知道德国潜艇的位置，但是却只能有选择的击沉其中一部分——如果贸然击沉所有的德军潜艇，那么唯一的结果就是让德国人意识到自己的通讯已经不再安全。这一原则在反潜作战以外的领域同样适用,为数不多的例外发生在北非战役期间：1942年10月下旬，隆美尔的给养频频告急，为此他反复督促有关人员尽快派出船队运送给养。布莱奇雷庄园迅速破译了和补给船队相关的电文，然而为了避免受到空中攻击，德国人派出的5艘运输船将会沿不同航线行驶，而且专门选择了大雾弥漫的天气出航。如果这5艘船只都遭到袭击，“超级机密”就会有被暴露的危险。在经过反复斟酌之后，英国人还是将这些船只全部击沉，类似的事情在北非战役期间发生了多次。为了避免德国人怀疑到密码被破译这方面上，英国人专门精心设计了一系列的欺骗行动，其中包括反复用已被德军破译的密码向并不存在的意大利统帅部内奸发去“贺电”。这些欺骗行动是如此成功，导致德国人愤怒地向墨索里尼提出了抗议，自然也就没有人会怀疑到通讯泄密这方面了。

1943年10月，代号为“巨人”的原始电子计算机在布莱奇雷庄园建造完成。这台机器用1500个电子管组成十进制计数器，阅读速度提高到每秒5000字符。1944年2月，“巨人”计算机正式启用，使得密码分析人员的工作更加如虎添翼，平均每小时破译的德国情报超过了11份。通过布莱奇雷庄园送出的“超级机密”，盟军在战场上取得了明显优势：在北非，使得盟军能够切断德军的供给线，得到隆美尔将军部队的情报，“超级机密”使第八军团成

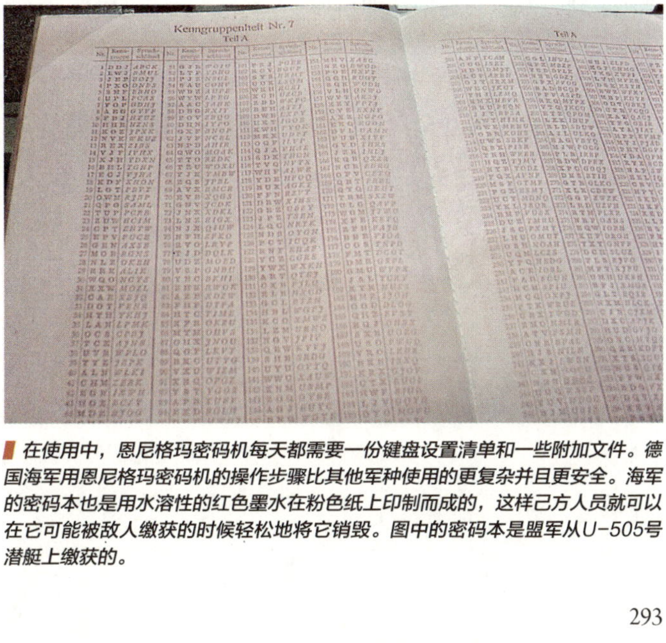

在使用中，恩尼格玛密码机每天都需要一份键盘设置清单和一些附加文件。德国海军用恩尼格玛密码机的操作步骤比其他军种使用的更复杂并且更安全。海军的密码本也是用水溶性的红色墨水在粉色纸上印制而成的，这样己方人员就可以在它可能被敌人缴获的时候轻松地将它销毁。图中的密码本是盟军从U-505号潜艇上缴获的。

"巨人"的现代复制品。

功抵御了德军的攻击；在德军进攻希腊的战役中，依靠"超级机密"的情报英军成功撤退，避免了大量伤亡；"超级机密"提供了敌军在地中海地区的详细分布情报，这对盟军1943年在意大利和西西里登陆至关重要。当然"超级机密"最大的贡献还是体现在诺曼底登陆上，在登陆前的几个月里，依靠"超级机密"，盟军获得了德军在法国沿海的布防的详细情报，从而能够及时地针对敌军的虚实强弱之处改进登陆计划。

第二次世界大战结束后，在"超级机密"起到了多大作用这点上，历史学家们存在大量争议。但是毫无疑问的是，布莱奇雷庄园的密码分析专家大大地加快了战争的进程。这在大西洋战役的历史中尤其明显。如果没有"超级机密"，德国潜艇将对大西洋海运造成巨大的破坏，这就迫使盟军必须将大量的力量投入在保卫航线和保持运输能力上。历史学家们认为，在此情况下，战争很可能要拖延到1948年才能结束，这就必然造成更大的破坏和带来更多的生命损失。

最后用历史学家大卫·凯恩对"超级机密"的评价作为本文结尾："这拯救了生命。不仅仅是俄国人和盟军的生命，它也拯救了德国人，意大利人和日本人的生命。对许多在第二次世界大战中幸存下来的人来说，没有这个方案，他们将已不在人世。这就是这个世界欠这些密码破译者的债务：他们的胜利折换成人类生命的价值。"

德国纳粹核计划的落败

作者：迷之人物

—神秘的铀

1896年3月的一个下午，巴黎博物院自然历史部的应用物理学教授亨利·贝克勒尔打开抽屉，取出了与双氧铀硫酸钾盐放在一起的黑色纸包，惊奇地发现装在其中的感光底板已经被感光了。

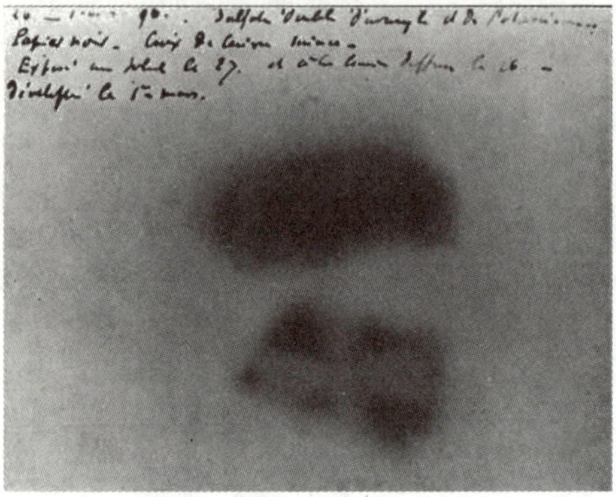

贝克勒尔发现放射性的底片。

亨利·贝克勒尔是一名物理学家，同时也是研究荧光和磷光的专家。1896年初，伦琴发现X射线的消息传到了巴黎，但这一科学发现原本和贝克勒尔没有任何关系，是一个偶然的机会使他遭遇上了放射性问题：当时法国有一位著名数学物理学家叫彭加勒，收到伦琴的通信后，在法国科学院1896年1月20日的例会上向与会者报告了这件事，展示了伦琴的通信和X光照片。贝克勒尔正好在场，他问彭加勒这种射线是怎样产生的？彭加勒回答说，似乎是从真空管阴极对面发荧光的地方产生的，可能跟荧光属于同一机理。彭加勒还建议贝克勒尔试试荧光会不会伴随有X射线。

亨利·贝克勒尔。

因为彭加勒的这个建议，第二天贝克勒尔就在自己的实验室里开始了试验，试图验证荧光物质会不会辐射出一种看不见却能穿透厚纸使底片感光的射线。他试来试去，终于找到了一种物质具有预期效果，这种物质就是铀盐。在最初的试验中，贝克勒尔拿出两张厚黑纸，把感光底片严严实实的包起来，即使放在太阳底下晒一天，也不会使底片感光。然后，他把铀盐放在黑纸包好的底片上，又让太阳晒几小时，就大不一样，底片显示了黑影。为了证实是射线在起作用，他特意在黑纸包和铀盐间夹一层玻璃，再放到太阳下晒。如果是由于某种化学作用或热效应，隔一层玻璃就应该排除，可是仍然出现了黑影。于是贝克勒尔肯定了彭加勒的假定，在法国科学院的例会上报告了实验结果。

但贝克勒尔的试验并没有就此结束，又过了几天，他正准备进一步探讨这种新现象，巴黎却连日天阴，无法晒太阳。于是，贝克勒尔只好把所有器材，包括包好的底片和铀盐都搁在同一抽屉里准备留待天气转好后继续试验。然而又过了几天之后，也许是出于职业上的某种灵感，贝克勒尔突然产生了一个念头，想看看即使不经太阳照晒，底片会不会也有变黑的现象。于是他把底片洗了出来，结果发现这些未经太阳照晒的底片其实已经被曝光了，底片上的黑影十分明显。他仔细检查了现场，肯定这些黑影是铀盐作用的结果。贝克勒尔面对这一突如其来的现象，很快就领悟到，必须放弃原来的假设，这种射线跟荧光没有直接关系，它和荧光不一样，不需要外来光激发。在新的假设推动下贝克勒尔继续试验，终于确证这是铀元素自身发出的一种射线，他把这种射线称为铀辐射。铀辐射不同于X射线，两者虽然都有很强的穿透力，但产生的机理不同。同年5月18日，他在法国科学院报告说：铀辐射乃是原子自身的一种作用，只要有铀这种元素存在，就不断有这种辐射产生。这就是发现放射性的最初经过。这一发现在当时虽然没有伦琴发现X射线那样轰动一时，但其意义还是很深远的——因为这是人们第一次观察到的核变化。现在通常就把这一重大发现看成是核物理学的开端，这一事件为核物理学的诞生奠定了第一块基石。

时间继续推移到1905年的6月末，在看似平淡无奇的一个下午，有位腼腆的年轻人来到邮局，向德国《物理年报》的编辑部投寄了一篇名为《论运体的电动力学》的论文，署名为阿尔伯特·爱因斯坦。

贝克勒尔实验室。

1921年获得诺贝尔物理奖时的阿尔伯特·爱因斯坦。

1927年在比利时布鲁塞尔索尔维国际物理研究所召开的索尔维会议集中了当时最著名的物理学家。爱因斯坦在前排中央。

这篇并不算长的论文却在当时的物理学界引起了轰动，因为它标志着一种新的基础物理学理论——相对论的建立。这是爱因斯坦10年酝酿和探索的结果，它在很大程度上解决了19世纪末出现的古典物理学的危机，改变了牛顿力学的时空观念，揭露了物质和能量的相对性，创立了一个全新的物理学世界，是近代物理学领域最伟大的革命，也是构成现代物理学的基本理论框架。更重要的是，在狭义相对论的基础上，爱因斯坦提出了著名的质能方程式 $E=mc^2$，从理论上揭示了原子能的巨大能量蕴藏。

在此之后，核物理学得到了长足的发展。1911年，卢瑟福等人利用 α 射线轰击各种原子，观测 α 射线所发生的偏折，从而确立了原子的核结构，提出了原子结构的行星模型，这一成就为原子结构的研究奠定了基础。而在1919年，卢瑟福等又发现用 α 粒子轰击氮核会放出质子，这是首次用人工实现的核蜕变（核反应）。此后，核物理学研究开始进入高速发展时期，用射线轰击原子核来引起核反应的方法逐渐成为研究原子核的主要手段。

而更为重要的成果是1932年中子的发现和1934年人工放射性核素的合成。原子核是由中子和质子组成的，中子的发现为核结构的研究提供了必要的前提。中子不带电荷，不受核电荷的排斥，容易进入原子核而引起核反应。因此，中子核反应成为研究原子核的重要手段。

而决定性的成果出现在1938年。莉泽·迈特纳和奥多·哈恩同为德国柏林威廉皇帝研究所的研究员。作为放射性元素研究的一部分，迈特纳和哈恩曾经奋斗多年创造比铀重的原子（超铀原子）。用游离质子轰击铀原子，一些质子会撞击到铀原子核，并粘在上面，从而产生比铀重的元素。这一点看起来显而易见，却一直没能成功。他们用其他重金属测试了自己的方法，每次的反应都不出所料，一切都按莉泽的物理方程式所描述的发生了。可是一到铀，这种人们所知的最重的元素，就行不通了。整个20世纪30年代，没人能解释为什么用铀做的实验总是失败。

从物理学上讲，比铀重的原子不可能存在是没有道理的。但是一百多次的试验，没有一次成功。显然，实验过程中发生了他们没有意识到的事情。他们需要新的实验来说明游离的质子轰击铀原子核时究竟发生了什么。最后，奥多想到了一个办法：用非放射性的钡作标记，不断地探测和测量放射性的镭的存在。如果铀衰变为镭，钡就会探测到。他们先进行前期实验，确定在铀存在的条件下钡对放射性镭的反应，还重新测量了镭的确切衰变速度和衰变模式。这花了他们三个月的时间。然而没等他们进行实质性的实验，莉泽就不得不逃往瑞典，躲避上台的希特勒纳粹党。奥多只得独自进行他们的伟大的实验。

发现核裂变的奥多·哈恩。

1913年哈恩和迈特纳在KWI的化学实验室。

1933年3月21日在德国波茨坦新的国会大厦前总理阿道夫·希特勒与总统保罗·冯·兴登堡握手。

奥托·哈恩完成实验两周后，莉泽·迈特纳就收到了一份长长的报告，其中记述了他实验的失败。哈恩用集束粒子流轰击铀，却连镭也没得到，只探测到了更多的钡——钡远远多出了实验开始时的量。他感到迷惑不解，请求莉泽帮他解释这究竟是怎么回事。

一周后，莉泽穿着雪鞋在初冬的雪地里散步，这时一个画面从她心中一闪而过：原子将自身撕裂开来。这个画面来得那么生动、惊人和强烈，她几乎从想象中就能感到原子核的跳动，能听到原子撕裂时发出的嘶嘶声。

她立即认识到自己已经找到了答案：质子的增加使铀原子核变得很不稳定，从而发生分裂。他们又做了一个实验，证明当游离的质子轰击放射性铀时，每个铀原子都分裂成了两部分，生成了钡和氪，这个过程还释放出巨大的能量。核裂变——这一重要的核物理学现象终于展现在科学家们的眼前，经过漫长的摸索，人类终于摸到了原子能这一蕴含了无限能量的宝库的大门。

在核裂变反应被发现后，科学家们很快就弄清楚了这一现象的机制。原子核裂变时不但释放出巨大的能量，而且同时还发射出几个中子；既然中子能引起裂变，裂变又产生更多的中子，因此可以通过链式反应（见裂变反应堆）在宏观尺度上使原子核释放出能量来，这就找到了大规模

1945年日本长崎的原子弹爆炸。

利用核能的途径。

匈牙利物理学家L. 西拉德最早考虑到了实现链式反应（核裂变反应）的可能性。他首先从理论上进行探讨，设想一个中子引起一个原子核的裂变，在核反应的产物中又会产生一个以上的中子，使核的裂变反应继续维持下去，这样一来，源于核的裂变反应就像一根链条一样一环一环地持续下去。西拉德的设想，就是当时关于“链式反应”的雏形。理论计算表明，1 克铀裂变释放的能量相当于燃烧 3 吨煤释放的能量，况且这么多的能量要在非常非常短的时间里集中释放出来，所以它具有十分强大的爆炸能力，其威力相当于 20 吨 TNT 炸药。这是十分惊人的！

然而，任何一种新出现的技术，往往都会被迅速运用到军事上。核裂变和链式反应能够产生大量的能量，同时也意味着惊人的破坏力。1939 年 1 月 6 日，奥托·哈恩将其关于核裂变的系列实验结果发表，立刻在物理学界引起了轰动。仅仅不到 3 个月后，汉堡大学教授保罗·哈特克就上书第三帝国军事部，提出关于开发核爆炸物的可行性问题。他在信中说道：“我们提醒您注意核物理方面的最新事态发展，根据我们的看法，那些事实为制造一种破坏力大于常规炸弹很多倍的爆炸物开辟了可能。”信里还提到：“第一个利用这种核爆炸物的国家，将拥有其他国家无法超越的优势。”

二 原子弹计划

1939 年，正是欧洲大陆战争阴云密布的时候。核裂变的发现及其作为武器的可行性所引起的不光是纳粹德国的注意，包括英国、苏联、美国甚至日本在内的各国都纷纷开展自己的核武器计划。为逃避德国法西斯迫害而移居美国的一些科学家，担心德国抢先造出原子弹，于是在他们的推举下，因为躲避纳粹迫害而被迫于 1932 年离开德国到美国定居的阿尔伯特·爱因斯坦给罗斯福总统写了一封信。在信中，这位科学家对总统说，现在已经有可能尽快研制出一种威力强大的武器，这是一种通过原子爆炸产生威力的武器。而且他还敦促罗斯福组织美国科学家赶在德国科学家之前研制出第一颗原子弹。罗斯福总统采纳了爱因斯坦等科学家的建议，下令成立研究原子武器的委员会。

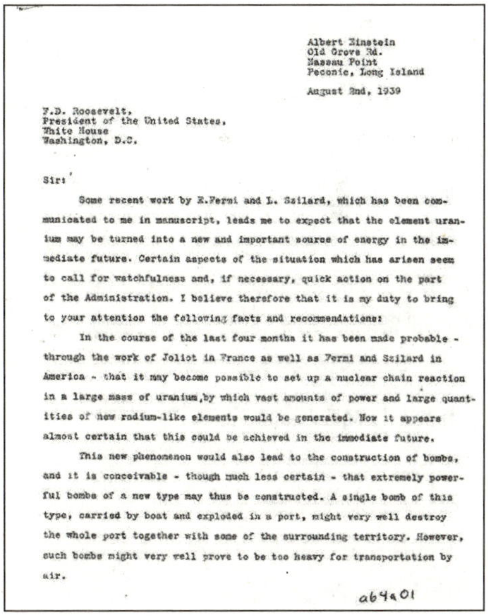
Albert Einstein
Old Grove Rd.
Nassau Point
Peconic, Long Island

August 2nd, 1939

F.D. Roosevelt,
President of the United States,
White House
Washington, D.C.

Sir:

Some recent work by E.Fermi and L. Szilard, which has been communicated to me in manuscript, leads me to expect that the element uranium may be turned into a new and important source of energy in the immediate future. Certain aspects of the situation which has arisen seem to call for watchfulness and, if necessary, quick action on the part of the Administration. I believe therefore that it is my duty to bring to your attention the following facts and recommendations:

In the course of the last four months it has been made probable - through the work of Joliot in France as well as Fermi and Szilard in America - that it may become possible to set up a nuclear chain reaction in a large mass of uranium,by which vast amounts of power and large quantities of new radium-like elements would be generated. Now it appears almost certain that this could be achieved in the immediate future.

This new phenomenon would also lead to the construction of bombs, and it is conceivable - though much less certain - that extremely powerful bombs of a new type may thus be constructed. A single bomb of this type, carried by boat and exploded in a port, might very well destroy the whole port together with some of the surrounding territory. However, such bombs might very well prove to be too heavy for transportation by air.

ab4a01

爱因斯坦署名、送交罗斯福总统的那封呼吁美国制造原子弹的著名信件。

世界上第一颗原子弹，美国人制造的“瘦子”的起爆器。

1941 年 12 月珍珠港事件发生后，美国加速了研制原子弹的进程，1942 年开始实施以“曼哈顿工程”命名的庞大计划，由美国陆军工兵部队全面负责研制原子弹。该计划投资 25 亿美元，动用 10 多万科技人员和工人，在绝对保密的情况下加紧研制。罗斯福在原子弹研制工作全面完成之前去世，但在 1945 年 4 月，新总统亨利·杜鲁门得知他们已经做好了试验原子弹的准备。1945 年 7 月 16 日凌晨，第一颗原子弹在美国新墨西哥州阿拉默多尔空军基地的沙漠地区爆炸成功，其威力相当于 1500—2000 吨 TNT 炸药。这场爆炸超出了现场所有人的想象，以至于整个美国西南部都感到了爆炸的震撼。为隐瞒真相，美国编织谎言说是阿拉莫戈多军事基地的弹药库发生了爆炸。最终就像我们所知道的那样，为了敦促日本投降，1945 年 8 月 6 日，第一颗原子弹投放到日本的广岛，三天后，第二颗原子弹从日本的长崎上空落下。两颗原子弹的爆炸最终摧毁了日本人的抵抗意志，宣告了第二次世界大战的完结。

而除了最终获得成功的美国人之外，在大西洋的彼岸，纳粹德国同样对这种威力巨大的武器充满了兴趣。德国一直处于欧洲核能研究的最前沿，正像前文中所述的那样，核武器和原子能利用的关键理论——核裂变现象，就是由德国科学家发现的，最早注意到核裂变价值的同样是德国科学家，可以说这个时期的德国在核裂变研究中也处于世界领先地位。纳粹德国一直在谋求各种具有革命性优势的新式武器，期望以此来获得对同盟国的军事优势，为即将到来的欧洲战争做充分准备。在这种前提下，科学家们预言中核武器的巨大威力成功引起了他们的兴趣。

美国第33任总统杜鲁门。

1935年生产重水的挪威维莫克化工厂。

对威力巨大的新式武器怀有兴趣的不仅仅是执政的纳粹党，对当时的德国军方而言，核裂变武器中蕴含的重要性非同一般。从 1939 年 9 月初开始，库尔特·迪博纳尔领导的德国陆军部已经把德国所有的关于核裂变的研究机构、人员集中于它的管辖之下。9 月 16 日和 26 日，库尔特·迪博纳尔更是亲自召集德国科学家，在柏林连续开了两次会议，讨论制造原子弹的可行性，并制定了所谓“从事利用核裂变实验的准备工作计划”。会议决定：由著名物理学家玻尔的高足维尔纳·海森堡主持理论研究工作，年轻理论物理学家埃利希·巴齐负责测量氚的撞击截面以确定重水使第二代中子减速的有效性，哈特克负责研究同位素的分离，与会的其他人则分别进行实验以确定其他重要的核常数。陆军部则将 1937 年建成的威廉大帝物理研究所接管过来，并为之提供研究资金，该研究所具有当时欧洲最先进的核物理研究设施。自此，德国的原子弹计划开始正式启动。

因德国在 1939 年 9 月 1 日对波兰实施的入侵，英国和法国于 9 月 3 日对德宣战，第二次世界大战正式爆发。同年 10 月，英国安全协调局（BSC）就提交了一份关于德军实力的报告，报告中附列了一份“德国一直在进行试验的武器”的清单，核武器在包括滑翔鱼雷、弹道火箭等一长串武器项目中被醒目的排列在第一位。情报部门的首脑根据大量的情报断定，希特勒极有可能使用空中力量和“可能使用带有新的秘密炸药的炸弹”来摧毁英国。而此前希特勒的一系列发言更是佐证了这一观点，他声称“我们将使用一种别人不知道的而又能保护自己免受攻击的武器”。根据这些线索，英国当局开始积极收集关于德国

收聚式胖子原子弹的模型。

核武器研发的情报，并设法针对性的组织了各种破坏行动。

自 1933 年希特勒上台开始，纳粹德国就开始了对犹太人的疯狂迫害，在国外访问的爱因斯坦的书也被称为“犹太人邪说”而遭禁，他因此定居美国。费米、波尔、格拉德等科学家也逃出纳粹魔爪，到达了大西洋彼岸。但截至二战爆发开始，仍有一批科学家滞留在法国、丹麦、荷兰乃至德国境内。为避免这些科学家再度被纳粹德国征召使用，英国特工组织了多次行动，协助这些科学家逃离纳粹控制区。而最成功的一次行动发生在 1940 年初，在德军占领挪威的前夕，依靠居里夫妇的女婿约里奥（后为法国科学院院长、法共党员，也是钱三强的导师）的帮助，特工们将制造核弹必需的 200 升重水运到美国，此时全世界其他试验室中的重水加在一起不过几升。

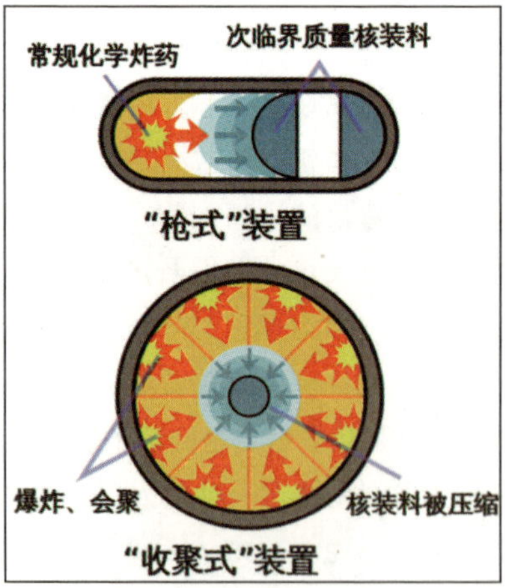

原子弹的两种引发装置。

1940 年 4 月 9 日，在德国的突然袭击下，丹麦和挪威先后失陷，盟军方面一下子面临两个危机：世界上最权威的核物理学家之一，时任丹麦皇家科学院院长的玻尔被德国所掌握；可生产重水的挪威维莫克化工厂也被德军占领。玻尔提出了原子核的液滴模型，很好地解释了重核的裂变；而维莫克化工厂则是当时世界上唯一的重水生产中心。

至1940年5月末，盟军面临的危机变得更加严峻起来。5月28日，比利时向德国投降，储存在比利时矿业联盟公司的1200吨精选铀矿石全部落入德军手中，这个数量几乎占到了当时世界铀矿石总数的一半！德国人的核威胁不再是空穴来风，而成了盟军切切实实需要面对的难题。

但此时欧洲战场的局面一片混乱。德国人的闪击战打得盟军措手不及，荷兰、比利时、卢森堡等国先后沦陷，到6月21日，连法国都不得不向德国投降。此后的很长一段时间内，英国都不得不把主要精力集中在如何挫败德国人可能发动的跨海入侵上。但英国特工仍在努力收集关于德国核计划的情报，并在力所能及的范围之内进行了破坏。

1940年12月，德国建成了其第一个研究性原子反应堆，并掌握了金属铀的提炼技术。但由于对链式反应的研究仍不够深入，这个研究性原子反应堆的规模很小，并且难以持续运作，无法为核武器的研制提供足够的数据。

制造原子弹离不开反应堆，有了反应堆才能摸清形成大量核裂变的规律。而制造反应堆必须有能够使中子裂变速度变慢的物质，即减速剂。德国科学家最初找到了两种控制中子裂变的物质，一是重水，二是石墨。德国物理学家布雷格教授根据自己的理论推断和计算结果，认为石墨是比重水更为理想的减速剂，并认为可以借此来设计并建造一座石墨沸水堆原理的核反应堆。为此，布雷格教授研究所的领导机关请德国西门子公司生产这种减速剂片，而西门子公司则把这项任务下达给位于波兰拉齐布日的普拉尼亚工厂。这项“罕见”的订单令工厂的总工艺师埃尔温·施密特感到十分意外和惊讶。因为这项订货的数量很大：总共一百块石墨片；规格也很特殊，每块的大小均为3 ×0.6米；而且，要求完成这项任务的时限紧迫。埃尔温·施密特断定这些石墨片是用于军事目的，于是设法对生产进行了破坏，使得生产出来的石墨片都并非纯净，而是含有二氧化铁、钙和硫等杂质。这些“不纯净”的石墨片按时运到布雷格教授的研究所，丝毫也未引起怀疑，被直接用于一项重要的实验——对中子在石墨中扩散长度的测量实验中，其结果是多次试验全都失败。与布雷格教授共事的海森贝格教授一向对前者没有好感。他把这场失败看成是布雷格教授无知和无能的表

纳粹德国的一座实验用反应堆。

1938年化学家奥托·哈恩和斯特拉斯曼弗里茨发现铀核裂变的实验设备。

现。海森贝格认为炭是不适宜作减速剂的，于是便着手从其他途径探索新的减速剂，于是仅剩下的选择就只有重水了。

重水由氘和氧化合而成，天然水中的重水含量只有六千分之一左右。当时世界上最大的重水生产中心——挪威维莫克化工厂正处于德军的占领之下。而实际上，根据英国安全协调局首脑史蒂文森所主持的调查，在1939年11月，德国已经通过一家化学联合企业向维莫克化工厂悄悄进行投资，其中一项重要的投资条件就是将原本每年只有10公斤的重水产量提高10倍。另一方面，通过来自维莫克化工厂内部人员提供的情报，情报人员确认德国人已经将电解池的数量从9个扩充到了18个，这一举动使得工厂的生产能力翻倍，而更大规模的扩建还在继续进行中。显然，德国人已经开始大规模生产重水，而这一举动的目的只有一个——那就是为生产核武器做准备。

1941年9月，在得到从维莫克化工厂运来的第一批重水后，维尔纳·海森堡进行了一系列的试验，证明使用重水作为减速剂的思路是可行的。而在此之前他已经完成了说明铀核反应堆与铀弹之间的区别的理论计算，认识到铀弹内不受控制的大量中子会增加到爆炸点。这实际上已经为核武器的研制铺平了道路，剩下的就只有通过核反应堆的建造来收集足够的数据，完善核武器的细节设计了。而就在此后不久，海森堡应德国人在哥本哈根设立的“德国文化研究所”的邀请前去丹麦演讲，并与其导师尼耳斯·玻尔进行了一次私下会晤。关于这次会晤说法甚多，比较可靠的一种说法是，海森堡和玻尔讨论了涉及原子弹制造的某些关键问题（例如可能包括著名的“临界质量”问题），从谈话中玻尔意识到德国在核技术上取得了不可忽视的进度。这一发现很快被玻尔设法转告给了盟军一方，并引起了情报机关的密切关注。然而对于核武器的制造计划，德国人采取了严格的保密措施，使得盟军的特工很难得到有价值的情报。所幸的是，事情很快出现了转机。

三 “燕子”行动

1941年11月，一份德国正在研究建造的实验性重水反应堆的图纸通过特殊的渠道，落入了盟军情报机关之手。这份图纸的来源至今众说纷纭，一说是海森堡通过玻尔转交的，另一说是一名不知名的特工的幸运收获；但不管其真实来源到底为何，这份图纸让盟军第一次对德国的核计划有了切实的了解，也为进一步的破坏行动奠定了基础。

根据德国科学家的估计，一座反应堆需要5000公斤重水，而前文中被反复提到的维莫克化工厂，则显然就是德国人手中唯一的重水来源。领导美国核武器研究计划的莱斯利·理查德·格罗夫斯将军一直关注着德国人的核武器研发计划进展，并时刻为德国人抢先一步的可能性而感到担忧。因此，他一直在收集关于维莫克化工厂的重水生产数量及向柏林运送的重水数量等数据，并通过美国陆军部向艾森豪威尔将军提出建议，要求对维莫克化工厂进行破坏——而这正好和英国人的想法不谋而合。经过慎重的考虑，破坏维莫克化工厂这一重大任务被交给了英国安全协调局的主管，传奇人物威廉·史蒂文森。

英国安全协调局主管威廉·史蒂文森。

威廉·史蒂文森在第二次世界大战爆发后，曾多次赴北欧执行任务，对挪威的地理环境非常熟悉，早在德国占领挪威前，就考察过挪威的重要地理屏障巴伦山。史蒂文森一直非常注意德国人在核技术方面的进展，在德军占领维莫克化工厂后，他迅速建立了一条经由巴伦山出逃的路线，一些不愿与德军合作的挪威人员先后从这条路线撤离到英国，其中就包括36岁的核物理学家利夫·多伦斯达德博士。

利夫·多伦斯达德博士是挪威人，在战前和一些德国核物理学家交往密切。挪威沦陷后，他被迫和德国科学家们一起在维莫克化工厂从事生产重水的工作，无意中成为了解德国核武器研发进度的第一个外国科学家。1941年底，在挪威地下抵抗组织的协助下，他逃出了化工厂来到瑞典，最终辗转来到伦敦。多伦斯达德熟悉维莫克工厂内的布局和结构，清楚地知道重水生产线的要害所在，他的到来让史蒂文森大喜过望。

为替英国特别行动局、美国联邦调查局和战略情报局培训能执行在敌占区从事破坏和间谍活动的特工，史蒂文森已于1941年12月6日在加拿大建立了一所名为“X训练营”的秘密特工培训学校，而这所学校的第一个任务就是为破坏维莫克化工厂训练敢死队员。与此同时，史蒂文森也在物色适合派往化工厂当地的内线人员，首先被他选中的是名叫奥德·斯培海姆的挪威人。斯培海姆是一名挪威船主的儿子，在德军入侵后自己驾驶小船逃到了苏格兰，在经过特工训练后又被派回挪威，曾经成功搜集过诸如“俾斯麦”号战列舰出航路线等情报，也曾多次机敏的从盖世太保的追捕下逃脱，显然是执行该任务的合适人选。

另一个被史蒂文森选中的是艾因纳尔·斯金诺兰德，这是一名挪威反抗组织的成员，有丰富的与德军作战的经验。而更重要的是，他的弟弟就在维莫克化工厂工作。在先期空投到挪威的斯培海姆协助下，艾因纳尔于1942年3月中旬离开挪威，抵达位于伦敦的英军特种作战司令部。在那里，他与多伦斯达德见面，并详细了解了维莫克化工厂的情况，随后接受了为期一月的速成训练，并通过空降的方式再次潜回挪威。在回到挪威后，艾因纳尔潜伏

突击队员们在参加跳伞训练时的留影。

下来，开始搜集一切与维莫克化工厂相关的情报，甚至通过德军为提高维莫克化工厂而修建水力发电站的机会，成功混入了化工厂的劳工之中。

第一支突击队使用的滑翔机。

经过一段时间的潜入调查后，艾因纳尔摸清了维莫克化工厂的情况，绘制了详细的厂区地图，并详细标注出了德军守卫兵力的部署情况。但在他发回的情报中，最重要的当属关于重水产量的报告：德国人已经通过各种手段，成功地将重水的产量提高到了每个月 100 公斤。这一消息立刻引起了盟军方面的重视。此时美国的核武器制造计划才刚刚开始不久，种种情报使得盟军有充足的理由相信，也许在核武器的道路上德国人已经只差临门一脚了。

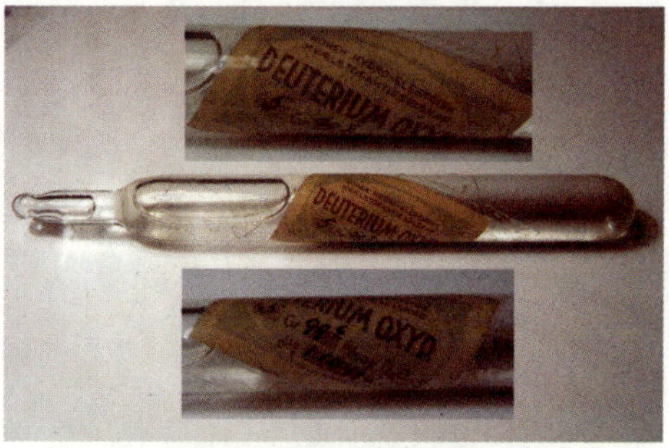

挪威海德鲁公司取得的重水。

在这种恐慌心理的驱使下，盟军方面的行动紧锣密鼓的开展起来。1942 年 6 月 17 日，罗斯福总统批准将核武器全部的研制和生产管理权都交给军队领导执行，有效地提高了美国核计划的效率。随后，在罗斯福和丘吉尔进行的磋商中，两人不但决定了实施代号为“火炬”的北非登陆战役计划，还就德国的核武器计划达成了共识，那就是：要尽一切努力破坏德国人的工作，决不能让其获得更多进展。为此，对维莫克化工厂的破坏活动就成为迫在眉睫的重大任务。

鉴于维莫克化工厂的周边环境限制，英国空军认为无法通过大规模轰炸来摧毁其生产能力。因此，唯一的办法就只有派遣特种突击队潜入厂区，通过安装炸弹来实施破坏。该任务最终被交给英国特种作战部部长科林·宾格斯和英国安全协调局主管威廉·史蒂文森共同负责，行动计划被定为“燕子”。

特种作战部根据艾因纳尔提供的情报，在多伦斯达德博士的协助下，制作出了一座与维莫克化工厂内重要设施、厂房位置及结构一模一样的目标模型，用于研究制

坐落在挪威小镇维莫克附近的巴伦山上的维莫克化工厂。

定袭击计划。与此同时，斯蒂文森从一大批流亡的挪威地下特工人员中精心挑选了能胜任此次行动的四名特工，并在X训练营里对他们进行了针对性的专业培训。

1942年9月，代号为“燕子”的4名特工完成了空投前的一切准备工作，但是由于天气不好等原因，将他们空投到挪威的行动多次受挫。1942年10月24日傍晚，“燕子”们再次登机，经过几个小时的飞行之后，在距离维莫克化工厂20公里处的雪山上跳伞降落，并在暗夜的掩护下成功着陆。4名“燕子”差不多用了整整两天时间才把飞机投下的散落在各处雪地里的装备找齐，此后的15天，他们都是在海拔1300米的雪山上度过的。为了把装备搬运到预定地点，他们白天每人要拖运54公斤重的装备，而且要在同一条山间小路往返3次；夜里冒着零度以下的严寒，在雪洞里睡一会儿，每人每天的配给口粮只是一小片干奶酪、一小撮磨碎的燕麦粉和4块饼干。

英国特种作战指挥部焦急地等待着“燕子”们的消息，直到11月9日才终于收到电报：“燕子”们已在维莫克化工厂附近安排就绪，已同艾因纳尔取得联系，并做好了迎接突击小组的各项准备。与此同时，他们还报告说：“德国人准备运走储存的全部重水，看来其重量已经能够满足柏林目前的需求。”

这个消息立刻引起了一阵恐慌，正在美国的史蒂文森被紧急召回伦敦。战时内阁举行了紧急会议，责成布朗宁少将和诺曼上校立即制定行动计划。由于破坏维莫克化工厂需要大量炸药，因此决定使用两架滑翔机搭载32名突击队员，由两架轰炸机牵引实施机降。11月19日，袭击组按计划从苏格兰最北部的机场起飞，但意外的是因导航设备故障和恶劣天候的影响，一架滑翔机的牵引绳断裂坠毁，另一架滑翔机失事撞山，幸存者被德军逮捕，随后被全部枪杀，无一幸免。

英国情报部门在24小时后才从截获的德军公告中得知这一消息。所幸的是，德国军事情报官员在搜查飞机残骸时，发现的是用于迷惑德军而专门制造的假地图，该地图将袭击的目标标注为距离重水工厂40公里的一个水库大坝。德国驻挪威的帝国总督约塞特·泰鲍温和部队司令官冯·法尔根霍斯脱立即下令对此地带实施大肆搜捕，只要谁有一点点嫌疑，立即予以逮捕，并且调集了大量的兵力对大坝加强防卫。就这样，首次“燕子行动”以失败告终，但行动的目标并未暴露。

尽管首战即告失败，但盟军方面认为必须继续实施第二次行动。他们从挪威皇家陆军的志愿人员里选出一批队员，组建了新的“枪手”突击队，并利用维莫克化工厂的模型迅即展开严格的战前训练。1943年2月16日，6名“枪手”队员成功伞降到了维莫克化工厂西北45公里处一个结冰的湖面上，并很快与4名“燕子”队员会合。

因为误判了英军的破坏目标，德军错误的加强了水坝的保卫力量，对维莫克化工厂的保护并未得到加强，100多名新来的德军警卫大部分被部署在水坝上，只有12人被派到工厂。加之艾因纳尔已经成功地获取了化工厂里德军警卫的位置及换岗时间、地雷的埋设区域等情报，因此突击队得以顺利接近维莫克化工厂。2月27日凌晨，突击队员们成功潜入了化工厂内，并安放了炸药，对工厂的重要部位进行爆破，彻底瘫痪了工厂的重水生产线，并使450公斤珍贵的重水泄露一空。

对维莫克化工厂的成功破坏基本切断了德国的重水供应，成功地卡住了德国核研究的脖子。而与此同时，盟军方面的核计划却在稳步推进，在费米的领导下，1942年12月2日，在芝加哥大学建成了世界上第一座铀—石墨原子反应堆，这使得美国在核武器方面终于走到了德国人的前面。尽管如此，对德国核武器计划的破坏活动也始终没有停止。

1943年底，维莫克化工厂被德国人设法修复，重水生产再度开始。英国和美国空军在多次实施轰炸未果的情况下，决定再次采取破坏行动，设法重新切断德国的重水供应。 在当地情报人员的努力下，英国特种作战指挥部得到情报，约613公斤重水将于1944年2月从维莫克化工厂运往德国，这相当于该化工厂半年的产量。

在吸取了此前的教训之后，维莫克化工厂的警戒力量被空前强化，使用突击队再次实施渗透破坏的想法无异于痴人说梦。因此，以艾因纳尔为首的突击队决定在重水的运送道路上实施破坏。经过精心的勘察，他们发现重水的运送要经由廷斯约湖上的渡船运抵达廷诺赛特，进而才能通过铁路或公路运抵德国。整条运输线路上，无论是铁路还是公路都有德军把守，实施破坏的可能性不大；而运输线上的廷斯约湖湖水很深，有的地方甚至深达1400米。因此，他们决定将运送重水的渡船炸沉，使之沉入湖底深处，令德军无法进行打捞。

1944年2月19日深夜，三名突击队员成功地潜入了运送重水的渡船，并在船底安放了炸药。第二天上午10时，运载着重水的货车车厢被装上了渡船，渡船准时出航，然而仅仅45分钟后预先安装的炸弹就发生了爆炸，在短短五分钟内渡船就彻底沉入了深水区，德国的核武器计划再一次遭到了挫败。而在这之后，随着诺曼底登陆的成功实施和苏军的攻势不断加强，纳粹德国已经没有更多的精力来投入到核武器的开发上了。

营救墨索里尼的特种战

作者：迷之人物

西西里岛登陆战役中美国军舰被德军炮火击中。

第40任意大利王国总理贝尼托·墨索里尼。

1943年5月13日，在英美两军的夹击下，北非的德、意军队被迫投降，突尼斯战役宣告结束。北非战局的失败让德、意两国都很受震动，然而就在短短两个月后的7月9日，盟军的登陆舰又开上了西西里岛的滩头。代号为“爱斯基摩人”的西西里岛登陆战出乎了轴心国一方的意料，而战况的不利也使得意大利国内士气低落，此时的意大利已经成了法西斯阵线中最薄弱的一环。随着盟军在西西里岛上的步步推进，失败的情绪也开始笼罩在意大利的上空，其国内各阶层开始重新审视起这场战争，纷纷谴责执政的国家法西斯党，并要求追究其党魁——当时正担任意大利首相的墨索里尼的责任。

一 墨索里尼被赶下台

墨索里尼本人对国内的反对声浑然不觉，但看似平静的台面之下却暗流涌动。自从墨索里尼专政以来，沉默寡言、谨小慎微的意大利国王就不再干涉国内事务了，但是此刻他却开始秘密而频繁地和一些军方人士（如因 1940 年在希腊的军事失败而被免职的巴多格里奥元帅）接触，共同商讨“如何拯救意大利”的大计。一些当年同墨索里尼一起创建纳粹主义的法西斯政要，也开始和国王一方暗通款曲，其中就有法西斯党的元勋、前外交部部长兼驻英大使迪诺·格兰迪。在他们的背后运作和劝诱下，被蒙在鼓里的墨索里尼同意于 7 月 24 日召开原已中断了四年的法西斯大委员会，国王及其支持者所组成的宫廷派一方计划通过会议来剥夺墨索里尼的一切权力。他们的计划得到了多数人的支持，甚至就连墨索里尼的女婿齐亚诺都倒向了宫廷派一方。

1943年7月盟军登陆西西里。

墨索里尼和希特勒。

7月24日，法西斯大委员会按时召开。而就在墨索里尼动身去参加会议的同时，他的私人卫队——国家安全自愿民兵团就被国王的亲信、时任总参谋长的安布罗西奥将军以执行其他任务为由调离了会议地点威尼斯宫，取而代之的是听命于军方的国家军事警察。墨索里尼对此并不知情，或者说他并没有意识到风暴即将来临，而他就是这场风暴的中心。在会议上，墨索里尼说明了意大利所面临的情况，所有穿着黑色法西斯制服的委员们开始讨论。墨索里尼最后说："战争总是一个党的战争，是希望战争的那个党所进行的战争，也往往是一个人的战争——是宣战的那个人的战争。如果把今天的战争称为墨索里尼的战争，那么1859年的战争可以称为加富尔战争。现在是加强统治、承担责任的时候了。我将以国家的名义，毫不费力地更换人事，加强控制，并调动一切尚未使用的力量，因为我国的领土现在正受到侵犯。"然而他的话音刚落，格兰迪就站出来表示反对，后者提出一项动议，要求国王拥有更大的权力，并要求国王从默默无闻中走出，担负起他的责任来。他发表了被墨索里尼称为"言辞猛烈的演说"，"一个久怀怨恨的、终于得到机会发泄愤怒的一篇演说"，提议恢复国王对武装部队的最高指挥权。激烈的辩论一直持续到深夜，举行投票表决时已过了凌晨两点。墨索里尼虽然极力想改变局面，但是最终还是以失败而告终，大会以19票赞同、7票反对、2票弃权通过了格兰迪的提案。尽管遭到了众人的反对，墨索里尼依然对局势依然保持着乐观，并没有将投票结果当一回事儿，因为他认为军队仍站在自己这边。

然而，将墨索里尼驱逐下台在意大利高层之间已经达成共识，逮捕他的计划正在秘密进行中，而主导这一计划的正是军队总参谋长安布罗西奥。预先部署好的警察和宪兵悄悄接管了重要的电话转接站、警察总部和内政部的办公室，几十名宪兵也被作为暗哨派遣到皇家别墅附近。7月25日，也即会议的第二天，墨索里尼首先视察了在前几天盟军对罗马的空袭中受损的利特里奥火车站和几个居民点，然后请求觐见国王。下午5时，国王接见了他。墨索里尼后来在回忆录中写道："我认为国王会撤回他在1940年6月10日授予我的指挥武装部队的权力，而我也曾考虑过放弃这一权力。所以，当我走进别墅时，我完全没有感到任何不祥之兆。现在回想起来，当时真可以说是毫不怀疑的。"到达国王行宫时，他注意到各处都增加了警察。

国王身着元帅服站在门口，两人都走进客厅。国王说："我亲爱的领袖，情况不妙，意大利已经走向分裂，军队士气一落千丈。士兵已不愿意再打下去了……大会的表决太可怕了，竟有19票赞同格兰迪的动议，而且其中有4个是天使报喜勋章的获得者！此刻，你在意大利是最令人憎恨的人。你只有一个朋友可以依靠，你只剩下一个朋友，这个朋友就是我，因此我要告诉你，你不用为自己的个人安全担忧，我保证你的安全。我一直在考虑，巴多格里奥元帅可否担此重任？"

墨索里尼答道："你正在做出一个极

7月10日，美军士兵检查位于红色2号滩登陆后的M4“谢尔曼”坦克。

其严重的决定。现在出现危机将使人民认为，一旦那个宣战的人被解职，和平就在眼前了，这对军队士气的打击将会很严重。这个危机将被当作是丘吉尔和斯大林的胜利，尤其是斯大林的胜利。我意识到了人民的愤恨，在昨晚的委员大会上，这一点很容易看到。谁都无法因统治这么长时间，并带来这么多牺牲而不激起愤恨。不管怎么说，我祝愿目前控制局势的人好运。”交谈结束后，国王陪着墨索里尼到门口。墨索里尼后来回忆说：“他脸色灰白，看上去比平时矮小，几乎像个侏儒。他握了握我的手，又进去了。我下了几级台阶，走向我的汽车。突然，一位警察上尉拦住了我，说：‘国王陛下派我负责保护你的安全。’我继续向我的汽车走去，上尉指着停在边上的一辆救护车对我说：‘不，我们必须乘那辆车。’我和秘书一起上了那辆救护车。1名中尉、3名警察、2名便衣警探和那个上尉一起一同上了车。门关上后，救护车风驰电掣地向前驶去。我依然认为，所有这些行动都如同国王所说的，是为了保护我的人身安全。”

墨索里尼被带走之后，国王指示巴多格里奥元帅组织一个包括军事首脑和文职官员在内的新政府。当天晚上，这位元帅就宣誓就职，接替了墨索里尼的职务，并向全世界宣布了意大利内阁变更这一消息。两天后，巴多格里奥元帅下令将法西斯领袖拘禁在蓬察岛上。

二 “橡树计划”

意大利政权变动的消息传到柏林，立刻引起了强烈震动。希特勒马上意识到墨索里尼已经辞职或者被撤职，并可能已经被捕了。毫无疑问，新的意大利政府不再会是由法西斯党领导的政府，更不可能继续和德国保持并肩作战，轴心国在欧洲战场的南大门将毫无遮掩地向盟军打开。为了防止出现这种局面，希特勒决定对意大利采取必要的行动。

7月26日，希特勒对他的顾问说：“我们必须采取行动，否则盎格鲁-撒克逊人会抢先占领飞机场。意大利法西斯党只是

软禁墨索里尼的意大利大萨索峰帝王台旅馆。

营救墨索里尼的飞机。

暂时晕头转向了，在我们战线的后方，他们会清醒过来的。法西斯党是唯一愿意站在我们一边作战的力量，因此我们要恢复它们。所有主张进一步拖延的理由都是错误的；如果这样，我们会把意大利拱手让给盎格鲁－撒克逊人的危险。这些事情是一个士兵所不能理解的，只有一个具有政治眼光的人才能认清他的道路。”但希特勒也得出结论，对新的意大利政府采取任何重大行动都必须从东线撤出很多部队，而在预期苏俄时刻可能发动新攻势的情况下，抽出这么多军队是不可能的。

尽管墨索里尼是希特勒的纳粹主义启蒙老师，然而随着与墨索里尼的接触，希特勒对他的了解也逐渐深入。最终希特勒认为墨索里尼并无什么过人之处。尽管如此，在当前的局势之下，墨索里尼仍然是执掌意大利、为德国坚守南大门的不二人选。因此在经过一番商讨之后，德军还是制定了计划，准备占领罗马，并尽一切可能支持意大利的法西斯主义；如果巴多格里奥和盟国签订了停战协议，德国还计划进一步夺取意大利舰队，占领意大利境内重要地点，并且威吓在巴尔干半岛和爱琴海的意大利驻军。当然，在那之前，更重要的事情就是要营救已经被监禁起来的墨索里尼，让他重新执掌意大利政权。

高效率的德国总参谋部迅速制订出了行动方案，该方案由以下四个方案构成：一是轴心计划：命令德军接管、夺取或摧毁意大利舰队；二是黑色计划：命令德军全面占领意大利并解除意大利军队的武装；三是橡树计划：命令组建一支特种作战突击队，营救墨索里尼；四是斯图登特计划：该计划负责人为德军伞兵部队指挥官库特·斯图登特将军，命令其指挥德军占领罗马并配合实施橡树计划，恢复墨索里尼在意大利的领导地位。

营救墨索里尼的“橡树计划”在7月25日当天便开始执行，一支精干的突击队迅速被组建起来，负责指挥整个营救行动的是德国第一支特殊部队——“弗雷登塔尔部队”的指挥官奥托·斯科尔兹内上尉。

斯科尔兹内出生于1908年，体格非常健壮。他曾在维也纳大学学习机械工程学，因生性好斗，在此期间他先后14次参加决斗，其中第10次决斗在其左颊上留下了一道明显的剑伤，被称为“荣誉之疤”。这也成了斯科尔兹内最具特点的个人标志，后来盟军士兵给了他一个形象的外号——“刀疤脸”。这些决斗给斯科尔兹内带来的不仅是伤疤，他曾这样回忆：“学生时代的无数次身心锻炼，使我能够临危不惧，即使在烽火弥天的大战之中，我仍能够泰然自若，毫不感到惊慌……有如持剑决斗一样，在混乱的战争中，痛击敌人的话是非集中精神不可的，我们不能为了闪避敌人而浪费时间，必须牢牢地抓住目标，然后全力地向它痛击。”

1931年，大学毕业的斯科尔兹内加入了奥地利纳粹组织，并成为一名冲锋队员，其1米92的大块头使其在德奥合并前夜的街头混战中成为纳粹的一名出色打手。1939年二战爆发时，斯科尔兹内已经拥有一个自己的工程设计办公室，在维也纳小有名气。当时已31岁的斯科尔兹内具有单发飞机的驾驶经验，所以很想当一名飞行员，但在经过5个月训练后，德国空军拒绝了他，理由是年龄偏大，而且个头超标。不过空军的人暗示斯科尔兹内适合参加地面部队。于是斯科尔兹内在1940年2月转而报名参加被称为“希特勒贴身保镖”的党卫军第一“阿道夫·希特勒”师，从数千名应征者中脱颖而出，被分配到该师的“月光中队”（该中队因其指挥官喜欢在夜晚训练而得名）。在同一批录取的12名青年中，斯科尔兹内年龄最大，但不久便因其强壮的体格和因决斗而练得的无畏精神脱颖而出，升至候补军官行列，并转至党卫军第二“帝国”师。1940年他跟随帝国师参加了入侵荷兰和法国的战斗，并被晋升为少尉，1941年他又参与了入侵巴尔

斯科尔兹内最为人熟悉的就是这张照片，脸上因决斗留下的刀疤清晰可见。

干的战役，随后又转到东线作战。1941年12月斯科尔兹内因在战斗中头部负伤而被送回德国修养，此时的他已经因为经常采用狡黠而非常规的作战方式引起了党卫军一些高层官员的注意。从1942年年初开始，因为英军"哥曼德"突击队的优秀表现，希特勒对特种作战产生了兴趣，要求组建一支类似的突击部队，于是斯科尔兹内终于时来运转，被任命为这支突击队的指挥官。——而现在，终于该是斯科尔兹内和他麾下的突击队员们发挥作用的时候了。

7月26日，墨索里尼被囚禁的第二天，领受了任务的斯科尔兹内就紧急飞抵罗马与库特·斯图登特将军会面，立即开始着手进行准备营救工作。尽管意大利政府为防止动乱而发布了戒严令，但这一命令对在意大利的德军并无效力，斯科尔兹内得以自由地在罗马城内活动，四处寻找有关墨索里尼下落的线索。

此时的墨索里尼还滞留在罗马城内：被解除职务后，他在罗马市内利因奇诺·塞拉大街的宪兵宿舍里大约休息了1小时，便被送到莱尼亚诺大街的军事警察宿舍，此后便一直被监禁在这里。糟糕的是，参与逮捕墨索里尼的都是格兰迪的心腹，他们对关押墨索里尼的地点守口如瓶，使得斯科尔兹内的调查毫无收获。不仅如此，因为对德国人的活动产生了警觉，7月27日，墨索里尼便被秘密送出罗马，转移到位于意大利西海岸的蓬扎岛。

7月28日，斯科尔兹内从第七空降团1营挑选了60名特种作战队员及10名谍报专家抵达罗马，营救突击队集结完成。但是他们对墨索里尼的去向始终一无所知，突击队员们也就只能在焦急中等待着事情的转机。德国的特工机关号称无所不知，到处都有他们的密探，可是却不知道墨索里尼被藏到了什么地方。尽管人们已经得知墨索里尼是被什么人、用什么方式带走的，也已经知道第一个夜晚他是在军事警察宿舍中度过的，但此后的下落就众说纷纭、莫衷一是了：有人说墨索里尼已经被杀了，他的尸体被抛到了特韦雷河里；也有人相信他因为绝望而选择了自杀；还有人认为墨索里尼已经在其追随者的帮助下逃到了西班牙，然后乘潜艇到了拉丁美洲

德国第一支特殊部队"弗雷登塔尔部队"的指挥官斯科尔兹内。

或者日本，他在那儿受到热烈欢迎，他还拥有大量的藏在秘密地点的金银财宝，以及使用假名存在银行里的大量钱款；最后，有人甚至向星相家求助，而星相家肯定地说领袖被逮捕了——事实证明这是所有说法中唯一正确的……

斯科尔兹内和他的手下在罗马附近漫无头绪的搜寻了数天，始终没有任何线索。就在突击队对这次任务几乎要陷入绝望的时候，一份意外的情报送到了他们的手上：据一个住在临近卡塞塔湾的一座小镇上的水果贩子说，在其大主顾家有一位女佣人，她同在蓬扎岛上执行任务的一个警察订了婚，但是最近两人却已经有十几天没有约会了。斯科尔兹内从这一情报推断，这个警察在蓬扎岛上可能担任重要政治犯的警卫。蓬扎岛上并没有机场，如果有“大人物”被送到岛上的话，唯一的交通方式就是水路，那么必定会由意大利海军来参与护送。为了证实这一判断，斯科尔兹内通过德国大使馆海军武官介绍，和几名意大利海军军官结识。出手阔绰的斯科尔兹内很快便和他们混熟，并设法向其打听墨索里尼的下落，最终从一位年轻的海军军官口中得到证实，墨索里尼确实已经由“柏赛福纳号”猎潜艇送上了蓬扎岛。

确认了这一消息之后，德军突击队立刻行动起来，一方面开始着手调查墨索里尼被关押的准确地点、关押建筑物的结构特点等详细情报，一方面开始制定大胆的作战计划。斯科尔兹内计划从德国海军借调一艘驱逐舰，以“礼节性访问”的名义抵达蓬扎岛，靠泊后突击队员会突然冲上码头，迅速对墨索里尼的关押处实施攻击。这份大胆妄为、甚至可以说有点异想天开的计划让德军指挥官们吃了一惊，但是却被希特勒毫不犹豫地批准了。

就在突击队紧锣密鼓的准备营救计划时，情况又发生了变化，潜入蓬扎岛侦察的突击队员报告说墨索里尼已经不在岛上了。正在准备的营救行动只好终止，随后，一名德国情报机关的间谍报告说，因为担心墨索里尼被其追随者或者德国人劫走，意大利军事警察已经于 8 月 6 日将墨索里尼转移到了撒丁岛。斯科尔兹内立刻着手验证这个消息，得知墨索里尼在 8 月 7 日又被再次转移，但这一次的去向却难以确认——来自间谍人员的消息说法不一，有的说墨索里尼仍在撒丁岛上，只是更换了另外的关押地点；有的却报告说墨索里尼已经被转移到了位于撒丁岛北方数公里外，建有海军基地的拉·马达勒纳岛，关押在一座名为凯伦山庄的公馆里。

撒丁岛上恰巧有德军的一个小型基地，于是斯科尔兹内装扮成船员，陪同意大利海军军官瓦尔干中尉到了撒丁岛，访问驻守该岛的德军海军分遣队。在访问期间，斯科尔兹内借了一艘摩托艇，以游玩的名义侦察了拉·马达勒纳岛的海岸地形，并发现凯伦山庄由地面部队和重型火器严密把守。针对这一情况，斯科尔兹内计划避开戒备森严的正面，利用伞兵部队进行偷袭，于是突击队又飞回德国为行动做各种准备。8 月 18 日，满载着突击队员的 HE111 轰炸机从德国南部的机场起飞，开始实施营救计划，但在快要飞临拉·马达勒纳岛时却遭遇了英军巡逻战斗机的截击。虽然轰炸机最终逃脱了英机的攻击，但却因左发动机停车而在海面上迫降，不过机上人员都幸免于难。所幸他们不久被一艘意大利船救起，具有讽刺意味的是，这艘船偏偏是巴多格里奥政府派来警戒海面、执行保护墨索里尼的任务的。船员们对斯科尔兹内的突击队并没有产生怀疑，反而热情地给了些衣服让他们换，并让他们在撒丁岛上陆。这次行动中斯科尔兹内摔断了三根肋骨，为进行治疗，两天后返回了德国。

经过这次挫败，斯科尔兹内认为通过空降来营救墨索里尼非常困难，于是他再次提出了使用海军舰艇来发动奇袭的行动方案。按照他的计划，德军首先向拉·马达勒纳岛派出一艘礼节性访问的军舰，同时让满载党卫军和特种部队队员的R艇（高速扫雷艇）进港。当天，舰长去访问意大利海军基地司令部，晚上舰艇临时停靠在港口。翌日清晨，R艇上的突击队员将会趁意军换岗的时机迅速上岸，在舰炮支援下冲向凯伦山庄，以迅雷不及掩耳之势将墨索里尼救出并撤离。

希特勒同意了这一冒险行动，但仍然严肃的告诫斯科尔兹内："意大利还是德国的盟邦，从国家的角度而言，不可侵犯意大利的主权。这次尝试如能成功，你将会受到赞赏，倘若失败则会招致谴责，那时便容不得你辩解，我将不得不解除你的职务。"

三 艰难的营救

生性冒险的斯科尔兹内并不为之所动，很快他便带着突击队重返撒丁岛。但意外的是，就在突击队准备展开营救行动的时候，从一名凯伦山庄的看守口中斯科尔兹内得知，墨索里尼已经于前一天、也即8月27日，乘坐一架白色的水上飞机离开了拉·马达勒纳岛。营救行动不得不再次终止。

德国间谍很快查明，离开拉·马达勒纳岛的那架白色水上飞机当天曾在距罗马约51公里的布拉齐亚诺空军基地降落，几名从飞机上下来的人被军事警察使用救护车接走，其中就包括墨索里尼本人。但问题在于，没有人知道他这一次转移的目的地是哪里。

此时，执政的巴多格里奥政府正在和盟军进行秘密停战谈判。在通过情报部门得知这一情况之后，德军开始拟定大规模占领意大利的计划，并准备很快付诸实施。库特·斯图登特将军对此十分焦急，因为一旦德军开始实施占领意大利的计划，势必遭到意大利人的强烈反对和抵制，这使得他不得不担心恼怒的意大利人会迁怒于墨索里尼而将其处死。德国在意大利的情报人员被全部动员起来寻找墨索里尼的下落，侦听人员也竭尽全力对意大利军警的无线电通讯和电报进行监听和破译。不久，

1943年9月12日被救出的墨索里尼与斯科尔兹内。

一封发给意大利内政部的电文被截获，内容是“大萨索山附近的警卫部队布置完毕”，发信人的名字库耶里引起了他们的注意，因为此人是意大利警方的一名将军，一向负责墨索里尼的安全保卫。德军情报人员立刻将注意力转移向位于罗马东北约120公里的大萨索山。

大萨索山位于第勒尼安海东岸，亚平宁山脉的最高点科尔诺山即位于此地。因其峰顶积雪时间长达半年之久，在战争爆发前一直是冬季运动和登山胜地。在半山腰海拔约2000米处，建有一座名为因培拉特莱的饭店，战前一些滑雪爱好者常常聚集于此，情报人员认为墨索里尼很有可能就拘禁在这座饭店内。斯图登特和斯科尔兹内都想找到关于该饭店的更多信息，

墨索里尼与营救他的德国伞兵。

但几乎一无所获，因为饭店建于二战爆发前不久，在所有军事地图上都没有标注，也很难找到其他的资料。一位驻扎在意大利的德国军官5年前恰好曾在这里住过几星期，他提供了有关地形方面的一些情报，但由于时隔甚远，内容很不详细。

为了详细了解当地的地形，斯科尔兹

离开大萨索峰帝王台中旅馆的墨索里尼。

内亲自乘坐飞机对这一地区进行了空中侦察，发现因培拉特莱饭店十分巧妙地修建在一个陡峭的悬崖顶部，交通极为不便，只有一条缆车与下方一百多米外的山谷相连。饭店周围约有 250 名士兵把守，通往这个山区地带的每条道路都被意大利军队封锁着。如果派遣地面部队由下往上攻打，需要一个师的兵力，而且其间墨索里尼有可能被看守他的士兵杀掉。为确定墨索里尼确实被软禁于这一易守难攻、现成的“没有栅栏的监狱”，斯图登特将军颇费了点心思：他派出一名军医前往饭店侦察，借口是为患了疟疾的伞兵寻找养病的地方，但这名军医甚至都未能登上缆车， 在缆车站下方就被一名凶悍的军官拦住，命令他离开该地区，否则会被逮捕。种种迹象都更坚定了斯科尔兹内的判断。

9 月 8 日，意大利巴多利奥政权宣布脱离轴心国，并与盟军缔结了停战协议。在得知这一消息后，驻扎在意大利的德军开始按预定计划迅速解除昔日盟友的武装，并占领了意大利境内的各个要点。鉴于墨索里尼有可能被引渡给盟军方面的危险，突击队开始加紧准备营救行动。9 月 8 日当天，斯科尔兹内采取更为直接的手段，乘坐一架 He-111 侦察机再次在大萨索山地区进行空中侦察，但飞机上的自动照相机却失灵了。在大萨索山上空 5000 米高度，斯科尔兹内和他的助手拉德尔不得不轮流探身出去，顶着冰冷的气流，手持莱卡相机向下拍照。虽然冲洗出来的照片很不清楚，但却可以看见饭店后方有一小块三角形平地。

大萨索山的瑰丽风光及用来上下山的缆车。

斯科尔兹内敏锐的认定这块三角形空地是所有问题的解决方案，因为险峻的地形使得从地面进入已不可能；而由于高山上空气稀薄和狂风不断，普通的伞兵部队又无法在此海拔高度降落。于是斯科尔兹内提出了一个大胆的方案：用 12 架滑翔机，每架运载 10 名突击队员（包括驾驶员在内）从天而降，以这块三角形空地为降落点，强攻饭店并救出墨索里尼，并以同样方式让突击队员在山谷一带降落，攻占缆车站台，阻止意军向山顶增援，然后将墨索里尼送到山脉低地的阿奎拉机场，在那里换机送往希特勒的统帅部。

这个营救方案的疯狂程度让所有人都为之吃惊，几乎无人相信能够成功。但一时间又没有更好的办法，因此最后斯图登特还是调来已在意大利作战的第一伞兵师第七团的一个营为攻击提供兵力。该营的两个连由营长莫尔斯少校指挥，将通过公路到达大萨索山，并占领下面山谷里的缆车站。第三连由独眼的冯·贝尔普施中校指挥，将乘滑翔机降落并攻打饭店，同时提出派兵攻占阿奎拉机场。第二滑翔机联队第I大队（I./LLG 2）则为行动提供所需的飞机。然而斯科尔兹内认为I./LLG 2的Go 242滑翔机体积太大，无法在饭店旁的地面降落。斯图登特为此立即命令将第1滑翔机联队第III大队（III./LLG 1）的DFS 230滑翔机从位于法国南部的基地调来。在用以执行任务的12架DFS 230突击滑翔机中，每架都可以运载9名全副武装的伞兵。这样可运送108名士兵，相当于饭店守军的2/3。在斯图登特看来，突然袭击的战术以及德军更具优势的火力完全可以弥补人员上的不足。大家一致同意由斯科尔兹内带队在饭店里寻找墨索里尼，贝尔普施手下的伞兵负责压制守军。斯图登特将3号和4号滑翔机分配给斯科尔兹内和他的手下。

行动计划于9月12日（星期日）的黎明时分开始，但却因故推迟了几个小时。因为12./LLG 1的亨舍尔Hs-126拖曳机航程较短，从法国南部的瓦朗斯基地飞到罗马的途中需作几次停留，直到当天上午10时才到达罗马南郊的普拉提卡空军基地。不过推迟起飞时间也有好处，因为这样抵达大萨索山将是中午，而意大利人皆有午睡的习惯，势必减少遇到抵抗的可能。斯科尔兹内利用这段时间，派其副官拉德尔到罗马请来了对德军素有好感的索莱蒂将军，认为这位亲德的意大利高官与攻击部队一起出现在饭店，将有助于规劝守军放弃抵抗。对于这位将军是否情愿参加此次行动有不同的说法，有的资料称他很愿意充当中间人，只是在听了他们的计划后目瞪口呆，但仍同意一同前往，并与斯科尔兹内同乘一架飞机；也有报道却称他是在斯科尔兹内的手枪威逼下登上滑翔机的。

9月12日上午11点整，从法国飞来的第一队滑翔机到达机场，斯图登特简短地向滑翔机驾驶员们介绍了他们的任务。Hs-126牵引飞机很快便注满了燃料，滑翔机队排好顺序准备起飞，然而12时机场上空却响起了空袭警报，不一会儿，一队美国B-25轰炸机掠过机场上空，投下了10多枚炸弹。值得庆幸的是地面上的飞机没有一架受损。13时05分，领头的一对Hs-126牵引机终于拖着1号和2号滑翔机起飞了，之后每隔2分钟起飞一组，又起飞了5对。除最后起飞的11号和12号滑翔机撞毁在跑道上的弹坑里外，其余滑翔机都顺利升空。

在领头的1号牵引机内，坐在驾驶员后面的是斯图登特的情报官朗格特上尉，4天前他已经与斯科尔兹内一起乘坐He-111进行了空中侦察，因此他也是牵引机乘员中唯一一位真正见到过降落区域的人。然而，牵引1、2号滑翔机的两架飞机在浓雾和云层中迷失了方向，不得不半途返回。这样斯科尔兹内与索莱蒂乘坐的3号滑翔机反而成了领航机。飞机时起时伏地在云层中飞行，滑翔机内的视野不好，而且非常闷热，索莱蒂将军和几名队员已出现晕机反应。斯科尔兹内果断地用刀将滑翔机的布质机壁割出几个洞，让清凉的空气进入机舱，并通过这个破口观察地面，指挥驾驶员修正航向。约1小时后，机群抵达预定地区，斯科尔兹内命令滑翔机与牵引机脱钩，8 架滑翔机开始从 3600 米高空下降，在距地面约 1000 米时，兵分两路扑向各自的目标。

就在斯科尔兹内的座机即将着陆时，驾驶员发现事先选定的这块三角形空地实际上是一块巨大的岩石平台，上面布满碎尸、杂草和青苔，而且坡度也远比以前估计的要陡峭的多，而意大利人在战前的那本假日手册上竟然充满诗意地将此处描述成滑雪道的一部分！场地不平意味着降落时的危险性远远大于事先的预计，但现在已经没有时间考虑这些问题，滑翔机只好强行着陆。

驾驶员事后回忆降落时的情景说："视野中的小黑点很快变成了一栋大建筑。尽管滑翔机的机头装有减速装置，但我们很难降低速度，于是我改变航向，顶着来自山脊的强劲上升气流接近了降落区。我向外望去，希望看到敌人的活动情况，但开始时一切都保持着平静。当我飞到饭店上方 150 米左右时，饭店里的士兵像被捅了窝巢的蚂蚁一样涌了出来。不过他们看上去并没有多大敌意，只是站在那里目瞪口呆地看着这群仿佛从刺眼的阳光中落下的袭击者。经过迅速判断，我将沉重的滑翔机向左急转，并再次打开减速火箭，这一次飞机迅速降低高度，机头朝着饭店方向落下去。当绕在着陆滑橇上的带刺铁丝网（目的是减短着陆滑跑的距离）像根细绳一样被地面上的碎石头划断后，整架飞机剧烈振动起来，并在距饭店大门台阶仅 40 米的地方停了下来。"

饭店周围的意大利卫兵被这一幕惊得目瞪口呆，随后迅速被斯科尔兹内的部下制服。斯科尔兹内则推着索莱蒂将军向饭店冲去，这时，墨索里尼的面孔出现在二楼的一个窗户旁，斯科尔兹内急忙对他喊道："退回去！离开窗户！"面色铁青的索莱蒂将军则对意大利卫兵大喊："不要开枪！我们不需要流血！"这些卫兵中有的站住不动，有的则四下逃进山林。当其他滑翔机陆续降落时，斯科尔兹内那一组人员已冲进饭店，首先制服了饭店内的无线电通讯员，用枪托将无线通讯设备砸坏。饭店里的卫兵茫然无措的乱作一团，而更多的突击队员正在纷纷涌入饭店之中。与此同时，斯科尔兹内直奔关押墨索里尼的房间，有两名意大利军官在房间内负责看

营救行动成功后，一名背着FG42自动步枪的突击队员在滑翔机前留念。

救出墨索里尼后，在柏林召开的庆功会。

管墨索里尼，在墨索里尼的劝说下没有反抗。随后所有意大利卫兵都在这两名军官的命令下放弃抵抗，冲突几乎马上就结束了，旅馆地区全部被德国伞兵控制。整个营救过程非常迅速，从第一架滑翔机（3号机）着陆到控制饭店只用了4分钟，且几乎没有遭遇任何抵抗，未开一枪便救出了墨索里尼。

救出墨索里尼后，接下来的难题是如何将其安全送走。缆车站已经被德军占领，但山谷对面仍有大批意军防守，这条线路显然行不通。由于饭店内的电台已被破坏，他们也无法与罗马联系，不知道德军是否已经占领阿奎拉机场。作为备用方案，斯科尔兹内在行动前曾安排一架Hs-126飞机负责带墨索里尼离开，但该机着陆时撞到了油箱，机上燃油全部漏光无法起飞。此时所有的希望都寄托在正在饭店上空盘旋侦察的一架小型单发菲斯勒“鹳”式侦察机上，这架飞机是斯图登特将军专门派来观察营救行动的情况的，其驾驶员是德国王牌飞行员格拉赫上尉，他也是斯图登特的副官兼私人驾驶员。当斯图登特从无线电中得知斯科尔兹内已得手的消息时，还有些半信半疑，但他命令格拉赫想办法帮助突击队。接到命令后，格拉赫开始压低飞行高度，在山头上盘旋，准备降落。

斯科尔兹内指挥突击队员和已经投降的意大利士兵将空地上的滑翔机推到一边，并粗略修整一下地面，为格拉赫的降落做

机舱里的墨索里尼。

准备。此时，跟随伞兵第一营占领山下索道站的几名德国战地记者得到允许，经索道来到山上，这几个不知名的记者用他们的照相机和摄影机记录下了后来发生的事件，其中就包括格拉赫上尉小心翼翼地将飞机降落在这个临时跑道上的镜头。

飞机降落后，众人上前七手八脚将这架只能载运两人的轻型飞机推到预定的起飞位置。当得知斯科尔兹内要与墨索里尼一起乘这架飞机离开时，格拉赫非常坚决地表示拒绝。因为这种飞机设计载重不到200公斤，若搭载90公斤重的墨索里尼、再加上和他同样重的突击队长之后，飞机是否能起飞已令人怀疑。但斯科尔兹尼坚持自己要亲自护送墨索里尼抵达安全地点，并暗示这是希特勒的指示后，格拉赫最终还是妥协了。墨索里尼穿着肥大的灰色冬大衣（从别人身上脱下来的），戴着战前流行的宽边黑毡帽，笨拙地登上飞机，跟身材高大的斯科尔兹尼一起挤在后座上；为了提高起飞的成功概率，12名强壮的突击队员站在飞机尾部紧紧拖住飞机，直到格拉赫举起手臂示意发动机转数到达理想位置可以起飞时，所有人一起放手。飞机沿着斜坡，在临时修整的空地里向下滑行，一路上蹦蹦跳跳，差一点撞上一块大岩石，让在场的所有人都为之心惊胆战。但在经验丰富、技艺超群的格拉赫操纵下，飞机最终还是成功起飞，摇摇晃晃地爬升到天空中，然后径直飞往罗马郊外的普拉提卡机场。

按照希特勒的打算，墨索里尼被营救出来抵达罗马后，将在德军的支持下恢复对意大利的统治。然而此时意大利中部和南部的形势对德军已经十分不利：在罗马，5个意大利步兵师与德军两个师对峙着。而盟军轰炸机也经常光顾罗马，不但轰炸德国空军在这一地区的机场，甚至连德军南欧指挥官凯瑟林元帅的指挥部也被盟军摧毁。在这种危急关头，把墨索里尼置于此地显然不太合适。于是经过紧张安排，领袖抵达机场后几个小时就在斯科尔兹尼的陪同下匆匆登上一架HE111轰炸机飞抵维也纳。抵达维也纳后，墨索里尼于13日飞往慕尼黑，在那里见到了逃出意大利的妻子和两个孩子，并于9月17日在意大利北部的萨洛再度粉墨登场，建立了完全由德国人操纵的傀儡政权“意大利社会共和国”。斯科尔兹内则在维也纳和柏林受到

现在的意大利大萨索峰帝王台旅馆。

了英雄般的欢迎，他也因此一夜成名。欧洲各国的广播电台都在一遍遍地播放着关于这次营救的新闻，他的名字也以最大号的醒目字体出现在报纸上，甚至连丘吉尔也在下院演说中提到了斯科尔兹内的名字，称“这是英勇无畏的表现……这无疑表明，在现代战争中，有许多这样的机会可以来展示人们的勇敢精神。”

虽然营救墨索里尼行动本身对德国的战略意义并不大，但德国的宣传部门清楚地认识到这次行动所产生的巨大宣传效果，在他们的大力渲染下，斯科尔兹内成了德国家喻户晓的战斗英雄，戈培尔还派了一个电影摄制组去大萨索山重拍营救过程，斯科尔兹内本人也被提升为少校，并获骑士十字勋章。

诺曼底登陆的战略欺骗

作者：迷之人物

1943年12月，一个阴雨霏霏的晚上。位于伦敦威斯姆斯特过道下的丘吉尔战时指挥部里，十几个神情严肃的英国军官正围坐在一张硕大的圆桌旁，低声地谈论着一些问题。在经过一番激烈讨论后，一份厚重的报告被打印了出来。

这份名为“杰伊计划”的报告书很快被递交到丘吉尔的办公桌前，并立即被批准通过了。丘吉尔唯一的要求是，将该计划的名字改为“卫士”，为此他引用了自己几天前刚刚说过的一句话：“在战争时期，真相是如此宝贵，必须用谎言去保卫它。”丘吉尔的要求得到了实现，就像在他那段话中所说的那样，一场人类历史上规模最大的欺骗行动开始按照这份计划被执行起来，这就是著名的诺曼底登陆掩护行动。

一 “卫士”计划

在苏联的强烈要求下，英美两国于1943年5月在华盛顿举行会议，决定于1944年5月在欧洲大陆实施登陆，开辟第二战场。吸取了此前失败的迪耶普登陆战

集结于英国的大量美军士兵。

集1942年8月19日突击后，1辆戴姆勒–野狗侦察车被遗弃在迪耶普的燧石海滩和悬崖附近。

的经验①，美英高级将领一致认为，只有发动一场经过精心策划和准备的大规模登陆行动，才能实现“在西线开辟第二战场”的战略目的。为此，盟军参谋人员进行了深入细致的研究和探讨，得出的结论是：根据开辟欧洲第二战场迅速指向德国腹地的战略意图，盟军应以法国北部为主要登陆方向，并以法国南部为次要登陆方向。为实现这一战略意图，仅在作为主要登陆方向的法国北部，就要一次性投入高达两百万人的兵力；随着时间的推移，这一数字后来被增加至将近三百万人。

如此大规模的登陆作战，在人类历史上可谓是空前的。有迪耶普登陆战和一战中失败的加里波利登陆战的教训在前，盟军认为，此次登陆作战的成功与否决定于以下几点：部队本身对登陆作战准备是否充分、物资保障是否到位、是否能保证登陆作战的战役突然性。为了解决以上问题，被选中的（部分）参战部队最早于 1943 年 10 月便开始接受针对性的训练，而盟军的后勤部门也开始全力储备物资，准备应对

① 1942年8月19日，英军派出由6018人组成的突击部队在法国第厄普登陆，结果遭到惨败，伤亡5810人，伤亡率高达96.5%。

为了登陆行动而准备的堆积如山的物资，很难想象如此大规模的人员装备调动要如何瞒过德军的耳目。

登陆作战将带来的巨大物资消耗。但如何保证登陆作战的战役突然性，却成了盟军参谋部门无法绕开的难题。

同样是根据历次登陆作战的经验教训，同盟国欧洲远征军最高参谋部认为，登陆地点要具备以下三个条件：一是要在从英国机场起飞的战斗机半径内，二是航渡距离要尽可能短，三是附近要有大港口。那么从荷兰符利辛根到法国瑟堡长达 480 公里的海岸线上，以此条件衡量，有三处地区较为合适：康坦丁半岛、加莱和诺曼底。再进一步比较，康坦丁半岛地形狭窄，不便于展开大部队，最先被否决。加莱和诺曼底各有利弊，加莱的优点是距英国最近，仅 33 公里，而且靠近德国本土；缺点是德军在此防御力量最强，守军是精锐部队，工事完备坚固，并且附近无大港口，也缺乏内陆交通线，不利于登陆后向纵深发展。诺曼底虽然距离英国较远，但优点一是德军防御较弱，二是地形开阔，可同时展开 30 个师，三是距法国北部最大港口瑟堡仅 80 公里。

最终诺曼底被选中作为登陆地点。但为了确保登陆作战的成功，势必要进行长时间的准备工作，在此期间作战意图一旦暴露，德军就必然会针对性的加强登陆区域的防御力量，给整个作战行动增加额外的风险，甚至可能直接导致登陆行动的失败。在这种前提下，“杰伊”计划，或者说日后所称的“卫士”计划应运而生。

为实施诺曼底登陆这一规模空前的战役，盟军共集结了多达288万人的部队：陆军共36个师，其中23个步兵师，10个装甲师，3个空降师，约153万人；海军投入作战的军舰约5300艘，其中战斗舰只包括13艘战列舰，47艘巡洋舰，134艘驱逐舰在内约1200艘，登陆舰艇4126艘，还有5000余艘运输船；空军作战飞机13700架，其中轰炸机5800架，战斗机4900架，运输机和滑翔机共3000架。

为了支持这样一支庞大军队的行动，所需要调运和准备的战备物资更是天文数字，盟军参谋部估计为此将要集中的物资总量将达到惊人的300万吨。如此大规模的人员和物资调动根本不可能瞒过德军情报部门的视线，因此盟军参谋人员认为应当放弃掩盖整个行动的想法，而是将精力转移到如何欺骗德军、将其注意力诱导到错误方向上来。

掩护计划被交给负责特种心理作战的伦敦监察处来制定。按照伦敦监察处的设想，掩护计划将从五个方面为被称为“霸王行动”的诺曼底登陆作战计划提供掩护，它们包括窃取情报、反间谍和保密、敌后方行动、政治宣传战和心理欺骗。其中心理欺骗则是整个掩护计划中的重头戏，也是一切行动中最为机密的一项。

掩护计划的最终目标是：通过这些手段使得德军相信，盟军进攻的主要目标不是诺曼底，而是斯堪的纳维亚半岛、巴尔干半岛、法国的加莱海峡或者其他任何一个地方。在该计划中，总共包括6个大的欺敌子计划、一个附属计划及一些零散的相关活动，其中专门围绕诺曼底登陆的子计划被命名为“坚韧”。“坚韧”计划又分为两个部分：一个用来牵制德军在斯堪的纳维亚的27个师，称为“北方坚韧”，另一个则用来把德军最精锐的装甲部队第15军牵制在加莱海峡，称为“南方坚韧”。

整个掩护计划事实上早在1943年11月的德黑兰会议前就已经大致成型，并得到了丘吉尔和罗斯福的首肯，同意将其作为同盟国实施欺骗行动的总方针。根据这个名为“卫士”的计划，这场欺骗心理战的范围将覆盖参战双方和每一个中立国家，它将由伦敦监察处负责组织实施。在监察处认为需要时，英国情报局、美国战略情报局、英国特种行动局，以及盟军中专门从事欺骗单位的特工人员，甚至包括盟军的政府首脑和国家机构都将为其服务。为了取得苏联的支持，英方人员甚至同苏军总参谋部进行了一个多月的谈判和协调，最终在1944年3月3日达成协议，从此“卫士”计划正式成为苏美英三国一致行动的纲领。

掩护计划的本质实际上就是对德军情报部门的诱导和欺骗，这意味着盟军将要面对间谍和特工们的挑战。在盟军看来，“卫士”计划成功的有利条件还是很多的：首先，英国人此时已经破译了德国的无线电密码，并由此得知希特勒对盟军登陆行动的预测方向在较窄的加莱海峡；其次，军情五处

迪耶普滩头的惨状，这次登陆战的失败也提供给了日后很多有益的经验。

的工作卓有成效，德国派到英国的间谍几乎全部落网，中间甚至有一些已经被英国人策反，可以依靠这些人来散布关于“卫士”计划和“坚韧”计划的假情报；最后，由于在英国没有可靠的情报来源，德国几乎全部依赖无线电监听、空中侦察和盟军方面偶尔走漏的点滴情报来搜寻关于盟军军事行动的情报，完全有可能通过蓄意编造信息来误导德国人。更重要的是，德国的两大情报机构——军事情报局和党卫军安全局正在进行着激烈的争斗，大量精力浪费在无谓的内耗之中，导致德国方面甄别情报真伪的能力大大下降。因此，不论是伦敦监察处还是盟军的高级将领们，都对“卫士”行动抱有很大的希望和信心。

然而，必须承认的是，整个掩护计划依然面对着巨大的危险。不管放出的假情报多么富有说服力，也不管运用的伪装手段何等高明，只要在欺骗行动中有一点点纰漏，真相便会暴露无遗。随着登陆准备工作的进展，要把德国人的注意力从诺曼底地区引开将会变得越来越困难。甚至伦敦监察处本身都没有把握能掩盖“霸王”行动的真实攻击方向：要想在作战的三个关键阶段——攻击之前、攻击期间、攻击之后——都能瞒得过德国总参谋部这个高效的军事指挥机构，无异于天方夜谭。但是从另一方面来讲，他们必须完成这件天方夜谭的工作，因为假如“卫士”行动一旦失败，那么“霸王”行动也无可置疑的受到挫败，这对盟军一方来说将会是难以承受的打击。

“卫士”计划中，涉及北欧部分的子计划是“北方坚韧”计划，其主要目的是牵制住德军部署在丹麦、挪威和芬兰的27个师，使其在诺曼底登陆作战开始之前一直滞留在当地。

根据“北方坚韧”计划的剧本，盟军方面需要虚构出一次代号为“斯凯岛”的登陆行动方案，其主要内容为：英国的一支拥有25万人的集团军正在苏格兰集结，并将在美国第15军和一支并不存在的苏联部队配合下，向挪威发动大规模的进攻。斯堪的纳维亚半岛蕴藏着丰富的资源，尤其出产德国迫切需要的高质量铁矿和稀有金属，因此希特勒对这一区域异常重视。截止到1943年11月，驻扎在挪威的德军数量已经高达38万，并拥有可观的空中力量和装甲部队，甚至德军的全部主力战舰和大部分的潜艇都一度全部部署在这里。基于上述情况，盟军专门制定了“北方坚韧”计划，开展了各种针对性的欺骗活动。

二 “骗子”行动

1944年3月2日，英国前骑兵中校麦克劳德受命向英国国内驻防军通讯主任理查德·巴克准将报道，并被任命为一支虚幻部队——英国第四集团军的幕后指挥官。巴克准将要求他在爱丁堡组建起这支实际上并不存在的部队，利用无线电欺骗手段来迷惑德国人，使其相信该集团军的真实性，并作出将向挪威登陆的姿态，以此来将德国军队牢牢的拴在斯堪的纳维亚半岛。麦克劳德随即于3月6日抵达爱丁堡，在征用的几栋旧房子内建立起了第4集团军司令部。该“集团军”实际上只有22名军官和334名报务人员，麦克劳德将用这些人来伪装出一个集团军的存在，编织出一个难以想象的弥天大谎。

两个年纪稍大的少校和6个下级军官很快被派到斯特林建立起一个“军”，其他几名军官则被派到敦提建立起另外一个“军”。在一系列的纸面作业之后，第四集团军已经拥有了两个军部、一个空降师、4个步兵师、一个装甲师另一个装甲旅，共计25万多人的部队、350辆以上的坦克和装甲车，外加相当数量的空军部队——当然，全部都只存在于纸面之上。

麦克劳德的下一步行动就是模拟一个正在集结的集团军所能发出的全部无线电报，始终监听着英军无线电通讯的德国人将会尽力的捕捉这些电报，并对其编制出来的这个“第四集团军”信以为真。这绝不是随便拍发一些漫不经心的电报就可以做到的，因为这些电报必须像真的一样逼真和具体，电报的性质和发报设备都要体现各个级别的特点，而且要能互相配合和印证。麦克劳德精心的组织了这一行动，为了万无一失，他甚至建立了一套专门的卡片档案来为各种电报内容分类。很快，到1944年4月初，苏格兰上空已经充满了“第四集团军”所发出的各种明码电报、密码电报和广播的电波信号。从营级单位一直到集团军，各种命令、报告、要求和回复你来我往，乱作一团但又显得详细和有秩序，成功地勾勒出了一个集团军的存在，并散布出了一系列与进攻挪威行动有关的信息。

战后缴获的德军档案中，记录了不少德国无线电监听人员截获到的“第四集团军”的电文，其内容摘录如下：“第二军汽车连索要发动机在低温、高原环境下的维护手册”“第七军要求立刻派来早已同意派出的那些讲授登山技术的教官”“第八十师急需补充登山用铁钉鞋和雪地睡袋”……这些电报显然直接或者间接的暗示出了该“集团军”的未来动向，必定和位于北方而且寒冷且多山的斯堪的纳维亚半岛有关。

为了加深德军对“第四集团军”的印象和提高该“集团军”的真实性，英国人还动用了被控制和策反的双重间谍。1944年4月7日，代号为“玛特”和“杰夫”的两名德国间谍试图装扮成中立国平民进入英国，但刚刚上岸便被秘密逮捕，所携带的密码和规定的联络时间表也被英方人员掌握。专门管理被策反的双重间谍活动的“双十委员会”立刻发出指示，利用这些密码向德方提供伪造的情报。于是德国情报机构很快从“玛特”处得到报告，称已有一个苏联军事代表团抵达爱丁堡，似乎正在协调进攻挪威的行动，而在斯特林则有一个英国的军指挥部存在；来自“杰夫”的报告则称，英国第七军正驻扎在敦提，他甚至形象地描绘了“第四集团军”的识别标志。与此同时，一些蓄意向报界和电台透露的消息也为这些捏造的情报作了呼应：苏格兰的一家报纸刊登了一条关于“第四集团军足球比赛”的新闻，英国广播公司播出了一篇第七军“随军一日”活动的报道，几家报纸还报道了“第二军管乐队”在爱丁堡演出的消息和第四集团军一名少校结婚的新闻，斯特林的一家小报甚至刊发了一篇批评驻扎在当地的空降兵射击训练扰民的文章。这些消息都被如同勤劳工蚁一般的德军情报人员细心的收集起来并加以汇总，完全验证了通过无线电监听和间谍所得到的（虚假）情报。

与此同时，英国派出到挪威的间谍们也积极地参与了对自己德国同行的这次欺骗活动之中：伦敦方面不断要求他们了解挪威哥伦山脉的积雪情况；劳马河上的桥梁能否通过M4级别的中型坦克；德国山地部队有什么装备以及具备何种作战能力。而另一方面，苏联也开始根据莫斯科协议来履行他们在“北方坚韧”计划中所承担的义务，德国人很快得到“确凿的情报”说苏联正准备于1944年6月发动一次北极战役以夺占挪威的佩萨莫，而苏联的侦查潜艇也确实开始出没于挪威水域。

更为声势浩大的欺骗活动是由英国特种部队进行的。1944年春天，英国派出的破坏人员在当地抵抗组织的配合下，对挪威的工业和军事设施发起了一系列的袭击和破坏，被袭击的目标大多是防御作战中的重要节点。德国的军舰、发电厂、炼油厂、铁路和物资仓库纷纷受到破坏，使得整个斯堪的纳维亚半岛的气氛都变得紧张起来。在破坏行动进行的同时，盟军还通过其他手段不断向驻扎在挪威的德军施压：英国本土舰队开始不断在挪威沿海游弋出没；皇家空军和美国空军增加了在挪威上空的照相侦察飞行次数；特种行动局拍发了大量密文电报，仿佛是在向挪威抵抗力量下达指示；英国广播电台也大量增加了其丹麦语节目中的隐语广播。

在上述各种手段的周密配合之下，“北方坚韧”计划获得了空前的成功。德军指挥部深信盟军即将对挪威发起攻击，因此非但没有调回驻守挪威的部队，反而大大加强了当地的守备力量。到 1944 年夏季开始的时候，德军仅在挪威一地就部署了 11 个陆军师、9 万海军部队、6 万空军部队、6000 名党卫军和 1.2 万名准军事部队。这些德军部队一直在等待着以第四集团军为首的盟军部队所发起的攻击，但是最终他们也没有等到那一天。

就在挪威的德军因为“第四集团军”而绷紧了神经的同时，位于巴尔干半岛的轴心国军队也面临着同样的处境。按照“卫士”计划的部署，代号为“齐普林”的欺骗行动几乎和“北方坚韧”计划同时展开。经过一系列的无线电佯动，英国第 12 军出现在利比亚——这又是一支被虚构出来的部队。设在利比亚图卜鲁格的英国海军无线电台开始模拟各种通讯信号，就像麦克劳德在苏格兰所玩的把戏那样；盟军空军大量增强了对巴尔干国家和爱琴海航线的袭击；用老旧渔船伪装成的登陆艇队也不断出现在地中海南部和直布罗陀海峡。所有这些欺骗行动的目的都是为了向德军送出这样一个信号：应斯大林的要求，盟军同意推迟对欧洲的进攻，转而首先进攻巴尔干半岛，从而迫使希特勒的重要盟友罗马尼亚退出战争。

和在苏格兰的麦克劳德面临的情况不同，虽然北非的德意军已经于 1943 年 5 月 13 日投降，但盟军和德国情报人员之间的交锋在私底下却从未停息过。数量众多的德国间谍和特工们设法潜伏下来继续收集情报，盟军在北非的一举一动可能都处在他们的监视之下。为了防止欺骗行动败露，伦敦监察处不得不运用一些其他的手法来使这场戏演得更加逼真：从利比亚寄走的信件增加了三倍，寄往利比亚的信件也增加了差不多的数量，这些信件都是由英国

大西洋壁垒上的德军高炮阵地。

视察“大西洋壁垒”的德军高级军官。

邮政局专门组织的一个小组来编造和抄写的，以确保不会被从间谍们的窥探中泄露天机；几个重要港口的酒精饮料消耗量大为增加，随之而来的军人酒醉后斗殴事件数量也不断上升，而这些闹事的“酒鬼”则是被专门组织起来的一个团，他们频繁的更换制服然后出入各个港口的酒吧，为的就是让“大量军队集结”这种事情看起来更逼真一些；最后，一份合同被交给了位于开罗的印刷厂，其内容是要为进攻部队印刷介绍预定攻击区域情况的小册子，而众所周知整个埃及都是德国间谍活动非常猖獗的地方。就这样，德国间谍们纷纷被这些精心的安排所迷惑，一步一步地掉进了英国人挖好的大坑里。德国情报机构最终得出结论：盟军将同时从几个方向发起登陆作战：英军从克里特岛和伯罗奔尼撒半岛，美军从南斯拉夫北部的伊斯特拉半岛，波兰军队则从阿尔巴尼亚发起进攻，之后他们将沿黑海向罗马尼亚展开两栖作战，最终使得罗马尼亚退出轴心国一方。

罗马尼亚的油田一直是支撑德国军事行动的重要命脉之一，盟军虚张声势的逼真表演自然使得德军大为紧张，希特勒和他的幕僚都一致认为，巴尔干半岛正面临着严重的威胁。为了使欺骗行动显得更加活灵活现，盟军方面还煞有其事的替虚构的登陆选定了准确日期，其后又以各种理由推迟了三次。其中有一次的原因是苏军要求进攻行动晚一个月再进行，以便他们能及时赶到巴尔干参与这一行动。在英苏情报人员的协同操作下，这一情况迅速被德军通过在苏联方面的间谍得到证实，这让德军指挥部更加坚信对巴尔干半岛的攻击即将到来。结果，非但原有的部署于巴尔干半岛的德军没有一兵一卒被调离，希特勒反倒又往该地区派去了四个精锐的师，其中三个是装备精良的装甲师，以准备“迎接”盟军的联合进攻——当然，就和驻扎在斯堪的纳维亚半岛的那些德军一样，等到他们发现真相的时候，为时已晚。

就在“北方坚韧”计划和“齐普林”计划紧锣密鼓进行的同时，另一场规模更加浩大和宏伟的欺骗计划也正在按部就班的展开，也即前述的“南方坚韧”计划。这个计划比在苏格兰和北非的行动更加大胆，因为它要虚构出的是拥有100万人、50个师的另外一个集团军！

为了准备诺曼底登陆行动，蒙哥马利麾下的第21集团军和由布雷德利指挥的第12集团军正在英国南部集结，“南方坚韧”计划的目的就是通过各种特殊手段来让德国人相信，还有规模更大的第三个集团军——美国第一集团军正在英格兰的东南部集结，准备从加莱海峡发起进攻。如果能让德国人确信第一集团军的存在，那么盟军的主要攻击方向就会被判定为加莱海峡，如此一来即使诺曼底方向的登陆意图暴露，也只会被当成无关紧要的佯攻。

为了让这个被伪造出的“第一集团军”能最大限度地吸引德国人的注意力，艾森豪威尔决定在这场演出中增加一个重量级的角色，那就是著名的乔治·巴顿将军。作为盟军方面最知名的指挥官之一，巴顿将军的动向一直被德军当成判断盟军攻击方向的一个重要依据，正是基于这种考虑，艾森豪威尔的司令部含糊其辞的宣布，巴顿已经从第七军的指挥职务上调离，其“另有重要任用”。随后于1944年1月26日，巴顿将军被艾森豪威尔任命为“美国第一集团军”的司令官。由此巴顿开始以第一集团军统帅在英国频繁活动：他多次拜访了艾森豪威尔和布雷德利；受到了英女王的接见并被授予了不列颠帝国勋章和勋爵爵位；他大张旗鼓地乘坐专列前往苏格兰，回见第3军的前卫部队；当盟军最大的运兵船——“玛丽王后”号满载着美军士兵驶进港口的时候，巴顿将军堂而皇之地走上码头向他们挥手示意。总之，他将自己时刻暴露在阳光和间谍们的视线之下。与此同时，双十委员会所掌握的双重间谍们也纷纷向德国报告巴顿的各种动向。种种表演使得德国人确信，巴顿正在英格兰担任某种高级军事职务，这或许是一次大规模攻击行动的前奏。

就在巴顿将军用其一贯张扬的作风四处活动的同时，如同麦克劳德在苏格兰所做的那样，“第一集团军”的无线电佯动也在紧锣密鼓的展开。通过精心编制的电文，军司令部、师指挥部、步兵旅、装甲团和工兵营纷纷被模拟出来，一时间英格兰岛上空充满了由各个部队发射的无线电信号，营造出一副大部队集结训练的繁忙景象。这些电讯交流的数量是如此庞大，以至于使人难以相信居然是被伪造出来的，德军无线电监听人员监听到的无线电对话甚至足以汇集成一本厚度超过20厘米的记录！为了防止德军用无线电定向手段确定盟军的真实集结地点，通讯技术人员在蒙哥马利司令部所在的朴次茅斯到多佛尔城堡架设了通讯专线，使其来往电讯均从多佛尔发出；盟军空军也向德军前线的无线电设施连续发起了一系列猛烈空袭，并将瑟堡附近的德军通讯情报司令部夷为平地。

和与德国距离较远的苏格兰不同，英格兰基本位于德军空中侦察的覆盖范围之内，仅仅依靠无线电佯动来欺骗德军是肯定行不通的。因此伦敦监察局不得不绞尽脑汁来寻找一些新的手段，来让骗局变得更加完美。从1944年2月份开始，德军的判读人员突然从空中侦察的照片中发现，英格兰东南部的不少地方兴建起了很多兵营、医院和后勤仓库，许多飞机、坦克和大炮也纷纷被运输到这些地方。但他们并不知道所有这些装备都是假的，都是用帆布、胶合板和可充气的橡胶制品做成的模型。德军的空中侦察还发现了在多佛尔和泰晤士河上停泊的大量登陆舰，估计其数量约在400艘左右，但实际上这些登陆舰都只不过是用木头、管子和篷布搭起的架子，绑在由油桶做成的浮筏之上。这些由伦敦一家电影制片厂提供的道具“登陆舰”看上去非常逼真，烟囱可以冒烟、四周水面上还有斑斑的油迹，缆索上还晾晒着衣物——实际上英军也确实将几条老旧的真货登陆舰混于其间，由一些老弱的水手操纵，每天变动其位置和舱面物品来迷惑德军的侦察机。港口附近的树林四周到处都有通向其中的轮胎和履带痕迹，暗示有大量车辆装备藏于其中，而当德军的夜间侦察机飞临上空时，还能看到由精心安排的灯光所勾勒出的“停车场”和“港口”的轮廓。整个英格兰东南部摇身一变成为巨大的剧场舞台，任何细节都没有被忽略，英格兰的报刊甚至收到了大量由各地牧师写来的言辞激烈的信件，严厉谴责自从“大批外国部队”，“尤其是美国伞兵以及法国和波兰坦克部队入侵该地区”以来，发生的“道德崩溃”，这些信中甚至言之凿凿的宣称“在马汉姆和科格谢尔的美军伞兵基地周围”发现了“大量的避孕套”。

为了使德军更加坚信“即将从英格兰东南部发起的攻击”的真实性，伦敦监察处甚至还请来了英国当时最优秀的建筑工程师、皇家科学院建筑学教授巴西尔·斯宾思。在他和一群舞台设计师们的指挥下，一座巨大的假输油码头很快在多佛尔修建起来。这片占地面积高达八平方公里的“码头工区”可谓是人类历史上规模最大的舞台布景，输油管线、储油罐、发电站、停车场、消防队驻地……凡是一座真正石油码头该配备的设施都应有尽有，全部都是用脚手架、纤维板和下水管道制作出来的。鼓风机扬起冲天的灰尘，每天都按照精心规划的地点来移动位置，既能干扰空中侦察，又能制造码头建设正在热火朝天进行的假象。为了进一步增加其可信度，英国女王和蒙哥马利都先后亲自视察过这座“码头”，多佛尔市的市长甚至公开宣称，“尽管目前还不能公布本市正在建设的新项目的实际用途，但该工程必将为本市带来巨大的经济利益”。艾森豪威尔则在一次晚宴上非正式的向“码头建筑工人”表示谢意，但实际上整个“码头”上只有一个工兵连驻守：为了迷惑德国的侦察机，盟军的战斗机不断在“码头”上空盘旋，使得德国人认为他们是在保护这一设施；工兵们则燃烧装在铁桶里的原油和旧轮胎，使得这一区域上空烟雾缭绕。当一切准备工作都做好之后，上空的巡逻会故意出现空档，将一些侦察机放入该区域内，然后急忙赶来的盟军战斗机再将这些侦察机驱离。如此一来德国人就只能匆忙的从高空拍照，这样就无法从照片里分辨出码头设施中的破绽。而当德军的空袭来临时，工兵们又会点燃一些原油和废弃材料，制造被击中和起火的假象，使得整个“码头”更加逼真。

尽管采取了上述种种让人眼花缭乱的措施，伦敦监察处仍然认为，在德军情报专家的眼里，最可信赖的依旧是那些已经潜入英国境内的间谍。于是双十委员会掌管之下的那些双重间谍就再次派上了用场。代号为“布鲁特斯”的双重间谍很快向德方上司报告说，他已经担任巴顿司令部的联络官，负责波兰最高统帅部和美国第一集团军之间的联络，很快他就开始在每天半夜向德国发出一份关于第一集团军动态的电报。双十委员会有意选中这一无足轻

二战美军将领合影。后排从左至右分别是斯蒂利、范登堡、史密斯、韦兰和纽金特，前排从左至右分别是辛普森、巴顿、斯帕茨、艾森豪威尔、布拉德利、霍奇斯和杰罗。其中，巴顿在诺曼底登陆欺骗任务担任“美国第一集团军”司令官。

“大西洋壁垒”的结构示意图。

重的职务，使“布鲁特斯”既能接触到许多重要情报，又不可能知道一切，因为始终存在着这样一种危险：德军让他提供的情报，会比盟国远征军最高司令部有意安排的要多。对德军参谋部西线情报分析科来说，这是些令人吃惊的收获，加上由于该情报既符合罗恩纳科长自己的粗略估计以及其他间谍的报告，又符合空中侦察和无线电截获的情况，因此罗恩纳很快将这些情报向希特勒报告。此外，代号为“嘉宝”和“布朗克斯”的双重间谍也分别向德国发回了大量伪造的情报，这些信息使得德国人对第一集团军即将对加莱发起的攻击深信不疑。

一些欺骗专家坚持认为，仅靠无线电情报、空中侦察情报和间谍的报告来使德军了解盟军在法国的军事意图是不够的，因为这些情报的可靠性和真实性都可能有问题。如果能找到一位对德国来说绝对忠实可靠的人物，让他直接向德军参谋总部面陈英国大规模集结、准备进犯欧洲大陆，尤其是存在着美国第一集团军的情况，那效果要好得多。伦敦监督处和特种战委员会始终在物色这样一位人物，最后找到了1943年5月在突尼斯被俘的德国前非洲军司令汉斯·克拉默将军。由于其健康状况每况愈下，盟军决定应瑞士红十字会的要求将其遣返回德国——在那之前，正好利用他来为“南方坚韧”计划作些贡献。

1944年5月，克拉默将军乘车从南威尔士的战俘营来到“伦敦战俘营”，即设在肯辛顿宫廷花园内的三军联合审讯处。盟军有意让他经过“霸王”行动的集结地，并让他看到大量的装甲部队、飞机和军舰。巴顿将军以“美国第一集团军总司令”的身份请他吃饭，许多盟军指挥官同他会见，异口同声地强调要在加莱登陆。但有一点克拉默是不知道的，就是他路过的具体地点。虽然他到了英格兰中部、南部和西南部地区，但别人告诉他是在英格兰南部和东部。他没有办法分清（除非靠太阳）自己到底在什么地方；因为自从不列颠战役开始以来，英国所有的路标已经被去掉，警察局、地方政府办公处、商店、铁路车站等机构带有的地名也全部被去掉了。克拉默后来乘瑞典“格雷普斯荷姆”号船到达德国某港口，并于1944年5月23日抵达柏林。他先向德国陆军总参谋长库特·蔡茨勒报到，然后向伯希特斯加登的最高统帅部报到。在休假和体检之后，克拉默被任命为西线德国装甲部队总司令莱奥·盖尔·冯·施韦彭堡男爵将军司令部的特别顾问。显然，他肯定会向上司和同事们通报自己在离开英国前的见闻。这样一位满载荣誉、获得过很多勋章的德军装甲兵上将，从他口中讲述出的情报定然会引来足够的重视，这可以从戈林在战后说的一段话中看出：“我们的一位将军……曾被英国俘获，后来通过战俘交换回到德国。在他（被英国人）释放之前，英国人曾极力给他洗脑，让他观看了堆存在英格兰南部海岸的大量物资和装备。他回来之后，还感到这些情景历历在目，（并且）……带有一种失败主义情绪。”

为进一步使德军相信盟军的登陆地点是加莱，美英空军在为“霸王”计划进行的火力准备中也费了一番心思。从1944年5月起，盟军空军每向诺曼底投下一吨炸弹，就要向加莱投下两吨；在给法国和比利时的地下抵抗组织空投物资时也是如此。同时，盟军还对海峡沿岸的德军雷达站进行了猛烈轰炸，特别是加莱至恩济岛一带的

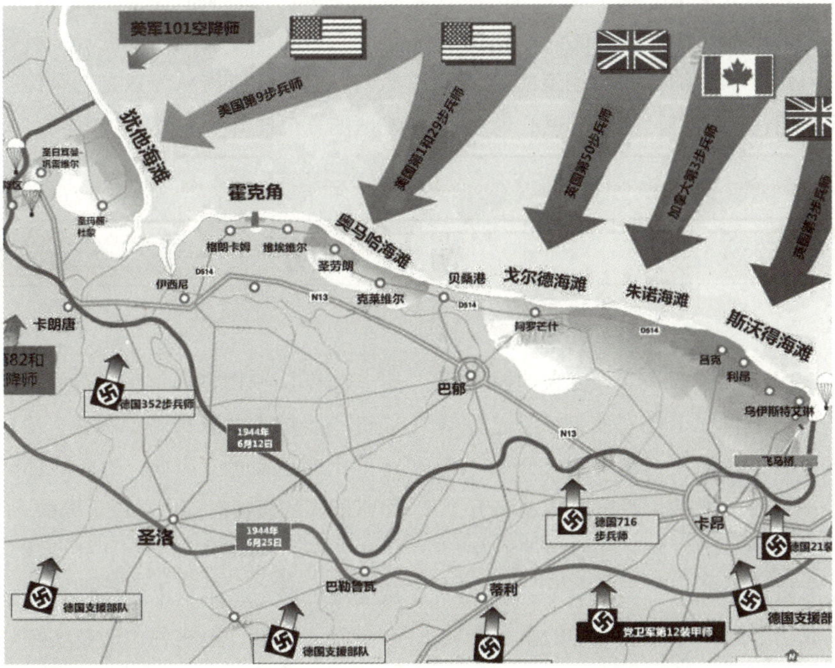

诺曼底登陆示意图。

雷达站。到D日（登陆发起日）前，德国在大西洋沿岸的雷达站只剩下几座还能工作，而这些又都是被故意保留下来的。

盟军的欺骗手段如愿产生了效果，在“北方坚毅”“齐普林”“南方坚毅”计划的影响下，德国最高统帅部和西线司令部产生了错觉和失误，对盟军登陆地点的判断连续出现失误。西线德军将领们在诺曼底和加莱之间摇摆不定，盟军的欺骗战术让他们无所适从，时而认为法国西北部沿海很危险，时而又把目光投向北欧的挪威……似乎海岸线上的任何一个地点都有可能出现问题。最终，德国最高统帅部和西线司令部的高级将领们都认为，盟军将同时从斯堪的纳维亚半岛、巴尔干半岛和法国西北部沿海发起攻击，而法国西北部的主攻方向则是加莱。基于这个结论，不光驻守在北欧和巴尔干半岛的德军按兵不动，为阻止盟军登陆行动而建造的“大西洋堡垒”防御工事群，其建设重心也被转移到了加莱。

1944年5月30日，盟军得到了一份希特勒和其日本盟友大岛浩男爵的谈话记录。在这份记录中，希特勒表示相信盟军将在斯堪的纳维亚半岛、巴尔干半岛和法国西北部沿海三地发起进攻的说法，认为盟军在地中海至少配备了90个师的兵力，甚至还可能有七八个空降师。而且，希特勒还坚持认为，尽管盟军的登陆可能会在诺曼底展开，但那将是为了掩护在加莱海岸发动的真正攻击行动而进行的佯攻。从加莱登陆的盟军能获得从英格兰南部几个主要空军基地起飞的战斗机全程掩护，其攻击行动可以将驻法国的B集团军群的第七和第十五集团军分割开来，更可以直取巴黎。时任B集团军群司令的陆军元帅隆美尔和西线司令部情报处处长罗恩纳上校也都同意这一观点，甚至直到诺曼底登陆开始之后数日，他们还坚持认为只是为了掩护加莱地区的真正攻击行动而发动的佯攻。

三 “霸王”行动

1944年6月6日凌晨，庞大的盟军登陆舰队突然出现在诺曼底滩头，经过两年多周密准备的“霸王行动”正式开始。经过半个多小时的激战，盟军成功地在五个滩头登陆成功，诺曼底登陆取得了有决定性意义的初步胜利。

但成功登陆只是作战行动的第一个突破，接下来盟军还要继续扩大登陆场，让更多的部队和物资登上法国海岸，这样才能进一步扩大战果和站稳脚跟，顶住德军可能到来的反扑。因此，为登陆部队争取尽可能多的缓冲时间才是最重要的。6日晚9点30分，英国广播公司正式广播了诺曼底登陆的消息，半个小时后艾森豪威尔就亲自发表讲话，他宣称“诺曼底登陆是进攻的开始阶段”，并号召各国的地下抵抗

登陆滩头的壮观场景。

力量“遵守纪律，克制等待”。随后挪威国王、荷兰首相和比利时首相等流亡政府领导人也纷纷发表了类似的声明。在此之前，丘吉尔也在当天下午召开的英国下议院会议上进行了类似的表演，他用漫不经心的态度宣布道：“昨天夜间和今天清晨，我们的首批部队已经登上欧洲大陆……这一次，解放战争在法国沿海打响了。事实表明，我们已经达到了战术奇袭的目的；随着战局的进展，我们还将向敌军发起一系列出其不意的进攻。”所有这一切都使得不知真情的人们相信，盟军将在其他地区发动类似的攻击。

与此同时，其他方式的欺敌活动也在继续进行。在6月6日登陆作战开始时，英国BBC广播电台就向诺曼底地区的抵抗

从空中俯瞰登陆场。

组织播发了大量暗语指示，要求他们破坏铁路、公路、桥梁、通讯线路，协助配合盟军的登陆；而在6月9日，诺曼底的战斗进入关键阶段时，BBC又向法国加莱、比利时和荷兰的抵抗组织播发大量暗语指示，要求他们按预定计划，袭击交通线、德军指挥通讯中枢和后勤仓库，配合即将开始的“加莱登陆”。由于德国情报部门已经破获了一些抵抗组织，暗语指示的含义就泄漏到了他们手中，使得德军确信加莱地区也将遭到大规模的登陆攻击；而由“嘉宝”和“布鲁特斯”等双面间谍所提供的情报则进一步加强了他们的信心。

上述这些欺骗行动，使得德军在诺曼底登陆行动已经打响数天之后，依然认为盟军的主攻方向是在加莱地区。德军西线总司令戈尔德·冯·伦德斯特元帅抽调后方部队对诺曼底盟军进行反击的计划被驳回，驻加莱的第十五集团军在已经开始向诺曼底进发的情况下又被严令召回。德军的错误决定给了诺曼底的登陆部队充足的时间，使他们能扩大登陆场、建立简易码头，将更多的给养和部队运送上岸。等到德国人终于意识到所谓“将在加莱发起的登陆”只是一场骗局、盟军的真正主攻方向其实是在诺曼底的时候，宝贵的时间和战机已经白白流走，德军再也没有能力将盟军登陆部队赶下大海了。盟军的欺骗行动获得了空前的成功，而名为“卫士”计划的这场人类历史上最大的骗局，也就此落下了帷幕。

骷髅会的“影子政府”传说

作者：明月吹箫

▌骷髅会创世者威廉·亨廷顿·罗素，将军、议员和教育家，坚定的废奴主义者、纽黑文大学的创立者，他的祖先诺亚·罗素是耶鲁大学的创始人。

现在距离二战已经七十个年头了，但人类之间的热战依然此起彼伏，各大阵营、各个国家、甚至各个势力之间的秘密战也是有增无减。有时候明谋是阴谋的幌子，台前的政府不过是背后秘密结社组织的代理人。

虽然奥巴马总统的当选不但开创了黑人出任美国总统的历史新纪元，也打破了总统宝座连续二十年由耶鲁毕业生掌控的历史，但是布什家族在过去半个世纪中所取得的显赫政治地位却没有因之改变，而那个在当代美国国会、内阁、最高法院、安全情报机构、金融界、军界拥有巨大势力的“骷髅会王朝”也依旧顽强的生存着。由此，“骷髅会”成为众多畅销书作家的钟爱，“坟墓中的秘密”成为各种阴谋论作品的热门主题。关于一个神秘组织在阴暗的“墓穴”中操纵着整个美国乃至整个世界命运的传说不胫而走。流传于全世界的关于骷髅会的传说，不但使这个每年只吸纳十五名新成员的小小社团变得更加神秘莫测，而且在无形中加强了这一神秘社团的权力与声望——而这也许正是社团的领导者想要达到的结果。

其实，“阴谋集团”并不是力量强大的表现，恰恰是有所顾忌而不得不隐藏行踪的表现，笼罩在骷髅会为代表的美国精英政治社团身上的浓浓迷雾，也许其目的正在于给人们造成一种神秘莫测的阴谋气氛，由此巧妙地掩饰了世家政治与权势关系网的“正常性”这一“阳谋”才是真正的“阴谋”所在。

一 墓穴、道具与传说

自1832年骷髅会创立以来，180年来关于它的传说都像极了魔幻小说的情节：阴暗的墓穴、恐怖的骷髅、神秘的集会仪式、大人物们对世界命运的操纵、甚至预先决定大选的结果、对背叛者与揭露者的追杀、连续几代人的世家联姻网。这期间有多少是真实的秘密与阴谋，又有多少是有意无意地杜撰与谎言，也许直到某天这个组织真正暴露在阳光下时，才可以清清楚楚地为大家所知。

然而，有一点是肯定的。那就是关于骷髅会传说的一切有着太多的自相矛盾。一个以神秘和阴谋著称的社团，却在万人瞩目的名校中到处炫耀身份；一个操纵国家乃至世界命运的权势集团，居然屡次被各大媒体追踪曝光、被畅销书作家不断地追捧乃至拍成电影全世界上映；一个为了操纵国家机器、愚弄选民而秘密行事的团体，总统竞选人的骷髅会员身份居然轻易曝光，而且没有被号称无所不能的“骷髅会王朝”封杀。

种种的不可思议，显现出了骷髅会神话的真假莫测，或者是以谎言来夸大其组织的威力，或者索性把自己的企图大白于天下而求得反而被公众忽略的效果；又或者是所有的把戏都是为了骷髅会会员和骷髅会题材的作家、记者、出版商所精心策划的一个互相抬高身价的大阴谋。这种真假莫辨的效果，也许正是骷髅会操纵者所想达到的。而这种真假莫辨的效果是通过一系列道具、仪式和传说建构起来的。

大名鼎鼎的骷髅会位于耶鲁大学校园中一个无窗的类似陵墓的建筑内。这是一座建于1856年的褐石建筑，一直作为该团体在每个周四和周日集会的地点。每年只从大学三年级学生中选出15人加入骷髅会，在升入大四时则为组织服务。这正是骷髅会不同于其他学生社团的明显之处，因为如果是注重于校内活动，发展会员应该从大一开始，由此可以看出骷髅会面向毕业后的校外世界。骷髅会成员被称为“骨人”，他们对非会员保持着本能的警惕。所有的“骨人”都不得泄露自己的身份，当有人提及骷髅会时必须离开现场。然而，近二百年间有意无意地泄露已经让人们对这个组织的成员与程序有了相当多的了解。

墓地里面有大量的工艺品、名画和战争纪念品，但最多的印迹是对骷髅的狂热崇拜。墓地里刻有一句拉丁文短语“Tempus fugit”（时光飞逝），墙上挂着几十具骨架和头骨，既有人类的也有动物的骨骼——例如麋鹿和野牛。楼上大厅里的壁炉架上有一具呈匍匐姿势的木乃伊。从各种陶器到油漆的墙面装饰边，骷髅的标记无处不在，出口处发光的标识字母是由许多小小的骷髅组成的。厨房里每一件银器都带有S.B.T标记（意思是为骷髅墓地专制或骷髅宴请专用）。各种型号的茶杯和杯子都是按照骷髅的形状设计的。光线昏暗、隐秘的饭厅里有许多设计成骷髅形状的固定装置，光线可以从这些装置张开的眼窝中透进来。

早在1876年，骷髅会远远没有今天威势的时候，一群耶鲁大学的学生自称“锉刀和铁钳组织”，闯进了墓地，并描述了墓地中的所见所闻，给人印象最深的是对内部房间322号客厅的描述：在西面墙上，挂着众多的绘画，其中有一幅古老的版画，

20世纪前传说中的骷髅会“墓穴”。

展现我们眼前的是一个开放式的弯形墓穴。墓穴里，在一个石板上，放着四个人的头盖骨，周围有一个小丑帽，几个铃铛，一本翻开的书，几个数学仪器，一个乞丐的字条，还有一个皇冠。墓穴上方拱形的墙上，用罗马字母写成的解释性文字："谁是傻瓜，谁是聪明人，乞丐还是国王？无论是富是穷，所有人的结局都是一个死"。

之所以第322号客厅这么令人特别关注，是因为骷髅会中对"322"这个数字有着特别的情结，据称骷髅会的成员要把任何带有"322"数字的汽车牌照上交组织，然后把他们拿到墓地建筑，摆放在墙上。据说这是由于古希腊著名演说家狄摩西尼死于公元前322年，而骷髅会就是在这个神秘的年份建立的。然而，骷髅会内部的另一个传说又否定了这一点，传说在19世纪30年代早期的某个时候，一位名叫威廉罗素的耶鲁大学生前往德国游学一年。罗素家族是当时美国第一、世界第三的大鸦片商，靠向中国贩卖鸦片发了大财。在德国的时候，罗素结识了德国一个秘密社团的领导人，这个社团以骷髅图形为自己的标记，而这个社团本身是18世纪被巴伐利亚政府取缔的臭名昭著的"光照派"一个邪恶的分支。很快罗素就迷上了这个组织。当罗素回到美国后，他发现当时美国国内存在强烈的反共济会气氛，他感到十分愤怒，于是召集了自己班上一群才华出众的学生，成立了美利坚合众国有史以来最有势力的秘密社团。这些人给自己的组织起名为"死神兄弟会"，或者一个更不正式的名称是"骷髅兄弟会"。他们之所以采用了数字命理符号"322"作为标记，是因为他们的社团是德国社团的第二个分支机构，而且成立于1832年。

骷髅会传说中最恐怖的是关于偷窃骷髅的故事，据说每位骷髅会员都必须将一位著名人士的头盖骨上交给组织，带到墓地建筑中来。在"墓地"的深处收藏着印第安阿帕契族酋长杰罗尼莫、潘乔维拉、墨西哥革命家佛朗西斯科维亚和前任校长马丁范布伦的头盖骨。杰罗尼莫的后裔罗梅罗出来指控自己祖先的头盖骨被一个人从坟墓中挖掘出来，这个人的儿子是美国第四十一任总统，孙子是美国第四十三任总统。这件事情最终惊动了老布什副总统、麦凯恩参议员和哈佛大学，最终却不了了之。

骷髅会的入会仪式同样是传说中重要的环节。四月份的一个选举日晚上，骷髅会的四年级成员回到每个被选上的三年级学生房间外，然后大声敲门。当这位三年级学生打开房门，一个骷髅会成员会重击候选者的肩膀，然后大声吼叫："骷髅会，你接受吗？"如果候选者接受了邀请，他们就会递给他一个纸条，用黑色带子缠绕着，并用黑色蜡密封着。打开纸条，除了骷髅会的神秘数字"322"，还有一条信息，命令候选者在入会选举的晚上到墓地建筑，并且不要带任何金属的东西。

一旦新加入者被允许进入"墓地"，他们被要求发誓保持沉默，并且被告知他们永远不得承认自己是协会的成员。入会仪式包括仪式心理训练，新成员在泥浆中摔跤，并且被殴打——仪式的这个阶段象征着他们从自己熟悉的那个世界"逝世"。新会员到达"坟墓"门口敲门三下后，门就开了，立即有老会员用头巾蒙住他的头，把他带到“萤火虫房间”。随后新会员被送到迎新会举行的地方——322号房。进入房间里，早有一群“骑士”等候，所有人戴着面具，穿着不同服装，各自扮成“恶魔”“堂·吉诃德”“教皇”等等，教皇其中一只脚穿着印有字母的白拖鞋，踩在一个石制骷髅头上。其他骑士则扮成骷髅，而长老们则排列两旁，准备大声喊叫。新会员一个个地被带进322房间，他们会被要求按照一些指令行事，比如重复念保密誓言，吻教皇的脚，喝下盛在骷髅头里的“血”。最后，新会员被推倒在“堂·吉诃德”面前，喧哗停止。“堂·吉诃德”用剑轻拍新会员的左肩说：“根据我们的命令，我封你为‘雄辩女神的骑士’”。这是整个仪式的高潮，它代表了又一个“骷髅”的诞生。

每一届的15名骷髅会成员都会像这样拍一张合照。在茶几上放的就是真正的骷髅与骨头，后面的钟时间通常会调到8点。

骷髅会的标志。

早期的入会会员还必须在泥浆中赤裸着全身进行摔跤，据说代表的意思是“在旧的世界中死亡”和“在新的世界中重生”。然后他们赤身裸体地躺在棺材中手淫，向协会揭示自己内心最深处的性隐秘。在这种类似于洗脑的仪式结束后，社团的其他成员授给这些新成员长袍，代表他们作为怀有更高目标的个人的新身份。协会给新成员选定一个新名字，代表他的重生和作为兄弟会成员再次受洗礼。正是在入会仪式上，协会向新成员介绍存放在“墓地”中的艺术品，包括一些纳粹纪念品，其中有一套希特勒的银器、几十具骷髅，各种用作装饰的物品：棺木、骨骼以及内脏。然后协会还介绍他们认识“墓地”里唯一的长期住户：“骷髅娼妓”。这个人的职责是确保骷髅会员离开“墓地”的时候比他们进来的时候更加成熟。

骷髅会用一系列特殊的道具符号来显示自己成员的与众不同。每个会员都有自己的新名字，有时候这种名字可以转让给后来者。有些名字被赋予特殊的意义：“梅格戈”代表最善于勾引女子的会员，“戈格”代表最缺乏爱情经验的会员，“长恶魔”是个子最高的男子，“波阿斯”指大学橄榄球队队长。而前总统小布什在骷髅会中的名字则是“临时工”，这个名字是一时没有想到合适的名字而随便起的，而老布什的名字则是“贝邦”，而“梅格戈”

的名字曾被塔夫脱总统与其子（一位参议员）所使用。《时代》出版集团的创始者亨利卢斯的名字则是“巴尔”，意为太阳神。会员们在墓地内使用“骷髅时间”，比正常时间快五分钟，使用独立时间的目的是宣扬骷髅会是不受时间概念约束的。同时，骷髅会还拒绝使用公历纪年，而在文件和信函中采用自己的数字标记符号纪年。骷髅会的D年（即元年）始终是1832年，小于公历纪年。

对新会员富有吸引力的另一件事情是去鹿岛度假。这是一位骷髅会元老捐赠给协会的礼物——面积40平方英亩，跨越许多片私人的树林，沿河地带长2英里，距离纽约市340英里，位于纽约州亚历山大湾以北2英里的劳伦斯河上。来宾们可以从宾馆沿着树林中的小径远足，沿途欣赏野生动植物和成片的野生花卉，到达一个室外的火灶或者坐落于松树林中的钉马掌的帐篷。15英里的远足小径沿途没有设里程碑，相反，沿途插满了刻有数字“322”的骷髅标记牌。但近年来这里因为年久失修已近乎废墟。

然而，骷髅会的组织和运作看起来毫无创意（如果骷髅会本身不是另一个组织的替身的话），会员轮流担任会议主持者的角色，会务由拉塞尔信托联合会理事会的协会元老负责管理，理事会有权选举主席、出纳和其他职位。有三位会员会得到当年的永久头衔：一位号称“肉体修理者”，负责管理菜单；一位是“俱乐部秘书”，负责充当校友联络人，座位在“主席”的右边；另一位是“物资供应员”，担当出纳和业务经理的角色，座位在大门旁。“小恶魔”坐在“主席”的左边，负责收取罚款。对于权势显赫的骷髅会来说，这种组织架构显得粗糙而简陋。至于校友聚会、共进晚餐、高唱颂歌、即席演讲等活动虽然饶有趣味，但不难在任何的精英俱乐部里面找到，而显得平淡无奇。

二 骷髅会与布什王朝

骷髅会传说中最为人津津乐道的莫过于它那份显赫的会员名单。

威廉·H.塔夫脱（1878届会员）：1909年至1912年任美国第27任总统，1921年至1930年任美国最高法院首席大法官。

亨利·史汀生（1888届会员）：美国著名的战略家，1911年至1913年任陆军部长。1928年至1929年任驻菲律宾总督。1929年至1933年任国务卿。在他从政的30多年间，为7位美国总统服务过。

乔治·布什（1948届会员）：1981年至1988年任副总统，1989年至1992年任第41任美国总统。

乔治·沃克·布什（1968届会员）：1995年至2000年间担任德克萨斯州州长，2001年至2008年任第43任美国总统。

约翰克里（1966届）：美国马萨诸塞

2005年美国前总统布什和布什夫人在白宫举行的晚宴庆祝他们的60周年结婚纪念日。

州参议员，2004 年民主党总统候选人。

阿沃罗尔·哈里曼（1913 届会员）美国早期著名的铁路家族哈里曼家族的主要成员，从二战期间美驻苏联大使，到美国国务院官员，再到越南战争停战谈判时美方首席谈判代表，阿沃罗尔·哈里曼任职颇多。

罗伯特·A. 洛威特（1918 届会员）：曾担任美国国防部长、财政部长和国务卿，属“骷髅会”历史上最有权力的大人物之一，把持美国政坛将近 40 年。

亨利·卢斯（1920 届会员）：美国《时代 & 生活》出版帝国的创建者，著名的“美国世纪”教条的鼓吹者。

亨利·P. 达沃森（1920 届会员）：美国摩根·斯坦利投资银行主要的合作者和美国金融网络的幕后领军人物。

哈罗德·斯坦利（1908 届）：摩根斯坦利的创建者之一。

查尔斯·西摩（1908 届）：美国著名历史学家，耶鲁大学校长。

这期间，最显赫的莫过于在骷髅会成员名单里反复出现的一个姓氏——“布什”。当亚当斯家族、哈里曼家族、塔夫脱家族、罗斯福家族都已经成为历史名词时，美国政坛上还能达到“王朝”标准的家族，只剩下了布什家族和肯尼迪家族。鉴于后者在天灾人祸下，男丁不断暴死，后继乏人，布什家族的生机勃勃已经达到了被称作“布什王朝”的程度。据粗略统计，布什家族现在活跃在政坛上的人物居然有26人之多。虽然2008年大选中奥巴马的异军突起阻止了“布什—克林顿—布什—克林顿”的尴尬循环，但是小布什的弟弟甚至儿子都已经成为下届总统宝座的有力问鼎者。而布什王朝和骷髅会之间的渊源之深，已经众所知闻，甚至称不上“公开的秘密”了。而通过布什家族崛起过程和骷髅会之间的关联，则可以管中窥豹，具体而微地体验到以骷髅会为代表的精英政治社团在美国社会中的运转轨迹。

1978年，小布什第一次参加政治竞选，便被怀疑他和整个布什家族都被卷入骷髅会的阴谋组织之中。当电视主持人代表观众质疑小布什是否参加了“某种全球政府”，小布什愤怒地说道：“任何人都改变不了我的观点，包括我的父亲。”这种怀疑同样出现在他的父亲和祖父身上。1966年，参议员普雷斯科特·布什被《耶鲁每日新闻》质疑参议员是否在一些“秘密机构”成员的控制下，1980年老布什在共和党总统候选人提名中输给里根后，对自己的好友说，出身骷髅会是自己失败的原因所在，因为“人们不知道它们是什么组织，因此他们也不知道你来自什么环境”。为了与骷髅会划清界限，小布什在毕业23年后才重返母校耶鲁，目的是参加父亲老布什接受荣誉学位的典礼。然而即便在如此隆重的场合下，他依旧尖锐地批评母校的“势利”和“傲慢”，而当他同意2001年到耶鲁演讲时，借机对耶鲁的教育进行嘲讽。

普雷斯科特·布什参议员。

所谓“欲盖弥彰”，布什家族三代人对耶鲁和骷髅会的冷漠态度，恰恰表明了公众对他们与骷髅会之间紧密联系的广泛认同。对此，一位20世纪80年代毕业的骷髅会员一语道破天机：“骷髅会最大的好处就是其关系网。世界上的其他人都有意或无意的和他人结识，而在骷髅会里你可以认识一些你本来永远不会遇到的人。这种安排可以有意识的促使那些取得很高成就的人物彼此结识，甚至获得对方的遗产。”布什家族百年间的崛起正是拜骷髅会“有意的安排”所赐。参加骷髅会的布什家族成员可以排成长长的名单：小布什的祖父资深参议员普雷斯科特·布什、父亲老布什总统、小布什总统自己、小布什的叔叔乔纳森布什、老布什的两位舅舅约翰沃克和小乔治赫伯特沃克，老布什的表兄雷沃克以及几位世交。鉴于骷髅会的会员总数从未超过800人，布什－沃克家族中出现了如此多的骷髅会员就显得十分抢眼了。

布什家族的发端是小布什的曾祖父塞缪尔·布什。塞缪尔生于美国中西部俄亥俄州首府哥伦布市，该地以民风保守著称，这也使布什家族从一开始就带着正统色彩。塞缪尔最初经营钢铁制造业，不久就以敏锐的眼光发现了石油业的光明前景，迅速与洛克菲勒家族旗下的公司建立了合作关系，从此发展起来。一战结束后，塞缪尔与华尔街金融大亨沃克结成莫逆之交。1921年8月，塞缪尔的儿子普雷斯科特与沃克的女儿多萝西结婚，成为布什家族史上的里程碑。沃克全名“乔治·赫伯特·沃克”，两代总统中，老布什全名“乔治·赫伯特·沃克·布什”，布什全名“乔治·沃克·布什”，单从这一细节，就可看出沃克对布什家族的意义。

三 艾森豪威尔的亲密朋友和政治伙伴

虽然塞缪尔·布什已经成为富豪，但是还算不上步入上层阶级，因为当时美国的国家权力是被东北部的财团——门阀集团所把持，他们对于来自南方和西部的暴发户保持着本能的敌视和鄙夷，即便是当时的美国首富洛克菲勒也备尝老牌贵族们奚落嘲笑的痛苦。有一次，一位贵妇人严厉训斥了自己的孙子，因为他与洛克菲勒的孙子玩耍，她说道：“我的孙子不能与一个歹徒的孙子一起玩耍。”而缺乏政治权力和社会声望的暴发户们是很容易“君子之泽五世而斩”，甚至富不过三代的。

而让布什家族由“富”而“贵”，挤入新英格兰上流社会的关键性人物则是普雷斯科特·布什，其途径便是在1917年毕业于新英格兰名校耶鲁大学，并加入骷髅会。加入骷髅会让他得以与同样有着骷髅会背景的华尔街金融大亨沃克结成姻亲，从而步入上流社会。沃克是美国当时最富裕的人之一，也是最臭名昭著的人之一，以压榨朋友的钱财和痛打儿子而著称。同时，加入骷髅会也让他结识了当时同为骷髅会成员的艾尔里夫·哈里曼。哈里曼当时拥有美国最大的私人银行，而且后来出任过纽约州州长和驻苏联大使，而他之所以能获得这些商业和政治上的成就，正是来自诸位骷髅会会员的暗中支持。

1920年，哈里曼任命沃克为哈里曼公司总裁，而他的女婿普雷斯科特·布什也加入公司。1924年普雷斯科特·布什促成了哈里曼银行和德国钢铁巨头蒂森家族在荷兰的银行的合并，建立了著名的银行业联盟公司，其公司办公场所在纽约百老汇大街39号，与哈里曼银行在同一座办公楼里办公。银行业联盟公司致力于对那些饱受争议的政治势力的投资，希特勒的纳粹党和斯大林的苏联都获得了它的大力资助。

这一成功的合并案使沃克得以将自己的女婿提拔为哈里曼公司副总裁，不久普雷斯科特·布什负责经营德国最大的钢铁

普雷斯科特·布什和艾森豪威尔。

制造厂，而它的主人蒂森家族则继续保持对纳粹党的金钱资助，希特勒上台后，将利润优厚的高速公路建造工程交给了蒂森家族，源源不断的利润流向纽约的银行业联盟公司。与此同时，也有大笔财富从斯大林统治下的苏联滚滚而来，那里也有着该公司的大笔投资。

1931 年，哈里曼公司和布朗公司合并，而促成这桩合并案的恰恰在于两个公司的四个主要合伙人都是骷髅会员。新成立的布朗兄弟哈里曼公司的管理者正是普雷斯科特·布什。20 世纪 30 年代，布朗兄弟哈里曼公司继续与纳粹德国保持着密切的业务往来，其旗下的银行业联盟公司成为纳粹德国和其他国家金融联系的主要通道，此外布什还经营着德国和美洲之间的航运和通讯业务，并在法律方面雇用了一位华尔街律师约翰·福斯特·杜勒斯，后来的美国国务卿。而在银行业联盟公司的董事会里，八名董事中有四位骷髅会会员和两位纳粹党成员。而当纳粹德国开启了二战的“潘多拉盒子”，并最终与美国为敌时，1942 年，银行业联盟公司因为违反《禁止对敌贸易法案》而被美国联邦政府接管。

然而，此时普雷斯科特·布什和他的骷髅会密友们已经摇身一变，成为 USO(联合服务机构）这一民间志愿服务组织的主席，并为国家的对德战争捐款数百万美元，至于他和纳粹长达20年的金融交往和由此赚取的巨额财富则被联邦执法机构选择性的无视了。战后，普雷斯科特·布什步入政坛，并于1952年当选为美国联邦参议员，成为布什家族第一个进入最高权力机构的人。

而他的儿子老布什甚至在进入耶鲁之前就已经和骷髅会纠缠在一起。1944年9月2日，当时担任中尉的老布什和他的飞行小组接到指令，去炸毁一处日军的无线电侦察设施。一位名叫威廉·加德纳怀特的射击手（1942年骷髅会员）恳求布什让他陪同执行任务。布什答应了，尽管怀特没有接受过任何海军航空训练。而当布什驾驶的飞机朝着无线电设施进行六十度俯冲时，日本人击落了他的飞机。布什投下了炸弹，摧毁了这个设施，并在飞机坠毁前安全跳伞，但是怀特和另一名机组人员无线电技师约翰德莱尼则机毁人亡。后来被替换下来的射击手纳多一直抱怨说，如果自己在飞机上，也许能带着同伴安全脱险。

4年后，乔治·布什在耶鲁大学加入了骷髅会，并在里面结识了后来的参议员约翰·查菲，和自己后来的妹夫、一家保险公司的继承人小亚历山大·艾里斯，而另一位骷髅会员、后来的参议员詹姆斯·巴克利则担任了婚礼的礼宾。1948年，老布什从耶鲁大学毕业，布朗兄弟哈里曼公司马上便向他提供了一个工作岗位，而他的舅舅小乔治赫伯特沃克（1927年骷髅会员）的沃克投资公司也提供了工作机会。但是老布什却拒绝了父亲和舅舅的好意，而是投身在尼尔马伦（1917年骷髅会员）旗下。在普雷斯科特的建议下，罗兰哈里曼任命马伦为德雷瑟实业公司总裁。老布什在这个公司里工作了两年半的时间，并得到马伦传授的公司治理经验。1950年，老布什离开了德雷瑟实业公司，凭借舅舅筹措的35万美元资金组建了布什－跨海湾石油发展公司。他的父亲普雷斯科特提供了5万美元，布朗兄弟哈里曼公司的一位客户尤金迈尔捐助了10万美元，此外还有其他几位骷髅会成员投资于此。此后，布什还于1953年至1959年间成为扎帕塔石油公司的创办人，1956年至1964年间，担任休斯顿扎帕塔近海石油公司总经理。

60年代开始，老布什步入政界。1960年，他当选为国会众议员，曾任众议院筹款委员会委员。1971年至1973年，出任美国常驻联合国代表。1973年至1974年，任共和党全国委员会主席。1974年至1975年，任美国驻北京联络处主任。1976年至1977年，任中央情报局局长。在政治生涯中，老布什得到了多位骷髅会员的支持；《国家评论》拥有者威廉·巴克利（1950年骷髅会员）在老布什竞选1964年参议员受挫后邀请他参加共和党重建工作，并在1989年为老布什对国防部长的提名在国会获得通过而奔走；美国众议院民主党众议员、银行控股公司联合会总裁卢德阿什利，则在老布什的儿子尼尔·布什陷入金融官司时，帮助他获得轻微判决，并利用自己所控制的一个基金会为尼尔·布什提供了诉讼资金。

最具象征意义的是，当老布什于1976

与普雷斯科特·布什参议员比起来，第37任总统尼克松只能算政坛上的晚辈。

年、1981年和1985年先后宣誓就任中央情报局长和副总统时，主持宣誓仪式的最高法院法官也是一位骷髅会员，曾经常参加布什家族的野餐会。为了让自己的领袖得到总统宝座，骷髅会员们为老布什的竞选提供了大量的竞选资金，仅其同年级校友克拉克便筹措了至少四十万美元赞助。1992年，老布什的竞选班子任命联邦快递公司创始者佛雷德里克·史密斯（1966年骷髅会员）加入由100位企业领导人组成的工商业领导理事会，为布什的再次当选谋求企业界支持。而当布什当选时，他们携带家人到白宫祝贺；在他情绪低落时，则聚在其家中为其加油打气。

投桃报李，老布什广泛任用骷髅会的同志：一位1918年骷髅会成员的儿子成为商务部长；一位1936年骷髅会员成为驻爱尔兰大使；一位1960年骷髅会员成为驻厄瓜多尔大使；一位1959年骷髅会员成为驻华大使；一位1960年骷髅会员成为劳工部副部长；一位1963年骷髅会员成为司法部副部长；一位1944年骷髅会员成为国防部副部长。几位骷髅会员参与起草总统演讲稿，有几位骷髅会员则有机会参加外交使团、国宴或是获得总统奖金。

而小布什尽管极力表示自己与骷髅会毫无关系，甚至假装对母校耶鲁大学的蔑视，但恰恰是他得到骷髅会的助力最多，布什－沃克家族几代人的经营已经在美国各大权力机构形成了一个庞大的关系网络，所以小布什的成功比祖父和父亲都更大程度上依赖于骷髅会。这位不学无术、生活放荡、曾因酗酒驾车而被罚款 150 美元的纨绔公子被耶鲁大学录取本身就显得十分暧昧。他在菲利普斯学院就读时，慵懒好玩，在238名同年级学生中成绩只排第114名，他的体育成绩和音乐才华都很一般，学业能力测试成绩也远远不够资格，但是却被耶鲁大学录取，据称他自己也感到十分吃惊。多年后，耶鲁的招生负责人还抱怨，自己不明白校方为什么命令他放弃录取成绩最优秀的学生，而去录取成绩靠后的学生。当然，这位招生负责人没有提及自己的父亲便是骷髅会员，而负责录取小布什那个新生班的招生办公室的七名成员中有三位是骷髅会员。

1968 年小布什参加了骷髅会，他的 14 名同级兄弟中后来出现了著名的奥运会金牌获得者、小说家、歌手、牧师、医生、公司总裁和橄榄球队长，而小布什当时没有被发现任何特殊才能。60 年代的骷髅会经历了越战，经历了肯尼迪总统和马丁·路德金的遇刺，经历了公众对精英政治的质疑和批评，受到了前所未有的冲击。

然而，小布什依然依靠骷髅会的关系找到了第一份工作，创办了第一家公司。依靠他的伯父纳森布什（1953 年骷髅会员）的介绍，他很快从 28 位投资者手中得到了 56.5 万美元，其中三分之一来自一位骷髅会员。1983 年，小布什在其他“骷髅会”成员的帮助下重开已经失败的阿布斯托公司，将之改名为布什勘探公司。但这不过是又一次新的失败而已。这一次拯救布什的也是“骷髅会”的成员。德威特的光谱公司买下了布什勘探公司，并任命布什为公司顾问，让他享受与在阿布斯托同样的 7.5 万 美元的薪

掌权人物的社会阶级来源

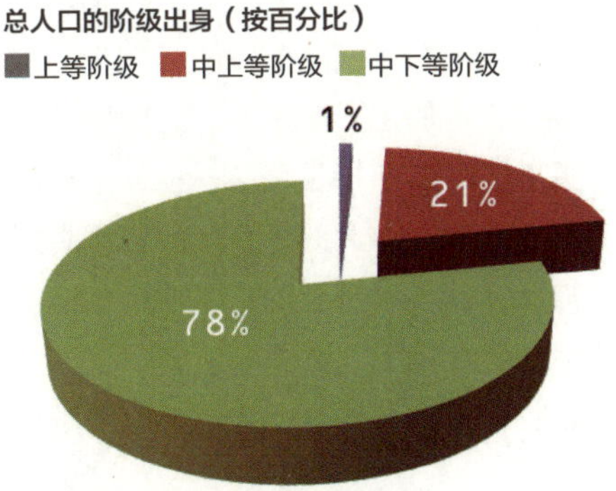

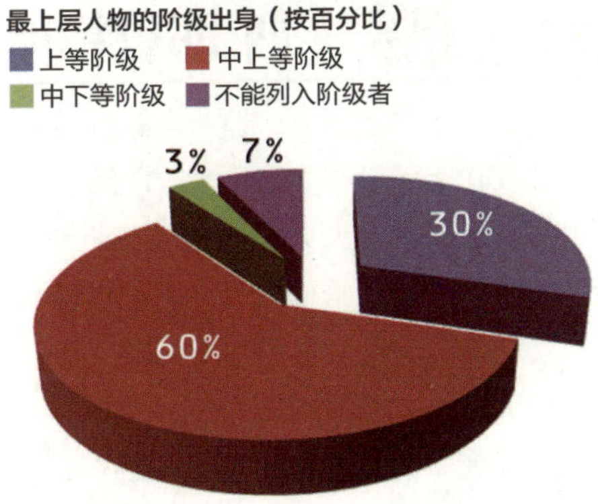

《谁掌管美国》中卡特时代美国权势集团的家庭出身构成。

水，同时还拥有价值160万美元的股票。两年后，光谱公司陷入一笔300万美元的债务中。这次是艾伦·夸什拯救了布什。夸什的哈肯能源公司在1986年以200万美元的价格收购了光谱公司。

布什的生命从此开始了崭新的篇章。哈肯是个前途十分看好的公司，甚至金融大鳄乔治·索罗斯也是它的投资者之一。除了给布什20万美元的股份，哈肯还聘其为顾问，先是付给他8万年薪，随后又涨到12万美元。此外公司还给他大量的认股权和18万美元的贷款。1990年，哈肯公司倒闭，巧合的是，布什在公司倒闭前，刚刚卖掉了手中持有的三分之二的股票，并从股票抛售中赚取了83.6 万美元。他用这笔钱，再加上“骷髅会”兄弟帮忙集资，买下了得克萨斯巡警棒球队，然后再以高价转卖出去。此时，布什的资产超过了400万美元。经济上的富足使得他能够在政治上全力以赴。

骷髅会对小布什商业生涯最大的帮助体现在1989年对德克萨斯流浪者棒球队的购买。有多位骷髅会员参与了投资，其中一位来自显赫的塔夫脱家族。而在小布什的政治生涯中，骷髅会员们提供了大量的资金捐赠和广告推销等帮助。对此，感恩戴德的小布什在上台后任命了多名骷髅会员担任高官，爱德华·麦克纳利成为联邦国土安全办公室总顾问兼总统国家安全事务高级助理顾问，佛雷德里克·史密斯仅是因为身体原因而放弃了担任国防部长的机会，小小罗伯特·麦卡勒姆成为司法部长助理，罗伊·奥斯汀任驻特立尼达和多巴哥大使，埃文·加尔布思雷成为美国国防部驻欧洲代表，维克托·阿舍在联邦国民抵押协会任职。

正是借助于骷髅会的庞大关系网，布什家族才从一个令人鄙夷的中西部暴发户一步步成为美国上流社会的核心人物，并开创了“布什王朝”。这一过程长达百年之久。而随着小布什女儿芭芭拉参加了骷髅会，这一过程依旧在持续之中。

四 耶鲁精神与骷髅会精神

在美国名牌学校尤其是“常青藤联盟”之中，广泛存在着大大小小的精英组织。除骷髅会外，还有哈佛大学的“坡斯廉俱乐部”、哥伦比亚大学的“斧头和棺柩协会”、密歇根大学的“猫头鹰与挂锁协会”、卫斯理公会大学的“骷髅和毒蛇协会”、达特茅斯学院的“斯芬克斯协会”、乔治城大学的“斯图尔德第二协会”等，耶鲁大学也有著名的“卷轴与钥匙协会”“狼首会”等。其中一些社团的显赫背景并不逊于骷髅会，比如“坡斯廉俱乐部”成立于1791年，几乎与合众国的创建同时出现，是美国最古老的秘密学生社团。大名鼎鼎的罗斯福家族中，包括西奥多罗斯福总统在内的许多成员都加入其中，著名的富兰克林·罗斯福总统则因未能加入该俱乐部而视作人

耶鲁大学校训"光明与真理"

生一大耻辱。

同样，耶鲁大学固然是美国威名赫赫的学校，但是并不比其他的常青藤名校高出一等。比如哈佛大学创立于1636年，学校历史比美国的历史还要长一个半世纪，约翰·亚当斯、约翰·昆西·亚当斯、西奥多·罗斯福、拉瑟福德·伯查德·海斯、富兰克林·罗斯福、约翰·肯尼迪、威廉·克林顿和乔治·W.布什等八位总统，前国务卿基辛格、世界首富比尔盖茨、著名哲学家爱默生都曾在此就读；哥伦比亚大学不但先后有四位总统、股神巴菲特、著名记者埃德加·斯诺等知名校友，更因历届毕业生和教职员中累计共有97名诺贝尔奖奖金获得者，而闻名世界。而之所以在这众多的精英学生社团中以耶鲁大学的骷髅会最为知名，恰恰在于所谓的"耶鲁精神"和"骷髅会精神"。

耶鲁大学诞生于1701年，此前新英格兰地区只有哈佛大学，而耶鲁大学的第一任校长恰恰是哈佛大学的校长英克里斯马瑟。他在任职期间，感受到了清教运动对哈佛大学师生的影响，十分担心正统的英国国教会在新英格兰地区的正统地位①。退休后，马瑟致函康涅狄格殖民地的一些牧师，表达了自己创建新的学校以捍卫传统的英国国教的想法。1701年10月，10名牧师（其中9人毕业于哈佛）组成了康涅狄格州立学院（耶鲁大学前身）的董事会，所以耶鲁大学一诞生便带有政治和宗教方面的保守色彩。1718年，前任东印度公

① 当时新英格兰教会的高级牧师大部分出自哈佛大学。

司马德拉斯总督伊莱休耶鲁向学校捐赠了三百多本书籍和大约价值2500美元的商品，1720年，学校被正式命名为耶鲁学院。耶鲁建校之初，学校大权掌握在公理教会（即英国国教）出身的牧师手中，所有的教师和官员都必须信奉公理会教义，校方有权解雇任何对宗教保持怀疑的教师。刻板的宗教信仰奠定了耶鲁大学学生生活的宗教基调和贵族色彩，学生甚至一度在校园内必须使用拉丁语交谈，学生每天必须参加两次强制性的礼拜仪式。对于学校外的宗教觉醒和政教分离运动，耶鲁当局长期采取高压政策，拒绝给违背正统教义的学生授予学位并开除出学校。抗议学校当局的教师则离开了耶鲁，并最后组成了普林斯顿大学。

“耶鲁精神”不仅在于其浓厚的宗教色彩，也体现在森严的等级秩序上。一个班学生的排名按照其家庭出身而非学业成绩。这种排名在学生入学前已经分配好了，在整个大学阶段，这种排名决定了他们在课堂、教堂、食堂和毕业典礼上的座位，以及他们在毕业成绩册和毕业生目录中的排名。严格的等级秩序一直受到校方的支持，校方还期待大二学生能戏弄和欺负大一新生，以此驯服这些新生对学校传统保持敬意。耶鲁的校规中明文规定大一新生在遇到高年级学生必须让路，必须脱帽致敬，高年级学生有权对新生加以训斥并务必随传随到。

“二年级学生大声嚷嚷着闯入新生的寝室取乐：‘新来的家伙，让我们进来，如果不想死的话！’二年级学生经常把灯光调暗，指示新生坐或站在桌子上，然后命令其背诵欧几里得定律、唱歌、跳舞、从后往前背诵字母表或做一次演说。

“除非其（指新生）服从这些要求，否则这些访客会用大棒(手杖)‘刺激’他们，或者，如果某位新生很倔强，拒绝做任何事，甚至试图反抗，他们会用毯子蒙着他的头，然后点燃烟草并从毯子底部往上吹，直到呛得他要窒息或开始呕吐。这是种彻底的‘烟熏法’。”

尽管后来迫于社会压力，耶鲁校方取消了这些非人道的校规，但是这种传统依旧在学校里私下流传，并由此形成了所谓的“耶鲁精神”：对国家事务的近乎原教旨主义的热诚，对等级统治秩序的高度认同。直到20世纪70年代，还有人批评道：“很明显，耶鲁过去太传统、太顺从、太复古了。”

而“骷髅会精神”正是“耶鲁精神”的集中体现，骷髅会的创始者罗素便是负有宗教式强烈责任感的精英分子，他的家族是著名的鸦片商人，自己曾出任康涅狄格州议员和康涅狄格州国民警卫队将军。第一批骷髅会员中有阿方索塔夫脱，此人后来历任陆军部长、司法部长、驻奥地利公使、驻俄罗斯大使，其子就是后来出任美国总统的威廉·霍华德塔夫脱。由此也证明，骷髅会自其诞生之日起便是一个权贵俱乐部。

骷髅会对入会者要求极高，几乎吸纳了耶鲁大学学生中的最优秀者：

出身美国东部豪门，家世显赫，最好是从英国移民、带有贵族血统的家族成员。

中学阶段最好在美国贵族寄宿学校上过学，具有团结精神，善于恪守秘密。

爱好体育，具有体育竞争精神，最好有军队服役经历，具有“斯巴达”式的战士气质。

征选对象是耶鲁大学三年级学生（毕业那一年正好加入“骷髅会”）。

如果说耶鲁是美国保守主义的大本营，那么骷髅会则是培养右翼权贵子弟的高级俱乐部与培养基地。人们可以在骷髅会的会员中发现政治世家塔夫脱家族、铁路和军火大亨惠特尼家族、石油和政治世家布什家族、铁路和金融大亨庞蒂家族、金融大鳄哈里曼家族、化工巨头洛德家族、老牌石油与金融寡头洛克菲勒家族等美国权势集团中名门望族的子弟。他们在耶鲁大学和骷髅会中相识，成为同学和校友，并在毕业后通过同事、合伙人、客户关系甚至联姻关系连接起来。他们依靠自己显赫的家世和广泛的关系网络互相照顾、互相扶持，在企业界、国会、司法界、军界、情报界、新闻界、文化界中拥有庞大的势力。出于共同的价值观和彼此间深厚的交往，骷髅会员组成了一个遍布于美国上层的利益集团，并发挥了巨大的作用。但是这种精英俱乐部并非仅仅骷髅会一家，只是由于骷髅会的政治自觉性更强烈、对等级秩序更加认同而显得格外突出，而骷髅会首领们有意无意地利用媒体和畅销书作家的宣传，令整个组织显得分外神秘。阴谋论和魔幻化的色彩为原本平常而又丑陋的权贵政治笼罩上了一层传奇和神话色彩，反而提高了骷髅会成员的社会声望和地位。也许这就是骷髅会的真正秘密所在吧！